U0857303

当权不过如此

大明最牛CEO张居正的权力生涯

郭宝平◎著

時代文藝出版社

图书在版编目（CIP）数据

当权不过如此/郭宝平著.—长春：时代文艺出版社，2009.10

ISBN 978-7-5387-2817-0

Ⅰ.当… Ⅱ.郭… Ⅲ.张居正（1525～1582）—人物研究 Ⅳ.K827＝48

中国版本图书馆CIP数据核字（2009）第189201号

出品人 张四季
策划人 博集天卷·耿金丽
责任编辑 苗欣宇 付 娜
装帧设计 尚书堂 李 洁

当权不过如此

郭宝平 著

出版发行/时代文艺出版社
地址/长春市泰来街1825号 时代文艺出版社 邮编/130062
总编办/0431-86012927 发行科/0431-86012939
网址/www.shidaichina.com
印刷/北京天竺颖华印刷厂
开本/787×1092毫米 1/16 字数/250千字 印张/19
版次/2009年11月第1版 印次/2009年11月第1次印刷 定价/28.00元

图书如有印装错误 请寄回印厂调换

序 言

>>> 雾里看花觅真相

历史上
>>>最“**成功**”的读书人

张居正其人，绝对是超一流的权术高手，揆诸历史，能够与之比肩的，似乎还找不出第二人。从一个出身低微的寒门之后，跃上国家权力巅峰。不是皇帝却行使皇权，连皇帝都敬他三分怕他七分。但是这一切都披着合法性外衣，皇家心甘情愿，臣民俯首帖耳。不像曹操，身前死后还落下奸臣、谋逆的恶名。

或许有人比张居正更毒辣，但是他没有张居正隐藏得深；或许有人比张居正更专横，但是他没有张居正巧妙。张居正出身低微，却仕途顺遂。在相互激烈倾轧的官场，张居正纵横捭阖，左右逢源，几乎没有挨过整。而他整倒大人物后，却能终生以“生死之交”面目与之保持着“友谊”。

比张居正更毒辣的政治家，有。
但行事毒辣，隐藏又深，他实乃空前绝后。
比张居正更专横的当权者，也有。
但专横跋扈，却又能笼络人心，翻遍历史，只此一人。
他在官场中纵横捭阖，左右逢源，堪称古代政坛第一人。
在获取权力、利用制度、转化劣势方面，他更是当之无愧的大师级人物。

在获得和行使权力上，制度、体制上所有有利条件，张居正都能够发挥到极致；所有不利条件，张居正都能够转化为有利条件，为我所用。无论是超一流的政治家还是文坛领袖，无论是多嘴的言官还是强悍的将帅，无论是政敌还是师友，张居正都玩于股掌之上，收放自如。

无论是体制内还是体制外，无论是著名的持不同政见者还是无名小卒，无论是亲信还是游离分子，无论是善意还是居心叵测，只

>>>

要惹张居正不高兴，必遭无情打击，丝毫没有余地。而这一切，又都是在不动声色间进行的，表面上，他没有任何责任。

谋略、阴险、胆量，还有自身的俊朗外表，都被张居正充分运用于夺取、维系和行使权力。张居正是成功的男人！男人的成功，如同张居正这样的，实在罕见！

张居正的成功，成功的张居正，秘密只有一个，那就是权术！

>>>权术是他最好的面具

有哲人说过，历史是任人打扮的婢女。这句话一针见血。

还有一个因素：我们中国，专制制度实在太漫长，国人享受人之为人的基本权力——言论自由的时光实在很短暂。大家权衡再三，还是吃饱饭第一。而既要吃饱饭、又想说话的话，就不得不采取所谓的春秋笔法了。

如此看来，我们一般国人心目中的历史，是真是假，确实要打个问号。特别是对历史人物的评价，是不是符合历史的本来面目，真还是个疑问。

张居正这个人，就是一个例子。

我们心目中的历史，是真是假？
我们看到的那些对历史人物的评价，是否符合真相？
多少人为他高唱赞歌，但依我看，这不是历史的本来面目。

当下，在一般人的心目中，张居正绝对算得上是一个“正面人物”，一直被称为明代著名的改革家。在张居正的身上，常常还要加上“伟大”的修饰词，颂扬他的文字不少，地位抬得很高。但依我看，这不是历史的本来面目。

实际上，相当长一个时期，张居正都是一个有争议的人物，对他的评价分歧是很大的。比如，有人说张居正这个人偏衷多忌，小器易盈；在其当国掌权的时候，钳制言路，倚信佞幸；用干部基本出于个人爱憎。对于贤能的人，就仿佛掷沙遗尘，眼都不眨一下；而对那些个吹吹拍拍的奸佞小人，却如同嗜醴悦膻从不厌烦。有人甚至说，张居正乃奸人之雄，忘生背死之徒，包藏祸心，倾危同列，狗彘不食其余！

我看张居正这个人，有能力、很勤政，对国家（具体说是朝廷）有功（对人民是不是有功还需要再研究）；但是他的道德操守实在太差，作为权力的化身，基本上属于道德沦丧、阴险毒辣的政客，做了不少坏事；对官场和社会风气的破坏作用，也不可低估。

老实说，客观地评价一个历史阶段，一个历史人物，确实是非常困难的。但是，我认为还是有一个最基本的标尺，那就是纵向和横向的比较法。那么我们不妨用用这个方法。

>>>所谓“改革家”

作为改革家——如果张居正可以称得上改革家的话，那么张居正与王安石无法比拟，无论从私德上还是从改革的力度上。如果张居正有王安石的人品、胸怀，哪怕只有三分之一，那他也可以称得上一个好领导了。

作为权力较量的胜利者，张居正不如被他推翻的前任高拱。可以说，张居正方方面面都比不上高拱，当然，除了阴险毒辣。或许，正因如此，胜利者是张居正，而不是高拱。

可以设想一下，倘若是被张居正推翻的高拱继续执政，许多张居正出于各种原因没有做的事情，高拱会去做；许多张居正做的事情，高拱不会去做。总之，高拱不被推翻，局面会大不一

倘若高拱继续执政，我们或许会看到一个不一样历史结局。国家和民族的机会，就是这样被张居正这位政治强人延误的。

样。高拱在意识形态上主张与时俱进，政治上主张公开性，经济上主张发展工商业，基本国策上反对闭关锁国政策，主张对外开放；如果这些执行下去，中国会不会闯出一条新路也未可知。

比如，高拱极力主张开海运，而张居正则反对之。按照专家的说法，“当时，开海通洋贸易已成为时代的要求。如果允许大批船队定期从海上来往南北，客观上必然大有助于东南各省对海外贸易线的向北延伸，不但有利于国内沿海的物质交流，也极有可能促进对外贸易的发展。居正断然饬禁，显然是悖乎时代发展潮流的。”还说，“如果高拱仍在位任首辅，是绝对不可能做出这样的政策决定的。”

发展，就是这样被政治强人给延误的。奇怪的是，今天，我们却在不吝笔墨地颂扬他对国家的贡献，而忽略了这样至关重要的“细节”。

还要指出，评价一个历史人物，也不能仅从政治方面去判断，还要看这个人的所作所为，是不是对人心、对文化造成了无可挽回的伤害。如果从这个角度去评价张居正，那么这个人更是应该受到谴责的。

生活在历史的转折点

张居正生活的时代，是明朝的中后期。

作为中国最后一个汉族统治的帝国——明王朝嘉靖、隆庆、万历（初年）三朝，半个多世纪风云多变，政局多有起伏。这个时代的主要特征是：其一，制度弊端日益显露，公开的制度文本和实际运作已经南辕北辙，所谓的潜规则大行其道。其二，官僚队伍堕入整体性腐败的深渊，弄虚作假成风，贿赂公行，“凡官爵高下，在银多少；事虽细微，非贿不成”；为官者以搜刮百姓为唯一能事，“催征急矣，搜刮穷矣，民力竭矣”，百姓苦不堪言；在歌舞升平的外表下，实际上已到了土崩鱼烂、呼喇喇大厦将倾的边缘。其三，“富益富，贫益贫”，社会分化严重。其四，工商繁荣，风俗大不同于以往，官商相互利用。其五，对于官方意识形态，虽未公开抛弃，实在已被视为僵化教条，新思潮则大为流行，甚至已经有名流公开提出选举国家最高领导人的主张了。

其一，行政制度弊端严重，说一套做一套，潜规则大行其道。
其二，官僚队伍堕入腐败深渊，弄虚作假成风，贿赂公行。
其三，“富益富，贫益贫”，社会分化严重。
其四，工商繁荣，官商相互利用。
其五，新思潮大为流行。

用流行的说法，一方面，官场腐败，贫富分化到了非常严重的程度；另一方面，经济方面出现了商品经济活跃的局面；政治方面自由度相对宽松，甚至出现了公开否定专制制度的启蒙。

这时候，如果有人能够顺势而行，宽容持不同政见者，鼓励工商业，拓展对外贸易，中国会不会找到新出路呢？——高拱就是这样的政治家，他完全具备这样的胆识和担当。但是，他被张居正推翻了。

不暇自哀，>>>而后人哀之

再说说制度。

在我们的观念里，似乎帝制中国、儒家意识形态就是独裁专制的。其实不然。确切说，儒家的意识形态其实是反对君主独裁的。

但是有一条不可否认，谁来当权，并不是人民来选择的。按照当时的意识形态，皇帝再无能，他也有合法性。有了错误可以罪己，可以批评，但是这个皇统不能变。臣下再有能力，也只是辅佐的角色。这就难为了那些有抱负、有能力的臣子了。处理起来这个关系，很不容易，风险很大。这种情况下，难免会出现这样那样的

>>>

手腕、权术。

张居正出身卑微，是靠自我奋斗爬上最高权力阶层的著名人物。在极端复杂微妙的人际关系中，从各种纵横捭阖、充满诡谲阴谋、攻讦倾轧、人情爱憎瞬息万变的过程中崛起并执掌政柄，不仅在激烈的官场“混斗”中成为唯一屹立不倒者，而且独掌大权十余年。而且，他以富国强兵为职志，对国家有相当贡献。

但是，另一方面，张居正又是阴谋家和独裁者，是玩弄权术的高手。他精谙政治牌理，但往往又不按牌理出牌，常使得对手措手不及，有口难言。他口蜜腹剑，善于伪装，道貌岸然的外表下常行龌龊之举，道德沦丧，心狠手辣。他唯权力是逐，为了权力，不动声色地背叛师友；独掌中枢后又专权独断，骄盈自用，顺昌逆亡，集中体现了人治官场高官显贵口是心非、言行不一的分裂人格，集高尚与卑鄙、伟大与龌龊于一身。

皇帝再无能，他也有合法性；臣下再有能力，也只是辅佐的角色。
这种情况下，难免权谋之术大行其道，成为生存必备工具。
张居正就是深谙此术的佼佼者。
他身上体现出的所有矛盾，都深刻地诠释了这一点。

他一边高喊反腐倡廉，一边却大肆收受贿赂；一边高喊节俭，一边却奢靡无度；一边高喊节操，一边却忘情于美女裙钗间——他对一切敢于挑战其权威者都无情打击，但自己身后也落得家破人亡的下场。他是官场权力角逐中的胜利者，同时又是人治制度的牺牲品。张居正作为权力的化身，是强者；但在专制政体和深远的传统政治面前，他又是弱者。人治的官场，只有权力是强者，生命个体永远是悲剧的承担者。

所以，人治、专制制度不摒弃，悲剧就会不断上演。这不仅仅是个人的悲剧，更是民族的悲剧；不仅仅是时代的悲剧，更是历史的悲剧。

目录

第1章 精巧机变

连环式争斗中屡战不殆

张居正历经大明帝国嘉靖、隆庆、万历三朝。在嘉靖朝，张居正基本上是边缘徘徊状态；进入隆庆新朝，一年余连升七级，由一个司局级干部入阁拜相。六年间，先后入阁的“九相”展开了交叉连环式的权力争斗，张居正隐身幕后，充当导演，把上司和朋友当枪使，两利俱存，独持其柄。纵横捭阖的张居正，玩弄权术已经到了炉火纯青的地步，居然能够做到“怒甲则使乙制甲，怒乙则使甲制乙；欲其斗则嗾之使斗，欲其息则愚之使息”！此等本事，不能不令人骇然称奇！

官运亨通的奥秘

张居正仕途顺遂，官运亨通，在当时的官场，像他这样如此顺遂、成功的人，是绝无仅有的。

因此，张居正是成功者！

人治官场，一个出身卑微的人能够一路顺遂，爬上高位，必然有他的诀窍。现在，我要说说张居正这个人是怎样爬上权力高位的。

必需说清楚，张居正的出身是卑微的。换句话说，张居正没有任何的家庭背景可言。考其三代，没有一个可以说得上有地位的人。如果说有什么身份的话，他祖父的身份是“保安”，父亲的身份是“学生”。

可能需要点解释。“保安”身份其实不难理解。明朝的开创者朱元璋搞分封，把子孙分封各地，正面说是享受荣华富贵，反面说是形同禁锢。其中，有一个子孙被封辽王，在张居正出生的年代，辽王的封地就在张居正的家乡荆州。张居正的祖父，是辽王府的护卫卒，用现在的话说，也就是“保安”啦。

那么“学生”身份是怎么回事呢？这和科举制度有关。明代，进学校是科举的必由之路。只有进入学校，成为生员，才有可能参加选拔举人的考试。而取得生员资格要经过县试、府试和院试，统称童试，被录取的就进入府学或者县学学习，通称生员、童生，也就是我们俗称的秀才。在学校学习的生员，用现在的称呼，不就是学生吗？

张居正的父亲不甘心做“保安”，更不想当老农民，就想考取个功名，混个官做做。运气不好还是脑子太笨说不清楚，反正他考了二十多年，也只是考中了生员。说他是学生身份，他可能有点不好意思，但是你要说他是农民身份，那他肯定不干！因为生员也算是功名的起点了，也算是有身份的人了。所以，说张居正的父亲身份是“学生”，实事求是，绝对真实准确。

可以说，在张居正的仕途上，家庭除了给他添了不少麻烦外，实在没有任何帮助。

排除了这个背景，总体上说，张居正走的是自我奋斗的路子。具体说，张居正之所以能够爬上权力的巅峰，一靠的是制度，二靠的是聪明，三靠的是人脉，四靠的是高超的权术。

我得声明，这四个因素，不是按照重要性排序的。或许，在一定情况下，高超的权术，就是主导性的决定性因素。

先说制度。

前面说过，张居正出身卑微，但是，幸亏他生活的时代恰好是科举最盛的时代，学而优则仕。所谓“满朝朱紫贵，尽是读书人”。那个时候寒门子弟要做官，非经过考试不可。既不能花钱买文凭，考试也很难作弊。作弊倒是有过，恰恰是张居正当国的时候，他为了保证其子能够及第，花钱要未来的作家汤显祖帮忙，汤显祖拒绝了。此事在当时闹得沸沸扬扬，对张居正的声望损伤很大。这是后话。不过足以说明当时取得做官资格，是相对公平的，要靠自己的本事，歪门邪道基本上是走不通的。

张居正的运气不错。二十二岁就考上进士，而且排名靠前，二甲第九名。

科举考试，排名和年龄都很重要。当时的制度，基本上是按考试成绩决定一切的。

首先，取得做官资格，取决于成绩。科举考试的起点是秀才；考取秀才再参加全省范围的考试，考中的称举人；再通过全国的考试，最后考中的就是进士。这些考试，都是唯成绩论的。考中进士以后，按照成绩排序，分三甲。一甲三名，即我们平时说的状元、榜眼、探花。二甲从第四名开始至100名左右，其余者统称为三甲，约200人左右。

其次，分配工作也取决于成绩。换言之，进士的分配，是根据他们的排名进行的。每次新科进士出炉后，要分配工作，叫“大选”。一甲、二甲、三甲，三个等级的进士各分配什么工作，差不多已是惯例，做手脚的余地不大。排名靠前的，你想给他安排差的工作，很难办；排名靠后的，老爹是高官，就想超过前面的，也很不容易。

不过，张居正没有直接参加分配，而是进一步深造了。

按照制度，进士出炉后，还可以参加甄拔庶吉士的考试，年轻而且名次靠前的，有优势。张居正因此而进入翰林院做庶吉士。翰林院是研究机构，在里面工作的人被称为“史官”。如果张居正直接参加分配，那么在中央，可以到监察机关当“言官”，也可以到哪个部去当主事（大体相当于现在的处长），到地方可以当知府，相当于现在地级市的市委书记兼市长兼检察长兼法院院长。

有人或许会说，你是不是搞错了？在中央当处级干部，到地方当地市级干部，不对等吧？的确不对等。但是，当时就是这么个制度。而且我还要告诉诸位，谁被分到地方当知府，还满肚子不高兴呢！按照“大选”的惯例，二甲里选出若干人，排名最后的只能当知府，不能留首都。

张居正就不关心这些了。他直接到翰林院继续深造。深造完后，也不愁分配工作的事情了，因为制度上早就安排好了，庶吉士毕业后，基本上留在翰林院做编修或者检讨。

乍看起来，翰林院似乎不是什么好单位，要现在的人去选择，恐怕自愿去的不多，哪如到地市当个“一把手”过瘾啊！但是，明朝有一个政治惯例，具有宪法的功能，任何人，包括国家最高领导人，也不敢公然违反的。就像现在英国的不成文宪法一样。

什么惯例呢？就是“非进士不入翰林，非翰林不入内阁”。就是说，只能是进士（年轻、名次靠前的）才可以进入翰林院，而只有翰林院出身的人才可以进入内阁。换言之，没有进过翰林院的，将来是没有希望入阁拜相的。而且进入翰林院，是每次科举考试进士录取以后，再从进士里考选，大体上不超过二十人。已经参加工作，组织上觉得这个干部有培养前途，再去翰林院进修拿文凭行不行？不行！没有这样的制度，也没有这样的例子。谁这么干，就相当于违宪，想都不敢想！

那么，内阁是个什么机构呢？有人说相当于现在的国务院，似乎不那么准确。这么说吧，如果有人想像为现在的中央政治局常委会，我看是抓住了制度的精髓。

所以，进入翰林院当庶吉士，这一步很关键啊！

毫无疑问，庶吉士，那绝对算得上尖子中的尖子、精英中的精英了。而张居正获得这个机会，没有别的因素，只有一条：考试成绩。不过，庶吉士不是官，还算是“学生”，经过三个年头的继续深造，庶吉士毕业（当时叫散馆）后，张居正就留在翰林院做编修，而且一干就是十年。编修属于七品史官。但是在一般人的心目中，都以“储相”看待。按照现在的说法，是后备干部，而且是宰相的后备人选！

到现在为止，应该说，张居正的起步，靠的首先是国家的制度安排。如果没有这样相对公平的制度安排，估计张居正要爬上那么高的位置，是不太可能的。

再说张居正的聪明。

这个不难理解。靠老子，不行；花钱，不行；作弊，很难；那就只能由考试成绩说话！

而要出成绩，勤奋固然重要，但是聪明还是关键因素。制度是公平的，考上考不上，只能靠自己了。全国上下，苦读书者大有人在啊！现在的高考被说成千军万马过独木桥，其实要和科举考试比起来，那才真是小巫见大巫呢！科举考试三年一度，进士录取在三百人左右。竞争何等激烈！

张居正的老子，后来给张居正惹了不少麻烦的张文明张老爷子，就考了二十多年，连个举人也没有考上，直到自己的儿子在北京做了官，还考了几次，才不得不放弃了。估计张老爷子没事的时候也会寻思：亲爹和儿子，血缘如此近，差别咋就那么大呢？

据德国一位很有名气的大学问家研究，说科举考试，主要考一个人的思维能力。不管怎么说，笨头笨脑的人恐怕很难挤过独木桥。

张居正是个聪明人，脑子很好使。在很小的时候，有一次荆州知府搞了一个征文活动——意思就这个意思，当然当时不这么叫，作品还汇集出版了。其中就有张居正提交的一首小诗。这些征文后来被当时湖广省的“一把手”顾巡抚看到了，很欣赏，就对张居正格外关爱起来。以后张居正能够在北京取得一些人脉，起点应该与此人有关。

该说说张居正的人脉了。

本来，张居正出身卑微，是没有什么人脉可言的。

难道他花钱走了关系？错！不仅他没有花钱，人家当大官的，还给他钱花！

这个和当时的风气有关系。当时官场上读书人掌权，爱才是风尚，是美德，不管怎么说，哪怕是为了博取好名声，对有才华的后生都是看重的。

湖广省的最高长官顾巡抚，是当时有名的文坛领袖人物，曾经在中央做过大官，后来因为得罪了皇帝被贬到地方做官。这个人尤其爱才，发现了“荆州张秀才”，很器重他，不仅到张居正家里看望，给他银子资助，还有意识栽培他。这个人和在北京主政的严嵩等人都非常熟悉，张居正只身到京，他很可能写信推荐（当时叫荐扬）过的。以顾巡抚对张居正的期许——说他将来必为国相，他不会不帮张居正沟通北京的关系。

有理由相信，张居正最重要的人脉，他官场上的导师、保护人——徐阶，可能就收到过湖广顾巡抚给他的荐扬信。徐阶的政敌严嵩一直对张居正也不错，可能与顾巡抚的荐扬多少也有些关系——不过可以肯定地说，不是主要因素。

张居正因为有了国家给他提供的制度平台，有了他的聪明，有了这样的风气，结果他还没有进入官场，就获得了些人脉资源。

更重要的是，张居正进入翰林院做庶吉士后，有一个人是教授庶吉士的，他成为了张居正名副其实的老师。那个时代，同乡、同学（当时称同年，即一同中举人或者进士）、师生，都是相当管用的关系，而师生关系，算得上是最铁的关系了。张居正就遇到了一位不凡的老师。当然，不是张居正一个人的老师。这个人就是徐阶。

说到张居正的人脉，徐阶是最为关键的人物了。

徐阶是当时在位的嘉靖皇帝所信任的高级领导干部，教授张居正这批庶吉士的时候，他是管文教的礼部侍郎（副部长），不久升转管干部的吏部侍郎，以后又做礼部尚书（部长）、内阁大臣，直到做了内阁首相（当时称首辅、元辅、首相，皇帝之下的最高执政者，当时也称为执政、当国）。

按照现在的地域划分，徐阶是上海人，这个人外表温和、敦厚，实际上很会算计，很有手腕儿。不过总体上说，徐阶在官场还算是一个正人君子。

徐阶像那个时候不少高官大僚一样，也很爱才。他的弟弟和张居正同时中了进士，可是这个人默默无闻，似乎没有受到过乃兄的关照。而张居正没有向徐阶送钱，也没有低三下四当他的“马仔儿”，甚至还对徐阶产生过误解、指责，可是徐阶就是始终如一地栽培张居正、保护张居正、提携张居正。

这样说一点也不夸张：张居正每一次的升迁，都是徐阶精心设计的，前一个台阶为后一个台阶铺垫；四十岁出头的张居正，就被徐阶提拔到内阁，实现了入阁拜相的梦想。如果没有徐阶的栽培、提携、保护，有没有叱咤风云的张居正，是值得怀疑的。

不过，应该说，到此为止，张居正的升迁，靠的不是歪门邪道。问题是，制度平台、个人的聪明才智，乃至人脉，并不是张居正独自具备。他之所以能够脱颖而出，当国柄政，自有他的过人之处。这就不能不说，是张居正高超的权术，发挥了关键而又独特的作用。

这，才是真正的奥秘所在。而这个话题是贯穿全书的，这里就不好具体描述了。相信诸位看完全书，会得出自己的结论的。

人治官场不能明争必然暗斗

张居正中进士、点翰林，进而任低、中级官员时，中国的最高领导人，就是被海瑞所痛骂过的嘉靖皇帝。

嘉靖皇帝这个人不能说昏庸，但是相当有个性，行为举止差不多可以算得上荒诞。他长期住在宫禁之外修身养性，不上朝，不主持会议，基本上不履行作为国家元首所应当履行的礼仪职责。但是，他对国政并不是撒手不管，而是牢牢控制着国家权力，只是方式跟别人有所不同，主要靠听取个别人汇报做决策。

办任何一件事、用任何一个人，要想办，都可以说出一大堆理由的；不想办，也同样可以说出一大堆理由。汇报的人想办的，就按照想办的说理由；不想办的，就按照不想办的说理由。那很容易让听取汇报的人顺着汇报人的思路走。所以，法治国家要议会辩论，要自由公开的媒体争论，以免一面之词掩盖了问题的实质。这个，就不展开讨论了。

总之，隐身幕后、高高在上的最高领导人，靠汇报决策，那么谁能够接近他、说得上话，谁就占据主动。所以，嘉靖朝的政坛，必然充满阴谋。

嘉靖皇帝选拔或者信任主要领导干部，还有一个特殊标准，就是会不会写“青词”。当时有一首诗说：“试观前后诸公辅，谁不由兹登政府。君王论相只青词，庙堂衮职谁更补！”可见，青词在最高领导人那里，简直就是提拔干部的硬杠杠了。

那么，青词是什么东西呢？简单说，就是写在青藤纸上颂扬太上老君的华丽词藻，通过焚烧达于天听。沉溺于修道的国家最高领导人，需要有人给他提供这样的文字，谁写得好，他就喜欢谁，信任谁。因为，在他看来，这是对高级领导干部的考验；是不是拥护他修道，对他的忠诚度如何，都可以通过青词来检验。

这种取舍肯定很荒诞啦！这是后来者的观感。就像我们说到某个时期天天跳“忠字舞”，觉得不可理解，而那个时候的人却很虔诚。写青词也如此。因为这样的缘故，嘉靖朝的政治，在充满阴谋的同时，还显得颇为诡异。

政治和权力密不可分。搞政治，不能没有权力。要得到权力，基本上可以说，除了明争，就是暗斗。明争也有不同的争法。比如，像现代不少国家的竞选，就是名副其实的明争。总体上说，我华夏传统政治中的明争，就是靠枪杆子！

这不是常态。而常态，就是暗斗。

其实，在张居正生活的时代，有些国家也已经有了公开选举的制度了。就是我们中国人中，也有人提出，该让有知识的人自由推举国家领导人。现在看来，主张推举国家领导人的人，是有识之士啊！但是，在当时，这样的观点，是异端邪说，持这种观点的人，处境好不了的！

好了，话题还回到张居正身上。

在张居正初入仕途，在翰林院工作的时候，内阁的首相夏言和“二把手”严嵩，因为青词写得好，都得到嘉靖皇帝的信任。担任礼部尚书（以下说到各部尚书，为了方便起见，就直接叫部长）的徐阶，也是青词高手，皇帝也很信任他。

张居正刚刚进入官场，就目睹了首相夏言和他的第一副手严嵩的争斗。

严嵩很有学问，有文才，为人很和蔼。他靠自己的毅力、忍耐，将近七十岁才有了出头之日。这个人开始很有操守，但是操守和名节换来的是在官场原地踏步。总结经验教训，他开始投机钻营，而同乡夏言是他巴结的对象。在夏言的提携下，加上严嵩的青词写得很好，深得最高领导人的信任，所以渐渐地爬上了内阁“二把手”的位置。在表面恭恭敬敬的同时，暗地里，严嵩却不断施展各种阴谋，取得了最高领导人的信任，终于把夏言赶下了台。德高望重的夏言，不仅被罢官，而且被斩首，下场实在可怜！

严嵩这个人，学问应该说不错，也特别勤政，但是安邦治国的能力有些欠缺。他最大的本事是对最高领导人很柔顺，基本上属于在领导面前当哈巴狗类型的干部。因为柔顺、和蔼的严嵩和比较刚强的嘉靖皇帝在性格上具有互补性，可谓珠联璧合，相互利用着，所以他执政的时间相当长。

但是，在儒家的意识形态里，是反对臣子对上司一味柔顺的。尤其是领导如果有毛病，他们认为就应该直言不讳提出来，不能逢迎，即所谓“逢君之恶罪大”。所以，在正人君子看来，严嵩的表现就是小人、奸佞。故其独掌朝纲的基础并不稳固。而此时作为低级干部的张居正，在目睹了夏言的悲惨下场后，又经历了一场更为持久激烈、更为复杂微妙的上层权力之争。

这就是严嵩当国后的次辅徐阶与首相严嵩之间长达十余年的较量。

徐阶经历坎坷，正统有为，声名显赫，正直之士和舆论无不寄希望于他。

徐阶最终没有辜负期许，他以慢功撼大树、扮猪吃老虎之法，经过长期较量，斗智角力，用尽权谋，渐掌主动，最后扳倒了严嵩父子。

倒严之役是一场惊心动魄、充满巨大风险的权力斗争，也是一出充满曲折离奇故事的官场活剧。

在扳倒严嵩以后，中央的主要高官，以徐阶为首，包括他的对手高拱等人，当时应该说都算得上是有为有守的正人君子，绝无奸佞之徒，也都有拨乱反正的决心和举措，而且内阁诸人，又多为徐阶引荐、拔擢而升任；但内阁交叉连环式的的权力斗争，却并未止息。

这是人治社会官场高层争斗的常态，复杂、微妙，曲折离奇，充满智慧、手腕，也不乏阴谋、诡计，为达目的，不择手段。

从张居正入阁到他独掌大权，短短六年时间，先后进入内阁的共有九人，即所谓的九相。他们之间展开了激烈而又复杂的交叉连环式的权力争夺战，其中的八个人都先后被淘汰出局，张居正成为唯一的赢家！足见张居正其人权术之高超、手段之高明！

两面周旋上了双保险

官场暗斗，很耗人。稍有不慎，就可能被淘汰出局。可是，既然进入官场，每个人都不得不面对宦海波涛，思量自己的应对之策、处世之道。张居正当然不能例外。他，也曾经想躲避，可是，只要还想在官场混下去，是无处躲藏的。他只能面对。

不少人，面对官场的是是非非，是何种态度，何种表现，一看就能够看出来。而张居正不同，他是一个深有城府的人，一般人是琢磨不透他的。

根据张居正的同年、历史学家王世贞的记载，“居正为人……沉深有城府，莫能测也。”不仅王世贞这样说，正史中涉及到张居正的，大体上都少不了这样的说法。对于城府很深的人，估计大家对他的印象好不到哪里去，朋友不会太多。当然，同僚中，张居正能够看得上眼的，也不多。

不过，应该说，张居正初入官场时，算得上是一个有理想有抱负的青年才俊。

这个也不难理解。那个时候的读书人，从开蒙到中进士，一直都是两耳不闻窗外事的，接触社会现实不多，而所读的书，都是孔孟程朱这些圣人的著作，所谓名教贤训，都是理想主义的说教。如果说一直受到这样的熏陶，成为书呆子有些可信度，熏陶出一个坏人来，那是没有说服力的。

就在庶吉士毕业的那一年，二十四岁的张居正就给当时的嘉靖皇帝上了一个建议书，名为《论时政疏》，批评了最高领导人不勤政，各级干部因循守旧不思进取，分析了国家存在的问题，呼吁大家都振作起来！这个建议书石沉大海，没有回音。估计谁也没有把他当回事，至多会认为是一个小年轻儿想出风头而已！

这个时候，张居正意识到，名教和现实之间，不啻天壤之别。现实的官场与读书人一直研读的圣经贤传、名臣嘉言懿行对照起来，甚至是南辕北辙！

"我的妈呀！"估计张居正观察到官场的真实情况，免不了会这样感慨，"人人都想做官，哪里知道官场如此复杂啊！"

的确，官场根本不是像当局所宣称的那样，什么勤政爱民之所，什么表率民众之地！冠冕堂皇的文告与卑鄙龌龊共存，爱国忧时的高尚情操与阴谋倾陷并列，黑白混淆，是非不时易位，堂堂中央政府，其实是施展阴谋诡计、明暗手段以相互撕咬的战场！和所有的读书人一样，刚刚跨入官场的时候，张居正也不可避免地陷入保持人格还是同流合污的矛盾中。

最终如何抉择呢？

张居正的同年杨继盛等不少人，要么上疏诤谏皇帝，要么就公开弹劾首相严嵩。而张居正，选择了沉默以自保的方式，给人留下了城府深不可测的印象。

实际上，面对上层复杂的权力争斗，张居正并不是一味沉默自保。这个也还只是表面现象。在一般人看来，张居正不言不语，从不乱说话，瞎议论，而且对谁都不亲不近、不即不离，似乎很超脱。可能谁也不知道，暗地里，张居正却巧妙周旋，两面讨好，上了双保险。

严嵩和徐阶的争斗是很漫长、很隐蔽的。这个时候正是张居正初入官场、沉于下僚的十年。他是徐阶的学生，内心也很亲近徐阶；但是他也知道严嵩在中央的势力和分量，徐阶能不能斗过他，最终鹿死谁手，他也是没有什么把握的。

张居正不想在一棵树上吊死，绝对不能给人一个紧跟徐阶不动摇、是他的马仔儿的印象。仅此还不够，他对徐阶的对头严嵩，也极力讨好。

顺便声明，我写出这样的事实，不代表是在谴责或者揭露张居正。以我的看法，张居正这样的策略，和杨继盛他们比，当然有些不太光彩，也为正直之士所不齿。但是，在那么复杂的官场，一个出身卑微的年轻人，又怀抱远大理想，他要避祸，更希望获得升迁的机会，找到施展抱负的平台，这么做我觉得也无可厚非，还应该说是可以理解的吧？

问题是，张居正怎么才能和严嵩套上近乎呢？

徐阶是张居正的老师，师生关系在那个时候是最厉害的门路了。张居正取得徐阶的信任并不难；可是，严嵩就不同了，他位高权重，马仔儿甚多，想投靠的人估计也排着长队。张居正不过是小小的七品官，差不多算得上默默无闻，他要想讨好严嵩，得到他的信任，不太容易吧？

固然，严嵩是比较贪的一个人，花钱买路子或许是个办法。可是，要知道，这个时候的张居正，工作在清水衙门，工资不高，绝对不是大款，想送也送不了多少钱；他也不是什么名流，估计也没有名贵的字画和古玩能够拿得出手。

怎么办呢？那就只能扬长避短，发挥自己的聪明才智了。于是，张居正悄悄地替严嵩捉刀代笔，写了大量善颂善祷的文字，令皇帝老儿龙颜大悦，直说年近八旬的严嵩文采不减当年，退休的事不要考虑了，继续干下去没有问题。

张居正还精心撰写了不少吹捧严嵩父子的诗词歌赋，很是肉麻。结果，就连在官场摸爬滚打游刃有余、处世为人老奸巨猾的严嵩也被他蒙蔽了，直夸奖他不亢不卑、光明磊落、才堪大用。所以，当徐阶提出张居正该提拔了的时候，严嵩很痛快就答应了。

这是很不容易的。往往，暗中较劲儿的双方，对对方提议任用的干部，是很敏感的，闹不好会适得其反。但是徐阶和严嵩对张居正都很器重、很喜欢，所以，对张居正的提拔，就是例外了。

在徐阶和严嵩的争斗近乎白热化的阶段，张居正第一次升迁了。虽然只是个虚衔，但作为一个台阶，却是很重要的一个位置。

老于世故的严嵩哪里想到，“光明磊落”的张居正，暗地里一直为徐阶推倒严嵩父子出谋划策呢！实际上，因为高层的争斗，很多人都牵涉其间，有的甚至丢了性命。而张居正，采取了表面上韬光养晦、暗地里两面讨好的策略。这样就保证了无论最终的结局如何，张居正都不会吃亏。

终于，严嵩败在了徐阶的手下。严嵩的倒台和随后不久嘉靖皇帝的去世，预示着一个以高压手段维持的是非颠倒的时代的结束。

果然，一俟徐阶当国执政，就对张居正尽力提拔。

力度大到什么程度？说起来简直让人觉得不太可信。从一个中层干部，一年时间内就提拔到内阁大臣的位置；级别连升七级！我看，倘若诸位产生这样联想，是未可厚非的：就张居正当时受到提拔的程度看，相当于现在一个司局长一年时间内当上了中央政治局常委！

而且，徐阶对张居正的每次提拔，都不走正常的干部提拔任用程序，而是以特殊方式运作成功的！也就是说，从徐阶掌握大权、说话绝对算数以后，张居正的官运就来了，他属于坐直升机升上去的干部！

要一般人看，对自己的保护人、官场的导师徐阶，张居正绝对应该死心塌地、感恩戴德、忠心耿耿了！

所以说是一般人嘛！可张居正绝对不是一般人啊！

那，张居正怎么样对待徐阶的呢？且听我慢慢道来。

官场之中情比纸薄

现在，四十二岁的张居正，坐直升机升到了国家最高决策层，当上了最后一名内阁大臣，即所谓的“末相”。高兴之余，张居正很快就发现，他面临着一个大麻烦！

应该说，这个考验是严峻的。怎么回事呢？这得稍微展开点说说了。

必须承认，官场也是人组成的。而人，是有感情的。就说张居正，他能够那么顺利升到如此之高的位置，就多亏了徐阶。说他对徐阶没有感激之情，是不客观的。张居正后来就一再表示说，受到“老师甄陶引拔，致有今日，恩重于丘山”。就是说，张居正自己也承认，徐阶对他，恩重如山。

但是，官场中的感情，实在太脆弱了。在有的人看来，与权力比起来，重如泰山的恩情，其实比纸还薄啊！是不是这样，请诸位看看张居正的表现就知道了。

我还要说一句，没有官场经历的人或许根本想像不到，官场中的人，尤其是高级领导人，不像人们看到或者想像的那样风光。甚至，就连升职，也会带来烦恼。因为，升到哪个位置，就会有哪个位置带来的问题。

到了张居正得以入阁拜相的时候，他所面临的，就是这样的难题。

这不，当张居正一坐到内阁的办公室，就感觉到了这个国家中枢机构里，充满了火药味：首相徐阶和次辅高拱，内阁里的“一把手”和“二把手”，也是当时中央威信最高、被认为是第一流政治家的两个人，正在展开激烈的争斗。

而这两个人，和张居正的关系，都非同一般。徐阶就不用说了，他是张居正的保护人、官场的导师。可以说，徐阶对张居正恩重如山。现在，他张居正能够坐在这里，全是因为徐阶的一手提拔。

另一方的高拱，则是张居正志同道合的好朋友。好到什么程度？按照张居正自己的说法，他和高拱是“生死之交”；按照高拱的说法，他和张居正是“金石之交”；按照当时一些知情人的说法，高拱和张居正的关系，属于“刎颈交”，其亲密程度，“胶漆金石，不足比拟”。还说他们“同道同心”“肝胆相照”。关系怎么样，好到什么程度，恐怕再也找不到更好的词加以描述了吧？如果说他们两个人情同手足，似乎也不算夸张。

诸位想想看，一个恩重如山，一个情同手足，这两个人发生了激烈的争斗，让张居正如何是好呢？似乎有点像婆媳不和，做儿子和丈夫的，夹在中间实在不好办。

其实，问题还不止表面看到的这么简单！

引发徐阶和高拱矛盾公开化的导火索，和张居正有关；而徐阶之所以派直升机把张居正接到内阁，又和他想解决与高拱的矛盾有关。

事情是这样的：简而言之，徐阶作为首相，和内阁里能力最强的高拱，政见不同，性格和处事方式差别很大，在许多问题上有分歧。这个要说也正常，也还能够彼此迁就勉强维系下去。但是有一件事，高拱耿耿于怀，导致他和徐阶的矛盾公开化了。

这件事，简单说就是因为一份重要文件的起草。这份文件具有路线、方针、政策的性质。其重要性，可以约等于我们现在所知道的十一届三中全会的决议。

按照制度或者说惯例，这样重要的文件，应该是通过内阁研究讨论的。可是，徐阶瞒着内阁所有的同僚，偷偷干了！等到文件公开发表了，包括高拱在内的内阁同僚们才知道。

实际上，这份文件的执笔人，就是张居正。当时他的级别还相当于司局级干部。徐阶偷偷把张居正找去，两个人冒着风险，深夜秉烛，字斟句酌，完成了文件的起草。正是因为徐阶瞒着同僚起草了这份文件，才导致高拱的激烈反应，两个人的矛盾于是公开化了。所以，我说徐阶和高拱矛盾公开化的导火索，和张居正有关。

当然，张居正参与起草这份重要文件的事，是绝密，只有徐阶和张居正两个人知道。也正因为如此，当高拱对这件事耿耿于怀、不依不饶的时候，作为应对措施的一环，徐阶以他的威权，给张居正提供了直升机，让他赶紧进入内阁。

或许，诸位早就有人有这样的疑问了：徐阶为什么那么卖力提拔张居正呢？答案就在这里。

当然，不能说这是全部。以我的分析，徐阶之所以如此打破常规提拔张居正，原因有三：第一，张居正是他的学生，自己人。人治官场，用干部首先用自己人，那是铁律。第二，张居正在暗地里是他打倒政治对手的幕僚，是志同道合的“战友”，作为酬劳，也应该提拔。第三，张居正这个人，有能力有抱负，而且深有城府，善于韬光养晦，权谋过人，完全可以作为接班人来培养。

和高拱矛盾的公开化，加快了徐阶提拔张居正的步伐，已经到了不管不顾、提拔上来再说的程度了。很显然，徐阶是希望张居正能够帮助他对付高拱的。

那么，现在，问题来了，面对这个局面，张居正该怎么办？

我要告诉诸位，提出这样的问题，本身就说明我辈真是书呆子，实在太平庸了！至少，是一般人的一般想法在作怪。而张居正，不是一般人啊！

根据著名专家韦庆远先生的考证，在波谲云诡、微妙多变的斗争中，张居正“极精明地选择好对自己收益最大、风险最小的策略”。用现在的话说，就是个人利益最大化，再加上风险最小化。

按照这个策略来权衡，那么，张居正面对徐阶和高拱之间的争斗，就不觉得是麻烦，恰恰相反，很可能，在张居正的看来，这不是坏事，是大好事。

因为，很显然，两强相争，必然两败俱伤，说白了，最好是徐阶和高拱连同他们各自的同党，都卷铺盖回家！如此，则毋须劳张居正费神，横在前面的两个强势人物就一下子都搞定了。这对张居正没有损害，只会带来利益！

话虽这样说，毕竟，张居正和两个人的关系非同寻常，如果言行中稍微流露出如此的想法，那后果是严重的。这就需要政治智慧了。

那么，表面上，张居正是怎么处理如此复杂的关系的呢？

公开的记载是这样的：张居正并不像徐阶所期盼的那样，站在徐阶一方，哪怕是稍有表示！即使是高拱公开拿那份实际上是由张居正执笔的重要文件做文章和徐阶较劲儿，在公开场合，张居正只是保持沉默，不发一言，更不要说站出来为徐阶辩护了。当然，张居正也不会公开替高拱说话，尽管他内心觉得真理在高拱这边。

不用说，张居正也会做些表面文章，比如在徐阶和高拱面前，说些无关痛痒的劝解的话。当时给人的印象是，张居正很为难，很尽力地在调解徐阶和高拱的矛盾。

暗地里，张居正是不是有故意挑拨离间、火上浇油？——当时的一些人是这样看的，不过，张居正是不是真的这样做了，我不好断言。但从张居正以后的表现看，这个结论多半是能够成立的。

那就先存疑吧。

但是，有一点无可置疑：张居正，该出手时就出手。

他出手的第一个对象是高拱。

毕竟，徐阶在官场，身经百战，绝对是老手，高拱根本不是他的对手。尽管总体上说，理在高拱，但是他还是抵挡不住徐阶的手腕儿，很快就陷入了困境：在徐阶的策划下，中央各部门的干部，纷纷出面攻击高拱，强烈要求他下台！

这个时候，张居正出面了。

张居正出面，当然不是替高拱说话，他是要高拱赶快卷铺盖回家！

从史料上看，张居正似乎对高拱表达了这样的意思：现在老兄的处境很危险啊，还是暂避锋芒为好；等到时机成熟再回来也不迟啊！他可能还说过，等时机成熟了，小弟我替老兄在皇上面前转圜，请老兄再回来！

我甚至怀疑，张居正可能还向高拱表达了这样的意思：我会想办法，请走徐阶这尊神，我兄不会等得太久！

高拱听从了张居正的建议，辞职回家了。

也许，张居正转脸会对徐阶说："师相，姓高的被学生打发走了！师相这下终于可以安心了！"

这是我的猜测。但是我估计十有八九是真的。为什么这么说，请诸位先不要着急，往下看。

当高拱下台回家的时候，内阁里的六个人，就剩下五个了。其中一个叫郭朴的，相当于"三把手"的位置，即排在徐阶、高拱之后。他是内阁里唯一一个公开站在高拱一边的高级干部。对他，张居正就不客气了，毫不犹豫地"佐徐逐之"！这样，内阁里就剩下徐阶、李春芳、陈以勤和张居正四个人了。

徐阶就不用说了。李春芳是张居正的同年，是那一科的状元。这个人是个老好人，能力差、人品正，对徐阶执弟子礼。陈以勤是张居正科举的老师，是前辈，但是他是个与世无争的“自了汉”，这个人似乎对一切都无所谓，在内阁里基本上属于可有可无的角色。

要说，这个班子是应该很和谐、很团结的。作为首相的徐阶已经没有了任何对手。他应该是心情舒畅、志得意满了。但是，这又只能是一般人的想法。

张居正不是一般人。现在的徐阶，在张居正的心目中，已经不再是他张居正恩重如山的导师和保护人，而是他夺取更大权力、施展宏伟抱负的障碍了。所以，徐阶后来的日子，并不好过。

当然，并不是说，张居正此时会和徐阶公开作对，公然采取措施驱逐徐阶。真要这样，那就不是张居正了！

以我的分析，导致徐阶很痛苦的因素有两个：一是他和高拱的争斗余波未了。虽然徐、高之争以后者的下台告一段落，但是事情并没有完结。实际上，徐阶也不得不认识到这样的现实：他和高拱的争斗，自己并未取得完全的胜利，而是两败俱伤。因为随着高拱的下台，中央和地方干部中内心同情高拱的人逐渐多起来了，他们对徐阶的不满在逐步发酵、发泄出来。徐阶的日子，就显得不那么好过了。第二个原因是，徐阶和国家最高领导人的隆庆皇帝，互不欣赏，彼此对对方都产生了深深的失望情绪。

这其中，张居正是不是在背后做了文章，比如鼓动亲高拱的干部攻击徐阶等等，我不敢断定。反正事实是，当时不少人都开始上参折对徐阶展开攻击。

但是有一点可以绝对肯定：张居正希望徐阶早点下台！

因为，只要徐阶下台，内阁，这个国家的中枢机构里，就剩下李春芳、陈以勤和张居正三个人了。而李春芳和陈以勤这两个人，虽然都比张居正资格老、牌子硬——他们一个是张居正的老师，一个是堂堂的状元出身，但是，从主观上说，这两个人都是与世无争的老好人，他们都没有野心，也没有权力欲；从客观上看，这两个人能力都不怎么样，威信也一般。就是说，这两个人没有当国执政、驾驭全局的欲望，也不具有这个能力。那么，实权就落在了张居正的手里。以这两个人的性格和能力，张居正略施小计，就可以把他们赶走，真有那么一天的话，执政当国者，就是他张居正无疑了。

还有一个理由。张居正这个时候急于表现自己的才干，施展自己的抱负，但是他又清楚地意识到自己的想法和徐阶似乎不那么合拍，而他又不想公开和徐阶对立，落下背师犯上的恶名。

那么，最好的办法，就是暗地里活动，尽快把徐阶打发回老家！

时机也比较成熟了。两败俱伤嘛，现在高拱已经败下阵去了，伤痕累累的徐阶也别硬撑着啦！所以，张居正又出手了！

不过，这次张居正不是公开、直接地劝徐阶下台，而是采取了釜底抽薪、断绝后路的办法。

这样的机会大大的有。为什么呢？

因为，当时有惯例，一般说，受到参劾的人，或者说和谁闹了矛盾，以及自己认为不再被领导信任（比如提出的什么建议没有被采纳）的人，就会主动请求辞职。而同样是惯例，他也会受到慰留。也就是说，一般说来这只是无伤大雅的程序。

这些走程序的事，实在太多了，大家都习惯了，不觉得会有什么意外的。比如前一年和高拱斗的时候，徐阶就曾经一连上了四道辞呈！

张居正看准了这样的机会，他要徐阶再次走程序，而暗地里，却把程序变成了现实！

据张居正的同年、历史学家王世贞和后来几位有名的史学家的记载，徐阶在受到不断的攻击以后，提出了辞职，这个时候，张居正在幕后和皇帝身边的太监打招呼，说不要挽留徐阶，赶紧准了！

顺便说说，在当今皇帝还是裕王的时候，张居正曾经给他做过老师，而王府里的“中官”即太监，张居正结交了几个。其中有一个叫李芳的，现在在皇帝身边管事，张居正就找到了他。

徐阶接到文件，自然是受到了不小的打击。于是，在高拱下台一年后，徐阶也灰溜溜地卷铺盖回苏州（华亭当时归苏州管）老家了！

就这样，两位难得的政治家、第一流的人才——高拱和徐阶，相继下台了。

按理说，在徐阶和高拱的争斗中，张居正没有站在自己的一边，明显是辜负了徐阶对他的期许，徐阶应该对张居正产生怨怒才对啊！而高拱呢，既然张居正和自己是生死之交，那么在自己最困难的时候，张居正居然袖手旁观，不帮助他渡过难关，还算是朋友吗？他也应该对张居正产生疑问才对啊！

事实却正相反！无论是高拱还是徐阶，对张居正都没有恶感，相反，都把自己以后的命运，或多或少寄托在他的身上！

高拱似乎认定，他和张居正这个“金石之交”已经有了约定，将来找机会，张居正会替他活动，让他复职再起的！

徐阶就更进一步了。可以说，久经宦海沉浮的徐阶，对官场的波谲云诡是了然于心的，但他甚至把身家性命都寄托在了张居正身上。很可能，在临别前，徐阶拉住张居正——这个自己精心培养的接班人的手，言辞恳切，老泪纵横！将国事、家事，都托付给了张居正！

其实这也不是秘密。张居正自己就说，我张某人“受知于老师也，天下莫不闻；老师以家国之事托之于不肖（自谦，即我的意思），天下莫不闻”。

看看，两个政治强人的争斗，两败俱伤，可是都不怪张居正不帮忙，反而对他更加信任，把各自的命运都托付给他啦！

那么，在徐阶和高拱的争斗中，张居正到底是不是像现在我们所说的，只是从中调解，并未参与其间，这结论就很值得怀疑了。很可能，在徐阶面前，张居正为帮他整垮高拱出些主意；在高拱面前，张居正又为他和徐阶相争献点计策。

至少，张居正应该是故意给两位政坛强人造成了这样的错觉：徐阶认为张居正是站在自己一边整高拱的；高拱认为张居正是站在自己一边对付徐阶的！所以，两个人不仅对张居正没有意见，还挺感激他的！对他越发信任了呢！

想想看，一般人遇到这样复杂的情况，处理起来，谁能达到张居正这样的境界？！

可见，所谓的恩情、友情，哪怕恩重如山、情深似海，在张居正的眼里，都算不得什么。他内心，是根本不会受到这些什么情啊、恩啊的约束的。

最高明的还在于，张居正如此一番施展，效果圆满达到不说，还没有被任何人看破，他的形象不仅没有受到损害，还更加光辉起来了。灰溜溜下台的人，还不约而同，争相对张居正表示感激呢！张居正这个人，权谋是不是分外高超？！

但是，我得补充说一句，仅仅因为张居正施展权谋、推波助澜促使自己的恩师徐阶下台，就说张居正多么阴险，似乎不太厚道，未免多少有些苛求于前人了。如果张居正认为有徐阶在，不利于他施展抱负，推行新政，那他玩点权术把恩师打发走，或许也是可以谅解的。

顺便再说一句，徐阶下台后，张居正和徐阶的关系，就颠倒过来了。就是说，张居正俨然成了徐阶的保护人，而围绕张居正和徐阶的关系，还发生了不少事，直接影响到了以后最高层的人际关系乃至政局。此是后话。

得来还需费功夫

可能连张居正也未必预料得到，事情进展得如此顺利。

张居正坐直升机进入国家中枢机构不久，挡在他面前的强势人物，竟然就纷纷下野了。

而现在，内阁里，三个人中，李春芳、陈以勤，两个人都是能力平平、与世无争的老好人。坐在首相位置上的李春芳，甚至还可以说是一个——用一个现代的名词——“左派幼稚病”患者。

我的意思是说，李春芳这个人，用现在的话说，很左，左到幼稚可笑的地步。他曾经说过，国家的事千头万绪，治国的方略或许有别，但是，在他看来，要抓关键，牵牛鼻子。那么，关键是什么呢？李春芳认为，关键是学好理论，用理论武装头脑。只要大家都集中精力学好、领会好名教圣训，“旋乾转坤，易如反掌”！

张居正自然是不会把这样的“病人”放在眼里的。年方四十三岁、脱离司局级干部的级别才不到两年、入阁拜相也才刚刚一年的张居正，有了天将降大任于己身的感觉。

事实也是这样的。据张居正的同年王世贞的记载，张居正虽然位列最后，但是部长们都怕他，即所谓“畏惮之，重于他相矣”。另据当代的明史研究专家韦先生的说法，在三人内阁里，“张居正实际上扮演着最重要的角色”。

张居正似乎不太满足。他需要的是名正言顺、名副其实！说白了，他要当内阁的“一把手”！他要当国执政，大权独揽！甚至，按照张居正的理想，他要独裁！

怎么办？是不是把李春芳和陈以勤赶走？张居正似乎能够做到。但是，他不会这样做。

稍微琢磨一下就会想到：赶走两个人，内阁首相的位置会不会给他张居正坐，还不能肯定。最高领导人和高级干部们对他统筹全局的能力的了解也不够。毕竟，他资历尚浅，而且一向韬光养晦，城府很深，别人对他当国执政、治国安邦的水平和能力不够了解也是很正常的。

更重要的还在于，如果真是张居正亲自出手直接和内阁的同僚发生权力争斗，那手腕儿未免太一般了，太落俗套了！那也就不是他张居正了。

但是，又不能等。于是，张居正出手了。

在徐阶下台后仅仅一个月，张居正就急不可耐地站在统筹全局的高度，"发表"了"施政纲领"。

顺便说说，正是由于张居正表现得如此急不可耐，恰恰说明他是迫切希望徐阶下台的。如果徐阶还在台上，他是不会发表"施政纲领"的。而徐阶一下台，他就当仁不让、迫不及待地统筹全局了。

当然，不用"急不可耐、迫不及待"这些词也是可以的，用只争朝夕，也未尝不可，总之，张居正确实是等不及了。

隆庆新朝除了平反了一批冤假错案，停止了嘉靖皇帝因修道而搞的一些怪诞做法外，根本没有新气象！可是，排在张居正前面的两位大佬，一味折节礼士，你好我好大家好，连振作起来的想法也没有！张居正是看不下去了！所以，他一改过去的韬光养晦之策，闪亮登场了！

当然，说张居正发表施政纲领，那是我们现在的说法。当时没有这个名词。他的原名是《陈六事疏》，是上报给隆庆皇帝的。就其性质和作用言，就相当于我们现在所说的施政纲领。

张居正在"施政纲领"里说些什么？他所说的六事就是：省议论、振纲纪、重诏令、核名实、固邦本、饬武备。总而言之，张居正的意思是，要统一思想，令行禁止；要整顿吏治、整顿财政，加强国防。

这六件事，确实是张居正的施政纲领，以后他当国，大体上也是按照这个思路做的。按照写过《张居正大传》的朱东润先生的话说，这个施政纲领，不啻是独裁者的宣言书！

那么，张居正要谁来独裁呢？当然是他自己了。可是，张居正总不能公开讲要由他自己来独裁吧？所以，他只能呼吁皇帝独裁。

但是，谁都知道，当今皇帝是个对治国理政根本就不感兴趣的人，从来就放手让内阁来干，他是断断不可能去独裁的！实际上，他既没有这个愿望，也没有这个能力。这一点，张居正心知肚明。

那就应该是内阁独裁了？

可是，内阁里的"一、二把手"，是那块料吗？连他们自己也不敢说是那块料。两位大佬，恐怕连想都没有想过要独裁！说这两位老兄避之唯恐不及还要更恰当些。对此，张居正再清楚不过了。

数来数去，也就非他张居正莫属了！不错，这正是张居正的本意。

张居正是用这个办法，展示自己，告诉最高领导人和各级干部们，应该让我张居正来统筹全局，领导国家，实行新政！说得再直白些，张居正是说，请让我当国执政！

得出这个结论，不是我的发明。

和张居正几乎同时代的一个官员（曾经担任国子监的“一把手”）邓先生在他所写的《国朝典故》一书里就明明白白地这样说，他读了张居正的施政纲领，读出了这样的信号：“不言自用，而自用之机已露”！现在的专家也有人这样看。韦先生就说，邓先生的结论，“切合”张居正发表施政纲领的“本意”。因为张居正“当时虽然已入阁为大学士，但绝未满足于此，他热切希望能够再上层楼，秉国之钧，按照自己的理想和谋划，重整乾坤”。

那要这样说，张居正还是比较光明磊落的。尽管张居正这样做，近乎伸手要官，但是人家是公开的，拿出自己的东西了，领导和“群众”，你们看着办吧！

事情当然不这么简单。这个施政纲领里面，实际上也“间有用术”。

说白了，张居正也认识到，领导给不给他想要的官，不能简单就是要，得揣摩一下领导想要什么，先满足领导的要求，领导才会满足自己的要求！

所以，张居正在“饬武备”这一部分，作为饬武备的一项具体措施，建议请国家元首举行“大阅”。

所谓“大阅”，就是现在我们说的大阅兵或者叫阅兵大典。

果然，据专家韦先生的考证，在张居正的整个施政纲领里，最高领导人“最高兴接受并立即饬令实行的”，就是大阅这一点。

要知道，有明一代，圣驾大阅的，唯有根据张居正的提议搞的这一次。就连最喜欢戎服远征、自封为大将军的正德皇帝也不曾有过这样的经历啊！

据说，仅此次阅兵大典，花费就达二百万！无论是当时的广大干部还是后世的史学家，一致认为此事纯粹属于劳民伤财之举。而张居正的建议，绝对是馊主意！

张居正难道不知道，搞这样的事是劳民伤财吗？他真的觉得是“饬武备”所必需吗？应该不是的。那他为什么还要提出来搞呢？——当然是要博取领导的欢心啦！

有人就因为这件事嘲讽说：“此公善于逢君如此！”说白了，就是批评张居正讨好领导有些过分了。

说这话的，是一个叫沈德符的人。这个人和张居正是同时代的人，在张居正主政之初进士及第。他的祖父、父亲都是科举出身，曾任职监司词林。沈先生自幼生长于北京，曾在国子监读书。由于家庭的原因，他得以同当时的许多台上台下的高级干部及其家属，有较多的交往，熟悉中央的事务及许多内幕。之所以顺便介绍这么多沈先生的情况，是因为以后还会经常用到他给我们提供的证据或者作出的分析。

专家韦先生也说，张居正所提的大阅兵之议，“无疑是一个败笔”。

但是为了自己想得到的，昧心出个馊主意，博取领导欢心，也是不得已而为之啊！毕竟，一个人能不能升官，不是老百姓的选票，而是领导的想法来决定的啊！

不过，张居正的做法，似乎有点得不偿失。为什么这么说呢？

结果在这摆着呢！张居正并没有达到目的。国家元首似乎没有提拔他当首相的意思。

这已经使张居正很失望了。不仅如此，张居正还意识到，他发表施政纲领之日，就是引起不少高级干部嫉妒乃至嫉恨之时。所以张居正感慨道：“忌我者亦自此始矣！”用句俗语，就是没有抓到狐狸，还惹了一身骚！这件事，对张居正可能算是个不大不小的打击！

说不大，是因为结果仅仅是没有达到预期目的而已；说不小，是因为张居正的仕途官运实在太顺遂了，从来还没有遇到过这样的“挫折”。以往，他想要的，都能够得到；他要出手，必定成功。而这次，预期目的却没有达到。

很可能，张居正会得出这样的结论：官场上，伸手要是要不来的！要权力，就要准备投入激烈的战斗！

官场上，权力也好，职位也罢，得来还需费功夫啊！

精算得失使出连环计

和张居正的预想不太一致，情况在不断变化中，张居正很快就意识到：徐阶走了，自己的麻烦来了。

原以为，没有了徐阶和高拱，他张居正的机会就来了。于是，他迫不及待发表了施政纲领，并施展了权谋，讨好最高领导人，想着能够尽快更上一层楼，秉国之钧，施展宏伟抱负！

可是，左等右等，在张居正发表施政纲领一周年之际，等来的却是老干部赵贞吉入阁的消息！

徐阶下台后近一年的时间里，尽管张居正没有得到他想得到的位置，但是，也应该说，在中央，差不多是他张居正说了算的。

然而，随着赵贞吉被提拔到内阁，张居正想退而求其次也成了奢望。

可能是对内阁的执政能力，最高领导人还不太放心；或者说，最高领导人觉得政府中枢的几位大佬的分量尚嫌不足，在徐阶下台一年后，一位有威望、有能力的老干部赵贞吉，被补充进来了。

这是位资历非同寻常、相当强势的人物。

赵贞吉算得上名副其实的老干部了。他科举中进士的时候，张居正还不到十岁呢！屈指算来，这位赵兄，在官场已经沉浮三十余年了！

据正史的记载，老干部赵贞吉，为人“具才略胆识，有伉直声”。或许正因为如此吧，这位老兄在官场上的经历，三起三落，颇是坎坷。

早在二十多年前，那时候，张居正庶吉士刚刚散馆不久，已经担任国子监“二把手”的赵贞吉，因为得罪了当国的严嵩，被喜怒无常的嘉靖皇帝下令逮捕，后来贬到大西南的一个叫荔波的地方，在县政府给县领导帮忙打杂。可是，这位老兄似乎没有因此而消沉，依然干劲十足。经过十余年，又慢慢提拔上来，升到了最重要的部——户部副部长的位置。不过，磨难似乎并没有使他磨掉棱角，以至于在副部长位置上干不多久，又公开顶撞严嵩，受到撤职处分，被打发回老家去了！

“十年两逐”的赵贞吉，一点也没有改变自己，除了年龄！“青衫去国，白头回朝。”垂垂老矣的赵贞吉，感激隆庆皇帝给了他发挥才干的机会，准备大干一场了。

问题是，赵贞吉这位老兄，性格很是“豪直自用”，还常常意气用事，而且不能容人。

这样一来，赵贞吉和张居正难免会发生冲突了。想想看，连自己的恩师，张居正都想赶走，何况一个性格伉直不能容人、与自己素无渊源的老干部呢？

还有一点应该说明，赵贞吉不但是内阁大僚，还兼任都察院的“一把手”。这个兼职了不得的！因为以后会经常出现这方面的人物，不妨对此适当展开说说。

都察院是个什么机构？

现在，一般理解为相当于中央纪律检查委员会和监察部。这个说法很流行。这么理解似乎也没有错，但是很不全面，甚至可能会造成误解。而依我看，都察院，就其职能、权责、运作方式上看，近似于现代民主国家的国会！除了非选举产生这一点以外！

都察院的主体由御史组成。御史，就是我们所说的言官。

言官，有言责而不负实际行政责任，有些现代国家国会议员的味道。比如言官对国政实施全面的监督，对执政者的政策措施、高级干部的言谈举止，都要加以监督；可以对政府首脑和大大小小的干部公开弹劾（对政府主要负责人和部长们的弹劾经常发生），而且是风闻而奏，就是说，弹劾的对或错都不承担责任（即相当于现代国家议员的言论免责权）；他们也应该对最高领导人（皇帝或者代替皇帝行使权力的人）的言行提出规劝、抗议（经常发生），正常情况下，对任命高级干部也非常有发言权，直接参与投票。他们还有现代国家媒体的某些功能，当时所谓舆论，主要就是他们这些言官的主流看法。可以说，言官的权力和影响力是很大的。值得肯定的是，当时还规定了权力和责任的对等。就是说，国家出了大大小小的问题，他们没有发现或者不提出纠弹，要被问责（经常发生）。

这是按照儒家的思想设计的一套制约体制，目的是防止任何人包括最高领导人的独裁专断。

从地位、职能上看，我认为言官更接现代国家的“议员”。实际上我国最早翻译议员这个词，用的是“议郎”，而言官，在历史上，就曾经叫作议郎。

事实上，孙中山在对中国传统政治体制进行研究后，对监察官即言官很重视，认为值得借鉴，他把西方的三权分立改造为五权分立，其中的监察权就是从国会中的立法权分离出来的；监察院也具有国会的性质，而监察委员和立法委员都可以称为国会议员。

所以，把言官或者说监察官，称为“议员”更贴近些，至少比把他们比作现在的纪律检查、监察干部，要贴近得多！

正因如此，我说，都察院更具有现代民主国家国会的性质，而言官，就具有议员的性质。

顺便再说一句，言官虽然多是七品，但是口含天宪，在首都监督中央高级干部，到地方就是代表中央。一个七品言官，摇身一变就可能成为省里的“一把手”。所以，每当进士“大选”，第一选择，就是当言官，而不愿意去地方当相当于市委书记兼市长兼法院院长的知府！

赵贞吉兼任都察院的“一把手”，相当于“议长”了。也就是说，话语权基本上就掌握在这位老干部手里了。

既然赵贞吉要“舍身任事”，那么，一年来，内阁里基本上是张居正说了算的局面就难以维系了。

果然，决定军国大事，张居正的发言权无形中就被剥夺了。有一次，内阁研究军事将领的调动，张居正认为非常不合适，绝对不应该那么做。可是，他说了不算，只能写信给朋友做些解释、发发牢骚而已，并顺便说清楚，如此愚蠢的决定，是不会出自他张居正的。

权力大大缩水还不算，赵贞吉这个老干部，根本就看不起张居正！

内阁研究工作，张居正一发言，如果不符合赵贞吉的胃口，他动不动就会说：“切！这哪里是你这个年轻人所能晓得的！？”

平时同僚间适当进行交流，谈论学问上、意识形态上的事，赵老兄更是不客气，很轻蔑地说：“切，浅学！夸夸其谈谁都会，可是，你懂什么呢？！我看你也就是懂点韩非子那点邪说罢了！”

对一个自视甚高、自认为满腹经纶的堂堂高级领导干部来说，老干部赵贞吉的话和他说话的态度，简直就是轻蔑乃至侮辱了。这是张居正从来就没有遇到过的。

从张居正进入官场以来，最有名的大佬，也就是严嵩、徐阶和高拱了。这三个人，都对张居正非常器重，无不高看一眼。

可是这位赵兄，不知道是哪里冒出来的一头瘪蒜，居然如此对待他，张居正实在难以忍受啊！这一时期的张居正，很苦闷呐！

一向深有城府、自称不能轻易和别人说心里话的张居正，也忍不住给一些人写信，发起了牢骚。诸如“人心叵测，时事艰难”啦，“茹苦而不以告人”啦等等，用专家韦先生的话说，前所未有的挫折感，使得张居正颇是沮丧。

怎么办？束手无策，任凭别人骑在脖子上撒尿吗？这不是张居正的性格。

实际上，张居正连一个月也没有忍受，就采取行动了。

是不是拍案而起，和赵贞吉针尖对麦芒干了一场？不是的。

估算一下实力，张居正恐怕未必能够有必胜的把握吧？要知道，按照常规的斗法，高级领导干部间交锋，充当主力军和先锋队的，都是“议员”，而他的对手，那头突然冒出来的瘪蒜，兼任着“议长”啊！

况且，真的这样干起来，在张居正看来，也未免太大众化、太小儿科了吧？这，同样不符合张居正的性格！

那是不是引退呢？惹不起，咱躲还不行吗？这是当时官场中人遇到难题时常常采取的以退为进的策略。

可以肯定，张居正有过这样的念头。他在给别人的信里明确表达过，说现在实在受不了啦，“惟当引去”！但是，估计，这也仅仅是一个念头而已！轻而易举不战而降，那能是他张居正的风格吗？

那会是什么策略？连环计是也！

当然，张居正也可能犹豫过，反复斟酌过。算来算去，还是这个计策最好！

那就是，积极斡旋，把下野两年的高拱请回来！或许有人会问：这是什么连环计啊？我告诉诸位，请回高拱，一举三得！

首先，证明张居正是个言而有信的君子，有利于巩固他和高拱之间的友谊。张居正曾经对高拱表白过，时机成熟时，要替他转圜，请他回来。现在，自己采取实际行动了，够朋友吧？尽管，张居正未必真的相信友谊，但是顺水推舟又一举多得的事，何乐而不为呢？

其次，高拱一回来，必然会和赵贞吉发生冲突，不冲突也得冲突——有他张居正在暗地里做手脚，不怕他们不冲突，张居正有这个把握。一旦冲突起来，胜算的，绝对不会是那头瘪蒜！

最后，高拱一回来，李春芳的首相位置就算到头了。先让高拱出面，干掉这位老好人再说！

这些，不是我主观分析出来的，是有充分根据的。与张居正同时代的有心人，像我们前面提到的沈德符，还有一个叫于慎行的等等，这些几乎与张居正同时代且谙熟内幕的人，几乎异口同声都这么说了。《明史·张居正传》也是这么记载的。

明史专家韦先生根据历代前辈提供的史料证据，也得出了这样的结论：“居正此一连环计算，是将高拱抬出来，并推到第一线，用以压制赵贞吉，俟机接代李春芳首相的权位，为高张携手执政铺平道路。”

那么，既然一举多得，为什么还说张居正会犹豫呢？

因为，张居正实际上未必想让高拱回来。他内心真实想法是自己急于当国执政，怎么可能会把一个强势人物请出来压在他的头上呢？连恩师徐阶，张居正也没有因为重于丘山的恩情，就手下留情，何况是友情呢？在张居正的心目中，所谓友情，是不是真实存在，即使存在，会不会长久？都是疑问！这是我的推论。反证就是：如果张居正真想让高拱回来，徐阶下台一年多了，为什么此前他不积极斡旋请高拱回来，而只是迫不及待地谋划自己“更上一层楼”呢？

既然内心不情愿，那么张居正为什么还想出这样一个连环计呢？以我的判断，还不仅仅是“两害相权取其轻”的考量这么简单。张居正一定反复算计过了，即使他不主动斡旋，高拱也必然会回来的！

最最关键的因素是，当今的最高领导人，对高拱的感情太深了，他是实在没有办法才不得不同意高拱下野的。高拱回家的时候，隆庆皇帝给他很高的礼遇，还专门派人护送，恋恋不舍极矣！自从高拱走了以后，这位天天想着美人儿的最高领导人，就像思念某个不能相见的美人儿一样，思念高拱不止！

据知情人于慎行的记载，当时隆庆皇帝同意高拱下野，实在是迫不得已，高拱一连递交了十二次辞呈，才“不得已策罢之”！另据和张居正几乎同时代、被誉为万历年间天下“三大贤”之一的郭正域的说法，高拱被徐阶逼下台卷铺盖回新郑老家以后，“上思公不置”！

张居正位在中枢，又曾经担任过隆庆皇帝的老师，对这个弟子兼上峰，他必是了如指掌的。这些情况，张居正不可能不清楚。

既然如此，那这位最高领导人在和美人儿厮混的间歇，突然想起要召高拱回来，就是很正常的了。这样的事，随时都有可能发生的。

而且，这样的事，确实是不断发生。就说张居正曾经经历的嘉靖朝，被夏言取代的张首相，四次进出内阁；夏言也是在内阁四起四落。严嵩也曾经坐上内阁第一把交椅不久，又让了出来，后来才又重新坐上去的。部长们中间，这样的情况更是家常便饭了。

所以，高拱复出，大势所趋，只是时间问题而已。

很可能，张居正也还估算过，退一万步讲，即使自己不想请高拱回来，也还是轮不到他张居正坐内阁的第一把交椅！因为，当时的最高领导人，似乎没有这样的打算。

可以有把握地说，在隆庆皇帝的心目中，张居正似乎只是一个副手、配角的料，他对他并不看好。所以，尽管张居正违心讨好他，还是不能改变这位皇帝大人对张居正的角色定位。

对此，以张居正的明察聪慧，他不可能感觉不到。这样估算下来，请高拱回来，绝对是上上策了！

于是，张居正又出手了。他找到自己在裕王府的时候就结交到的“朋友”、当今皇帝身边的太监李芳，请他在皇帝面前为高拱说话。估计，张居正会把怎么和皇帝说，都想好了，让李芳鹦鹉学舌就行了。

或许有人会问，张居正是近臣，他直接找皇帝说不就行了，何必还这么麻烦呢？

是啊。张居正直接找皇帝说，也能找，而且一定也能够办成。可是，张居正不会这么做。那不是他的风格。

想想看，如果张居正直接出面，朝野很快就都会知道。那么，徐阶和徐阶的门生故旧怎么想？内阁里现有的另外几个人怎么想？张居正才不会干这种傻事！风险最小化、利益最大化——别忘记了，这是张居正的准则！

而要想风险小，最好是不直接出头露面，隐身幕后，进退两便。况且，即使他张居正不直接出面，那也不等于说高拱本人就不知道是他在斡旋，他的功劳是不会被抹杀的。

那么，张居正都会教李芳些什么呢？

以我的推断，可能最关键的是说，万岁爷，您不是天天在思念高老先生吗？这事，我得跟您说道说道了。最近，我听说，当时赶高老先生下台，大部分人也是碍于徐阶徐老先生的面子，随大流而已，后来很多人觉得徐阶徐老先生那样对高老先生，实在过分了。现在徐老先生已经下野一年多了，让高老先生回来，不会有什么阻力了，就赶快让高老先生回来吧，只要高老先生一回来，把天下交给他去治理，万岁爷不就高枕无忧了吗？！

请高拱回来？这绝对是隆庆皇帝正求之不得的事，相当于正打瞌睡有人递过来个枕头，能不痛快答应吗？他不仅答应召高拱回来复职，还给了高拱一个意外的惊喜！

是啊，国家的事交给高拱，那他这个最高领导人，天天抱美人儿，也可以高枕无忧了！可是，怎么交呢？现在李春芳是首相，总不能无缘无故免了他吧？事都是人来办的，管人的事交给高拱，那就等于把一切都交给高拱了。于是，这位一向以庸碌无为、胆小怕事著称的隆庆皇帝，做出了一个大胆的决定：召高拱任内阁次辅兼吏部尚书！

隆庆三年底，在赵贞吉进入内阁三个月之后，高拱就回到了离别两年多的首都，愉快上任了！

在那个时代，沟通协调、办文传递，还要走各种程序，慢着呢！可是，算一算就知道了：从赵贞吉入阁到高拱复职到位，才三个来月啊！可见，张居正的动作是很快的。

显然，赵贞吉一加入内阁，张居正感到不对劲儿，就立即开始出手了。所以，我判断，张居正对赵贞吉的容忍，不超过一个月！

由此可见，张居正这个人，对别人的容忍度不高。一旦他感到心里不舒服，前程受阻挠，那就会立即采取行动！而张居正的行动，又都是在幕后进行的，凡是有权谋用术之嫌的事情，他从不直接出头露面去做。

这，就是张居正的过人之处。

那么，随着高拱的复出，就到了检验一下张居正的一石三鸟之计是不是能够圆满成功的时候了。

当然，高拱复出，张居正就赢了一回，在高拱看来，张居正确实是言而有信的君子，够朋友！这只鸟，已经收入囊中。

现在，要看看另外两只鸟，是不是能够击中了！

技高一筹拿朋友兼上司当枪使

随着高拱复出，情况复杂化了。

最重要的，是内阁的人事安排发生了变化。此前的李春芳、陈以勤、赵贞吉、张居正四人内阁，一下子变成了李春芳、高拱、陈以勤、赵贞吉、张居正、殷世儋六人内阁。

这几个人，除了赵贞吉这个老干部，其他五个人，和张居正的关系，都有些特殊。或者说，除了赵贞吉以外，其他几个人都有交叉连环关系：高拱是张居正的生死之交；高拱和陈以勤是同年；李春芳、殷世儋是张居正的同年；陈以勤是张居正的老师；高拱、陈以勤、张居正、殷世儋都是当今皇帝的老师，当年裕王府里先后的同事；陈以勤、赵贞吉是老乡。再追溯一下，高拱、陈以勤、李春芳、张居正、殷世儋，在翰林院先后任编修，一起做过同事。

可是，这个内阁，却是充满火药味的内阁。

在短短的一年多时间内，六人内阁就上演了一幕幕被有些史学家称为“混斗”的活剧。

一幕幕演下来，赵贞吉、李春芳、陈以勤、殷世儋先后鞠躬下台！

截止到现在，六人内阁集体出演、高潮迭起、导致四人谢幕下台的一幕幕活剧，其“编剧”兼幕后总导演，不是别人，就是张居正。被张编剧兼导演看中的主要演员，则是高拱。

这些角色定位，不是我个人主观给他们分封的，是正史、野史中都明明白白记载的。当然，职衔儿是我根据他们的角色定位临时冠上的。

《明史·张居正传》是这样写的："同列李春芳、陈以勤、赵贞吉、殷世儋之见（被）逐，虽发自高拱，而机皆出自居正。"

当然，《明史》的记载未必都可信。但是，关于这一点，不是孤证，同时代的不少知情人，基本上都持这个说法。就连对张居正特别推崇的明史专家韦先生也惋惜地说："《明穆宗实录》记载的事实，《明史》《明书》《明史稿》《明通鉴》《国榷》等的评说，均持之有据，实不能为贤者讳。"

如果联系到张居正周旋请高拱回来的动机，给他定位为编剧兼导演，应该是恰如其分的吧！

当然，有了好的剧本、优秀的导演，只能说成功了一半，演员也很重要。应该说，作为主要演员的高拱，没有辜负张导演的希望，演出可谓圆满成功！

效果在那里摆着呢！李春芳、赵贞吉、陈以勤、殷世儋，都谢幕下台了！

就是说，另外两只鸟，也被张居正扔出的那颗石子儿给击中了：赵贞吉灰溜溜卷铺盖回家；李春芳的首相位置被取代；还搂草打兔子，顺带把殷世儋也赶下了台。

通过大量证据和演出过程分析，张居正张导演在指导这些高潮迭起的活剧时，总的原则是：隐身幕后，决不出场；以静制动，以不变应万变；变化的是形势，不变的是权谋。

而且这场战役打了个短平快，一切都在张居正张导演的掌握中。

导演的把握很精准，演员的表演很卖力。以至于在内阁向"议员"通报政务推进情况的通报会上，堂堂的内阁"一把手"、年近六旬的高拱，差一点就吃了殷世儋的老拳！当着那么多人的面，赶紧逃窜！这应该属于演员临场发挥，真是精彩绝伦，史所罕见了。

要说，高拱也算是老牌政治家了，年龄比张居正大一轮，登科比张居正早六年，是他的老师辈；高拱的同年陈以勤就是张居正举进士时的阅卷者，按照那个时代的惯例，就是老师；高拱这位师叔的学问、才干更是无与伦比。可是，出于政见、友情的考虑也好，或者说这个人太没有城府也罢，反正他就是被张居正当枪使了。

"虽发自高拱，而机皆出自居正"，正史的这个说法已经很说明问题了。

知情人支大纶又给我们提供了更加具体的证据。

支先生是张居正去世后几个月考中进士的。他这个人非常用心，搜集了许多中央高层的内幕材料，相信也采访了不少当事人。

据支先生的记载和高拱本人的回忆，情况大体是这样的：

高拱一到北京，张居正就急急忙忙以老朋友的身份，兴高采烈地去看望他，高兴地说："哎呀，中玄兄啊，你可回来了，我兄回来，小弟总算有了倚仗，哥哥你要再晚回来一两个月，咱们兄弟恐怕就见不到了啊！"

顺便说说，高拱字肃卿、号中玄。那个时候的人，晚辈或者平辈的人，就要称人家的号，而不称字。

不用说，张居正见到他的中玄兄，一定会把赵贞吉如何如何不像话、如何如何目中无人添油加醋数落一番的。

高拱对张居正的话，当时似乎是半信半疑，所以也没有更多表态，只是劝慰了这位好兄弟一番。

赵贞吉呢，见到高拱，倒有惺惺相惜的感觉，因为两个人都是干实事、有才华的干部，彼此很看重对方，"意气款密"。自然，他也会向高拱说到张居正。

赵贞吉评价张居正的话近乎恶毒。他说："世所谓妖精者，张子其人也。"在赵贞吉的眼里，张居正居然成了妖精，看来这位老干部对张居正观感太恶劣，成见是很深的。

自然，老干部赵贞吉也免不了向高拱倾诉张居正如何如何构陷自己的内情。

赵贞吉说了些什么？似乎是这样一些定性的话，说张居正这个人太阴险狡诈，所谓"全以诈术驭人，言语反覆无实。人有不合者必两利而俱存之，怒甲则使乙制甲，怒乙则使甲制乙；欲其斗则嗾之使斗，欲其息则愚之使息"。

当然，这些是高拱事后的概括，赵贞吉的原话，是不是这么说的，我们无从得知。

分析一下，这些话可以分四层意思来理解：第一层，全以诈术驭人，言语反覆无实，属于总的评价。与人交往，用的是诈术，说话真真假假，假假真真，让别人晕晕乎乎就信任他了。第二层是概括他的诈术的基本内涵的，即人有不合者必两利而俱存之，怒甲则使乙制甲，怒乙则使甲制乙。他对甲不满就挑动乙出面去整甲，对乙不满就挑动甲去整乙，别人两败俱伤，他两利俱存，好处都归他一个人！第三层是进一步深化对张居正权术的认识，欲其斗则嗾之使斗，欲其息则愚之使息。绝不绝？张居正要想让别人争斗起来，就能够挑动他们相斗，他要想让他们平息下来，就能够愚弄他们让他们停息！

请注意，这里说的"甲乙"也好，"别人"也罢，不是幼稚园的小朋友，也不是工地上的农民工，或者引车卖浆者流、大学生、老板，都不是，部长们恐怕也没有资格入围吧？说的都是些久历官场、宦海沉浮几十年的国家最高决策层的核心人物啊！

不愧是知心朋友，高拱的概括非常精准。

事实证明，张居正确实有这个本事。不然，短短六年，八位政坛高手，包括他自己的恩师，为什么毫无例外、一个都不能少，都败在他的手下？！

不过，高拱当时还不可能意识到这些的，他对赵贞吉的话也不可能相信。他很纳闷，“难道我们分别不到三年，我的好兄弟就变成这样的人了吗？”所以高拱不会顺着赵贞吉说话的，他也对赵贞吉进行了一番劝慰。大家都在一起工作，现在领导上这么信任我们，我们应该同心同德，把工作做好——估计是诸如此类的话吧。

或许正是因为高拱和赵贞吉两个人都是一心谋国、非常有责任感的干部，而且性情都很直率，所以在具体政务推进中，也难免发生分歧，甚至激烈争论。这本来是很正常的，支先生就认为这本来就是“豪杰之常态”，没有什么大不了的。

可是，要是这样发展下去，张居正投出的石子儿，不就打不中鸟了吗？

根据支先生的记载，张居正面对高拱和赵贞吉以豪杰相引，“意气款密”的情况，就有点坐不住了，于是施展其挑拨离间、火上浇油、“怒甲则使乙制甲，怒乙则使甲制乙”的诈术，“钩致其隐，文斗其中，以徼渔人之利”。

张居正到底是如何钩致其隐、文斗其中的，具体事例，我没有去查。但是以我也在所谓官场近二十年的经历特别是曾经遭受的挫折来看，觉得这似乎也未必是难事，就看你愿不愿意做了。

比如，那时候经常有“议员”弹劾内阁里的各位领导，张居正私下里可能会对高拱说，中玄兄啊，小弟我让人偷偷了解了，那个满嘴喷粪的家伙之所以无端攻击你，是赵贞吉那头瘪蒜在背后指使啊！也可能会说：前天赵贞吉那头瘪蒜和他的几个狐朋狗友在翠花楼吃饭，一个个都在数落中玄兄的不是，说现在的吏部何等黑暗，又说用张三不对啦，不用李四绝对是胡闹啦！

总之，要想挑拨离间火上浇油，机会很多，借口不少。

果然，张居正“欲其斗则嗾之使斗”的本事有了注脚，高拱和赵贞吉这两位才干卓著的前辈，在张居正的挑动下，展开了激烈的争斗。最后在隆庆皇帝对高拱的无条件支持下，赵贞吉不得不灰溜溜地卷铺盖回家。

李春芳一看情况不妙，也有些紧张了。他私下里找到了张居正，对他说：“高拱对徐老师都敢那样，何况我李某人？找个机会，请求皇上准我辞职算了！”

可能是，李春芳考虑了以下的因素：张居正和自己是同年，又是徐阶的受业弟子，而自己也对徐阶执弟子礼；高拱是徐阶的政敌，高拱复出，朝野谣言四起，都说高拱必然报复徐阶，而张居正负有保护徐阶的使命。同时呢，张居正又和高拱是好朋友。所以，李春芳才找张居正摸底的。

没有想到，一向寡言少语、不露真言的张居正居然抢白李春芳这位学兄兼上司说："如此，或许还能保全你的名声！"

这，或许是这位幕后导演唯一一次直接上场——如果可以称为上场的话？

听了张居正的话，李春芳愕然！心立即就凉透了！随即，就接连三次提出辞职，算是乖乖腾出了首相的位子，回老家潜心研读他所崇拜的王阳明的著作去了。

陈以勤本来就是一副看破红尘的样子，对内阁的交椅也持可有可无的态度，早在高拱和赵贞吉争斗最酣的时候，他觉得一个是自己的同年（高拱），一个是自己的同乡（赵贞吉），说话也不好，不说话也不好，算了吧，眼不见为净，第一个就卷铺盖回老家了！

最晚加入内阁的殷世儋，是张居正的同年。他本来就是"开后门"——贿赂太监——进入内阁的，名声不太好，威望不太高，可是费了九牛二虎之力爬上来，屁股还没有坐热，就有些恋恋不舍。于是，他就想先发制人、主动出击，在内阁和"议员"联席会上故意找茬，竟然出手去揍高拱！

是不是张居正从背后挑动的，我不敢断言，知情人是这么说的，我们也就姑妄听之吧。

事后殷世儋是不是很后悔，是不是怪自己太冲动，我们不去管他了，反正他那么做，肯定不好再待下去了，也不得不卷铺盖走人了！

如此这般，一年多时间，六人内阁，就剩下高拱和张居正两个人了。

更关键的还在于，朝野的观感是：高拱一回来，大前天赶走陈以勤，前天赶走赵贞吉，昨天赶走李春芳，今天又赶走殷世儋，未免太霸道，太不容人了吧？！而张居正呢？一定是谨言慎行、如履薄冰吧？实在值得同情啊！不知道张居正该怎么和这样的人搭班子，说不定哪天也得被高拱赶走啊！

上述这些记载，有的出自正史，有的是当事人或者知情人的回忆，是不是都绝对可靠，我还不能完全说得准。我的老师、明史专家韦庆远先生，对张居正评价是很高的，说他是巨人、伟人、大改革家，但是对知情人支先生的记载，他似乎也拿不那么准。他的看法是：把高拱和赵贞吉及其他人的争斗，责任都推到张居正身上，不够公平；但是，张居正可能真的那样做了，历历有据，也不应该因为张居正是伟人，就替他把一切开脱。

另外一个相当于知情人的沈德符是倾向于认为张居正确实是那么干的。他感慨系之，说："盖隆庆一朝，首尾六年，与江陵（张居正）同事者凡八人，皆以计次第见逐。……此公才术，故非前后诸公所及。"

简单说，沈先生是在感叹，所有的内阁同事，一个个都被张居正用计谋赶走了，可见张居正这位老兄的权术，实在太高超了！就玩弄权术来说，真是没有谁可以望其项背啊！

不过，尽管如此，我得额外说几句话。因为我在这里对这些高层人士的政见、政绩评述不多，由此判断起来或许就不那么全面，似乎这些人整天没事干，就是争斗！

争斗确实存在，而且的确也很激烈。但是，高层的争斗很复杂，评价标准也不能太单一。对高层人士的评价，参考各人的政见和政绩恐怕也是很重要的。

所以我不妨狗尾续貂，谈点我自己的看法。

我认为，到现在为止，张居正这些做法，倘若从人品、道义上说，自然是无法谅解的。但是，若从国家大局上观察，李春芳、陈以勤的能力、水平和责任感，确实和他们所占据的位置是不相称的，把他们赶下台，免得碍手碍脚，大体上也还是可以理解的。甚至，就连赵贞吉这位老干部，虽然能力、敬业精神可嘉，但他的政见和高拱、张居正比起来，也是落后的、不合时宜的，加上他又是一个不安定因素，对于高、张联手推行新政，是不利的，打发这位垂垂老矣的前辈回家抱孙子，也算说得过去吧？

不管怎么说吧，事实是，转眼间，六人内阁，就变成了高拱和张居正的"双人舞"！

不幸的是，"双人舞"从起跳的时候开始，就差不多是强扭的瓜了。

两个"舞伴"，没有一个想跳这个"双人舞"！

当然，他们的想法，又各不相同。

第2章

出奇制胜

精谙牌理却不按牌理出牌

当国家最高中枢机构的同僚纷纷被淘汰出局以后，高拱和张居正，两个彼此志同道合的生死之交，倘若亲密合作，大展宏图，中国的历史会不会改写，也是值得重新考虑的。然而，权力的诱惑，往往会使一些道德操守比较差的人出卖自己的良知，施展阴谋诡计。张居正以知其不可为而为之的勇气，另辟蹊径，周密策划，以迅雷不及掩耳之势，突然发动政变，一举成功！内阁九相中的八位同僚，一个都不能少，全部被张居正淘汰出局！他成为唯一的赢家，登上了权力的顶峰！在一般人看来根本不可能的事，张居正为什么能够将其变为现实？同时代的知情人感慨系之：“此公才术，故非前后诸公所及！”

终于要直面这样一个人了

到了隆庆朝的最后一年，帝国的最高中枢机构里，只有高拱和张居正两个人了。

是的，他们是肝胆相照的“刎颈交”。

但是，张居正不想跳“双人舞”，他的政治理想，就是个人独裁。

理想是理想，现实是现实。张居正心里也很清楚，要实现个人独裁，就要整垮高拱，而要整垮高拱取而代之，在当时看来几乎是不可能的。

面对现实，张居正在思谋对策。

借着这个机会，有必要隆重推出高拱这个人了。

以我的看法，有明一代，乃至此前的所有朝代，超过高拱的政治家，是不多见的。

可惜的是，历史没有给他发挥才干的更多机会，“志不尽舒，才不尽酬”，抱恨终天！

以大历史的角度重新审视四百多年前的高拱，我甚至认为，倘若高拱能够继续执政，像后来的张居正那样全权掌握国家达十年之久，那么，中国的历史会不会改写，都是值得思考的。

那就先看以下高拱的简历吧。

高拱，字肃卿，号中玄，河南新郑人。和张居正“家世寒贱”（张居正语）不同，高拱乃生于官宦世家。张居正的祖父是“保安”，而高拱的祖父在中央做过司长（当时叫郎中）；张居正的父亲科举不顺，考了二十多年以秀才终，而高拱的父亲则是进士及第，在山东、陕西担任过地方官，后来又到中央，担任过相当于现在国务院直属机构“二把手”的职务。

高拱受到严格的家教，基础打得比较扎实，这一点，是张居正所远不及的。因为，“家世寒贱”的张居正不可能有什么严格的家教，虽然读书很刻苦，但是目的性太强——实在没有办法啊，就是为了考试，属于典型的“应试教育”性质。估计连“课外书”也很少读，知识面是比较狭窄的。

不过，虽然家庭条件不同，家教和基础不同，但是其他的方面，张居正和高拱，就很趋同了。比如，他们都非常聪明，高拱“五岁善对偶，八岁诵千言”；张居正十岁“通六经大义，文字通顺”。

大体上，高拱和张居正，都在小小年纪，就迈上了科举考试的“正道”。张居正十六岁中举人，高拱则是十七岁中举人，不过后者是全省的第一名。此后，高拱在科举道路上蹉跎了十三个年头，才考中进士，而张居正则考了两次就中了进士。

此后，高拱的道路，差不多就是张居正的前辙。选为庶吉士、任翰林院编修。虽然高拱进翰林院比张居正早六年，但是他们还是交叉了五年。就是说，其中有三年的时间，张居正和高拱，都在翰林院任编修，是同事。

和张居正不同的是，高拱和当时中央主要领导严嵩、徐阶，都没有特殊关系，也不像张居正那样巴结讨好过严嵩，相反，他甚至还讥讽过这位权势人物。

据记载，严嵩权势熏灼，丝毫得罪不得，高拱却不十分顾忌。有一次，他以韩愈“大鸡昂然来，小鸡悚而待”的诗句，调侃严嵩在见其下僚时的傲态，严嵩听了不仅不怪罪，反而哈哈一笑。

当然，高拱也没有参与两位主要领导的暗战。

不知道是怎么回事，或许高拱的祖父、父亲可能与严嵩、徐阶在早年有什么渊源？也可能就是因为高拱很有才华，已经出了好几本书，大家比较公认？反正严嵩和徐阶对高拱都比较器重，相与推荐他当了裕王（后来的隆庆皇帝）的老师。

这是以后高拱能够在政坛有所作为的基础。

在裕王府九年后，高拱离开了，主持国子监。以后又担任礼部第一副部长、吏部第一副部长、礼部部长，在嘉靖皇帝在位的最后一年，即嘉靖四十五年，由首相徐阶荐举，高拱进入内阁。

徐阶为什么举荐高拱进入内阁呢？这也是老资格的政治家的一个手腕儿。

因为最高领导人新老交替在即，作为即将接任最高领导人职位的人的老师，高拱进入内阁，势所必然。徐阶稍微提前一点行动，自然可以示恩于高拱。

但是，徐阶的如意算盘落空了。高拱并未因徐阶有举荐之恩就甘心当他的马仔儿，于是，不久他和徐阶的矛盾就公开爆发，仅仅一年时间，高拱被徐阶用计驱逐。

又过了近三年，在张居正的斡旋下，高拱复出。隆庆五年，李春芳下台，高拱接任首相。

实际上高拱在内阁的时间，还不到四年，担任首相也才仅仅一年。但是，他初步开创了一个新局面，如果有机会，说不定他会带领我们这个古老的帝国，不期然迈出实质性的一步！

为什么这么说呢？用大历史的视角分析一下就知道了。

高拱是主张思想解放，与时俱进的。一位叫牟钟鉴的学者研究了高拱的大量著作后说："高拱不仅是一位能干的有谋略的政治家，而且也是一位博学精虑的思想家，这是徐阶和张居正都不及的。"研究张居正并对他评价甚高的专家韦先生也由衷地说，他对牟先生的"此一论断，深有同感。"

那么，作为思想家的高拱，他的主张是什么呢？韦先生说，高拱"对宋明理学采取旗帜鲜明的批判立场"。要知道，宋明理学，是当时的官方也是主流意识形态，就其地位言，差不多相当于我们今天所说的马克思主义毛泽东思想。所以他的理论勇气和思想解放程度，由此可见一斑了。

高拱有一句话，最能够反映他的与时俱进思想："法以时迁，则更法以趋时"！

高拱是主张改革的。韦先生概括说，高拱"主张变制，坚持通过变法以求治"。而他的改革思想，就其内涵或者说走向来说，清末以前的传统社会的所有改革家都达不到，这就是"公开性"和制度建设。

就以干部制度来说，在他短暂的任内，对干部制度改革的力度是很大的。而其主导思想就是"公开"。高拱认为"至公"是真理，"公"才立得住，经得起历史检验。而要"公"，就要"开"，即不能暗箱操作。比如，过去，吏部任用干部，只是部长和司长私下研究敲定，十分隐秘。高拱说，这样做，"不过欲行其私耳。吾改其是。"于是，每当需要任命干部，就命人当众打开所有名单，大家发表意见，就是部长本人"欲有所私而不能"。而且，凡是职位空缺的，都要在机关外面公告之，使大家都看到，以广泛推荐并监督补缺人选。

高拱还特别注重制度化，在他主政的吏部，短时间内便出台了一系列的制度。

高拱是主张开放的。在高拱主政的短暂时期里，就打破了禁海政策，造船只、开海运。这是很不容易的。因为，开海运，就和闭关锁国的基本国策相抵触了。保守派、既得利益者和理想主义者，都对高拱的主张予以抵制。他们说开海运风险太大，如果海运能够搞，祖宗都是傻瓜吗，他们为什么不搞？

张居正就是其中的代表人物之一。针对高拱强力推行开海运的做法，他给朋友写信说，“仆犹虑（我还担心）海禁一驰，他日更有可忧者”。张居正忧什么呢？那就是担忧闭关锁国的国策被打破！

这不是杞人忧天。

高拱实际上有这样的主张。不仅要开海运，还要开国门，实行海外贸易！他清楚地说过，东南沿海倭寇之患，实际上真正的日本人不多，绝大多数的所谓倭寇都是中国的海商，被海禁政策所逼迫，只能“连结远夷，向导以入”。如果允许商人自由开展对外贸易，那么一方面繁荣工商，另一方面也是肃清倭患的治本之策。

专家韦先生也认为，按照开海运的政策运行下去，必然带来对外贸易的繁荣，那整个局面都有可能焕然一新。

想想看，要是高拱的这个主张得以贯彻，会是什么局面？

据历史学家的研究，正是15~16世纪（恰就包含了高拱、张居正时代）西方的航海活动，拉开了现代历史的大幕！正是海运的大开，最终促使西方封建主义向资本主义的转化！而当时的中国，造船的技术、造船业的发达、航海技术和实践，都是西欧所难以比拟的。

不仅如此，中国沿海的民间航海、贸易的积极性很高，其机制也与同时代西欧有相似之处。唯一的差别就是当局的政策。高拱就是要打破这个政策。

不过，张居正执政后，立即又推翻了这个政策。

除此之外，包括结束与当时北方的异族长达百余年的战争状态，实现“互市”即双方贸易往来，也是高拱冒着很大的政治风险，极力促成的。

这两点，都是在当时条件下，高拱开放思想和政策的具体体现。

高拱对发展工商业，特别重视。可以说，高拱对朱元璋的重本（农）抑末（商）政策是有不同看法的，甚至是不屑一顾的。他对发展工商业倾注了极大的热情。刚刚复出回到北京时，很可能是利用春节的空隙，作为帝国中央事实上的领导核心的高拱，曾亲自到市场调查研究。好像是他一个人微服私访，没有前呼后拥，也不可能有提前安排见谁，教相关群众对来的领导说什么，所以他是很深入细致的，也确实是了解了实情。他和商家交谈，具体了解国家政策、政府管理有哪些问题，做生意有什么障碍等等。随后他又亲自撰写报告，从国家金融、货币政策到对市场的具体干预行为，都进行了深入的反思，提出了应对措施。

帝制时代，像高拱这样作为执政者，对工商业进行过那么细心的调查研究、倾注过那么大热情，并根据掌握的情况及时出台改革措施的，可能绝无仅有。

可惜，历史没有给高拱更多的机会。

用大历史观来审视，我可以这样说，高拱是政治家、思想家和改革家，张居正是官僚、政客，实用的保守主义者。

那么高拱这个人，在当时的官场，大家是怎么样看他的呢？

据记载，高拱这个人，相貌瑰奇，为人豪爽。这说的是高拱的外表和性格。但是，据说，高拱虽然相貌瑰奇，似乎不修边幅，胡子特别长也特别多，有“高胡子”的外号。

高拱是廉洁自律的高级领导干部。虽然高拱出身书香门第、干部家庭，本人又没有家庭负担（既无父母需要赡养又无儿子），却“家徒四壁”，生活很简朴。据知情人的记载，高拱家的生活水平，甚至还达不到当时的“中产阶级”的档次，处于“寒士”阶层。这在当时腐化的氛围里，是不多见的。

高拱非常勤政。所有的史家都公认，高拱这个人，尽心国事，英锐勃发。在内阁，高拱实际上是核心人物，日理万机，还兼任吏部的部长，责任巨大，掣肘众多，“晨理阁务，午视部事”，十分勤勉。

高拱是非常有才干的领导。无论是不是喜欢高拱，对他评价如何，但是没有人不承认，高拱能力卓越，胆识超群，务实能干。他在短暂担任礼部部长期间，“科场诸弊，百五十年所不能正者，革之殆尽”。在吏部当副部长，即“吏事精核”，“每出一语，奸吏股栗，俗弊以清”。

高拱开诚布公，不阿私党，是知人善任的领导。说高拱在使用干部上一点没有亲疏远近，可能未必是事实。说他拉帮结派，搞团团伙伙，那只能说是诬陷。史家盛赞高拱“当国时一贯开诚布公，不阿私党”。在重要岗位、关键干部的使用上，高拱是很注意的。像知识化、专业化水平很高的朱衡，经验丰富的老干部杨博，高拱并未因为他们曾经公开反对自己就弃之不用，而是重新启用，安排合适的岗位；名将谭纶、地方官王宗沐、殷正茂、张学彦等，都受到高拱的重用。专家考证说，高拱任用的重要干部，“称职率是很高的”。当时的舆论也称赞高拱“善用人”。

高拱这个人，虽然是出身干部家庭，却特别体察下情。这里，不妨以他对边防事务的改革为例，简单说说。

高拱这个以改革统领施政的政治家，对防务很重视，一上任，就着手革除宿弊，并且首先把眼光放在军事领导制度和干部制度改革方面。

当时的军事首脑机关是兵部。按照六部每部一部长、二副部长的“祖制”，兵部历来也只能配副部长二人，协理部事，这些人，都是进士出身逐步升迁的文官。平时，由于公务繁忙，他们很少巡阅边务，接触部队。但是，一遇边防总督（相当于大军区司令员）缺员，按惯例就要副部长前去顶补，但这些人上任后根本不谙边务，处理事物只能是事倍而功半。

高拱改革体制，冲破祖制，在兵部添设两名副部长，这两个人不理部务，职责就是巡阅边务，了解下情，充分做到对边防险隘、虏情缓急、将领贤否、士马强弱都熟悉起来。这样边务有人专管，总督缺员，即可往补。

高拱还认为，“兵乃专门之学”。当然，这里的兵，是军事的意思。军事是专门之学的说法，现在大家都不否认。可是当时认识到的人不多。所以当时在干部选用上，兵部和其他五个部是混同的，兵部系统用人没有特殊资格限制，优秀将才又常常调任，为此，高拱建立了选将备才制度，并规定不得将其随意调动到其他部门。副部长和总督（大军区司令员）则应经常对换，使他们熟悉彼此情况。

经过调查研究，高拱认为，边防干部，长年镇守边卫，“涉历沙漠”，“出入锋镝”，可他们的俸资待遇和升擢提拔，甚至不如内地处和平环境者。高拱以为这极不合理，于是出台政策，对边臣给予优厚待遇，使其功名常在人先，其他官员不得与之相争。对边臣中久卓成绩者更应体恤、厚加优抚，定期给假令回署休息，“使其精神不疲，而知慧不竭”。

在加强边防将帅力量的同时，高拱又注意到边境地区在防卫上有重要作用，但是长期以来，充任这些地方官的，不是杂流，就是受到处分的干部。中央对他们不关心不体察，待遇极差，所以他们没有上进心。高拱于是改革边境地区干部选用制度，择年力精强、才气超迈兼通武事者充任，以三年为期，比内地超等升迁。若有军功，破格提拔。按照高拱的话说，对于这些干部“惟以治效，不循资格”。

经过这些改革，国家的防务力量大大加强。

高拱政绩卓著。即使是短暂的任期里，在激烈的争斗、多方掣肘的环境下，高拱仍然办成几件大事，政绩卓著，举朝公认。

据专家韦先生研究的结论，“高拱是有明一代最有魄力、最有识见、最敢于改革旧制，而又能妥慎制订符合实际需要新规制的吏部尚书。他在任职的两年半中，所谋划和推行的新法，实为明代人事制度掀开新的一页。”

不过，高拱在任时，还没有来得及在包括干部制度在内的政治改革上有更大的作为，所以他最大的政绩或者说贡献，并不在这里；而是以政治家的战略眼光、无比的胆识、高超的智慧，一举结束了持续一百余年的对外战争状态，实现了和平、开放了贸易（容后述之）。

高拱属于性情中人，非常看重感情。不幸的是，这竟然成为了他的致命“弱点”！关于这一点，在以后我们会看到。

总之，高拱是罕见的德才兼备、胆识超群的政治家。

如果说高拱有什么不足的话，那就是，他太耿直，胸无城府，直来直去，工作方法上，又比较简单粗暴。可能还存在不谦虚甚至居功自傲的毛病。有记载说，高拱以才略自许，负气凌人，有所忤触之立碎。每张目怒视，恶声继之。

以我分析，高拱自己很敬业很辛苦，每天累个半死，其作风又是雷厉风行，可是官场风气却是混一天少两晌，推诿扯皮；高拱自己自视甚高，对别人写的东西、提的建议、办的事情，容易看不上眼；高拱自己要求很严，官场上却是腐化盛行。所以他容易急，见了怂人压不住火。

想像一下，高拱这个人心里存不住事、脸上压不住火，一旦惹他不高兴，就可能当场脸红脖子粗地拍桌子骂人。可以断定，高拱这个人，脾气不好。加之他的相貌又不一般，胡子茂密绵长，可能还有些零乱，既不像张居正那样儒雅俊朗，又不像严嵩、徐阶那样和蔼可亲。所以，大家都觉得高拱属于不怒而威的领导。

高拱这个人虽然才干超群，胆识过人，可是似乎缺点心眼儿，那就是毫无防人之心，耳根可能还比较软，容易受人挑拨，被别人玩于股掌而不自知。所以既不会搞团结，更不会搞斗争！以我的判断——从他以后在阴谋的陷阱中挣扎的过程来看，高拱还有点死心眼儿，或者说，认死理儿。

本来，高拱学问挺好，口口声声说要与时俱进，要通权达变，可是当他自己的前途和生命遇到威胁时，却没有考虑变通，总认为正义、真理在手，总会有公正的一天；一条道走到黑，彻底跌进别人在他眼皮儿底下挖好的大陷阱！问题是他明知道别人在哪条道上挖了陷阱，可是他认为这条道是正道，我必须走正道，跳进去就跳进去，大不了就是一死而已！

本人也在所谓的官场混了近二十年，虽然没有接触过高层，但是这个类型的领导还是遇到过的。以我的切实观感，这样的领导人，是容易得罪人的。不过日久见人心，时间长了，摸透他的脾气，就好了。大家适应了、理解了，会跟着他好好干的。毕竟，这样的人，心眼不坏，心术很正，不虚伪，不作秀，不谋私，而且人家有才干，有思路，有作为，有政绩，以身作则，一心扑在工作上。要是这样的领导不是好领导，那什么样的人才是好领导啊？

所以，高拱在干部中的威信还是很高的。

当内阁里的同僚纷纷被淘汰出局以后，一直隐身幕后，导演了一幕幕活剧的张居正，所要直接面对的，就是这样一个人。当然，到现在为止，中央和地方的高级干部里，谁都知道，张居正和高拱是好朋友。那么，既然把别人都赶走了，垂拱而治的最高领导人，差不多只是橡皮图章，两个好朋友，又都是有抱负、有才干的实干家，他们联手执政，是多么好的机遇啊！

善良的人们，有理由感到庆幸，对他们同心同德、共赴时艰寄予无限的期许！

但是，中央高层，玄机重重，不在其中者，实在难窥其一斑！甚至，就连当事人，也未必都清楚各种玄机。那些只知道干事而不知道琢磨人的高层人士，注定要一步步迈进阴谋的陷阱！

生死之交协力已不同心

要说起来，内阁“双人舞”，曾经是高拱和张居正的共同理想。他们曾经为此“相期约”。那还是多年前的事了。

那时候，高拱和张居正，满怀豪情，摩拳擦掌，时刻准备着操权握势，大展宏图。他们的友谊，曾经那样深厚，那样令人欣羡。

是的，高拱和张居正，确实是朋友，而且是非常非常要好的朋友。他们都为彼此能够成为朋友，感到欣慰和自豪！生死之交、金石之交、同道同心、肝胆相照、刎颈交、胶漆金石不足比拟等等，都是他们各自或者是知情人来描述两个人的关系时使用的。

要说，高拱和张居正这两个人，性格、人品，差别实在是太大了；他们两个人，又都自视甚高；况且，高拱和张居正虽然是一个属相，但是相差整整一轮，就是说，高拱比张居正大十二岁，科举登第也早六年，在那个讲究资格的年代，高拱属于张居正的前辈。他们怎么可能成为那么好的朋友呢？

那只能说，志同道合之故也！

确实，这两个人，有不少共同点。他们都有才干，有抱负；都对现实不满，都主张拨乱反正，开创新局面。因为志同道合，连彼此天壤之别的差异，也可以忽略不计，成为"肝胆相照"的生死之交。

我们有理由相信，张居正和高拱，在翰林院的时候就应该熟悉了。据高拱的回忆，张居正在翰林院任编修，"年少聪明，孜孜向学"，高拱可能好为人师，在他面前侃侃而谈，张居正也挺爱听，而且"多所领悟"，于是高拱"爱重之"。就是说喜欢他了。可能比喜欢还要多层意思？器重加喜欢？这话，似乎有点居高临下，透露出他们的关系实际上不太平等。

的确，高拱就自称，他和张居正的关系，"在乎师友之间"。

张居正呢，对高拱很敬重，觉得从高拱那里学到不少东西，他也确实对别人说过，自从和高拱交上朋友，"长多少学问见识"！就是说，张居正也认同，他和高拱的关系，亦师亦友。

不管怎么说，反正两个人很谈得来，谈论时局、商榷治国之道，废寝忘食，甚至于"至忘形骸"！

后来高拱离开翰林院，去给未来的最高权力继承人裕王当老师，估计张居正也还和他保持联系的。而且后来张居正也追随高拱的足迹，当起了裕王的老师，两个人又一起在国子监担任正副"校长"，张居正第一次正式成为高拱的助手。其间，高拱担任《永乐大典》的总校官，张居正任分校官，还是在高拱的领导下一起工作。

在嘉靖和隆庆朝交替之际，两个人前后相差一年左右，进入内阁，又当起了同事。关系越来越好，用高拱的话说，"久而益加厚焉"！

这期间，可能就是在国子监的时候，两个人朝夕相处，对当时在位的嘉靖皇帝和严嵩领导下的国家很是失望，也忧心忡忡，彼此之间就免不得相互抒发了自己的远大抱负，而且"相期以相业"。就是准备当国执政，携手治国。不过张居正比较谦虚，他告诉高拱说，堂堂之阵，正正之旗，即时摆出，拨乱反正，开创新局面，那是老兄你的事，小弟我做不了。但是，老兄你是个急性子，恐怕有些事是需要有人给补补台，如果让小弟从旁襄助，那小弟敢不效力？

这席话，说得高拱热血沸腾，挺受用的。觉得自己交的这个朋友实在太值得了！很可能，诸如此类的话，张居正经常会说出来，让高拱感到，张居正确实是自己的知己、“金石之交”！在以后的岁月里，高拱一直相信这些“相期约”的话，并且在处理和张居正的关系时，也是以此为圭臬的。

直到徐阶将高拱排挤出内阁，下野回老家赋闲，两个人还书信往来不断，所谓“各相望不忘”。显然，高拱确实未因为张居正作为好朋友没有替他说话而对其产生怨气。看来，高拱对朋友是很体谅的。

当然，随着高拱的复出，事实上主持中央全面工作，在从张居正那里得知了徐阶的下台乃是他的好兄弟幕后操作的，他自己的复出也是好兄弟从中斡旋的结果后，高拱对张居正就更加信任，两个人的关系，应该是更加亲密了。

也难怪，作为堂堂的国家最高中枢机构事实上的主持者的高拱，居然就让张居正当了枪使呢！

但是，一个时期里，高拱并不认为他被人当枪使了。无论是在和赵贞吉、李春芳、殷世儋、陈以勤等等的争斗中，还是在处理国家重大事务、任命重要干部方面，高拱觉得，张居正和他，都是同心协力的。很可能，高拱感到，这正是在为他们当年“相期约”的理想愿景而奋斗呢！

高拱的感觉也不是没有道理。的确，复出后的高拱，事实上主持中央工作以后，大政方针的决策和干部任用的决定，都是和张居正商量的，两个人携手，开启了为时十多年的隆（庆）万（历）新政之局。

其中，最值得大书特书的，就是高拱和张居正联手处理的边防大政。这一点，有必要展开详细说说。

明朝的时候，北方的少数民族，对中原威胁很大。最有名的就是明朝称为鞑虏和建虏（满洲）的两支。为了抵御入侵，明政府在北边设立了辽东、宣府、大同等九镇，谓之九边，或许可以理解为相当于现在所说的九大军区。

在高拱、张居正生活的年代，满洲还不太成气候，心腹大患是所谓的鞑虏。而其中最大的部落，就是俺答部。高拱、张居正还是中级干部的时候，俺答曾经率兵突破重重防线，围困北京。刚刚建设好不久的地坛，当时也被俺答的兵士付之一炬。以后，俺答部又多次兵临城下，堂堂天朝大国的首都，动不动就要戒严。宣府、大同及再向西的一些地方，包括今天的长治一带，更是天天受到俺答部的侵扰抢掠，成了他们不花钱的物资供应基地！

另一方面，帝国的国防，可以说绝大部分兵力，都投入到了北部边防，可是还是不能保证北边的安全。岂止不能保卫边防，连首都的安全也保卫不了！而且，要知道，那么多的兵力，那么多的防卫设施，那么频繁的战事，都是要花钱的。国库里的钱，都花在这上边，还是不够。张居正曾经算过一笔账，大体上说，把国家所有的收入都投到北部边防上，还有四十万两（银）的缺口！

可以说，这个问题，像一块大石头，重重地压在国朝执政当局的心上。屈辱、焦虑、不安，折磨着每一个有责任感的高级干部。张居正就在给朋友的信里感叹说："民力已竭，费出无由；日夜忧之，奈何！奈何！"

但以现在的眼光看，其实也不是没有办法。只是，受到意识形态的、狭隘的爱国主义的约束，一般人都不敢提罢了。什么意思呢？

情况是这样的：简单说吧，俺答率兵内侵，并不是要推翻大明王朝取而代之，他所要求的是开放边贸。因为塞外荒凉之地，游牧民族的粮食、布匹这些生活必需品奇缺，需要从中国（当时的说法）获得。如果能够开边贸，他们就可以拿马匹牛羊交换这些生活物资。也就是当时所说的互市。但是，中国不答应开边贸，他获得这些生活必需品的方式，就只能是战争，通过战争抢掠。那一次打到地坛，围困首都，他提出撤兵的条件，也就是要中国同意开边贸。而且，俺答还有点了解中国国情，他把自己摆得很低，说是请求"封贡""互市"。意思说，能不能把我当成中国的部属，让我给朝廷上贡？能不能同意开边贸？

但是，在"爱国主义"者看来，这是绝对不能允许的。

什么理由呢？其实也不复杂，他们的意思，简单说，就是我们中国是天朝大国，鞑虏是化外蛮夷，如果和他们"互市"，那不就是双方平起平坐了吗？尊严何在？国格何在？况且，作为近百年来的敌国，彼此常年处于战争状态，如果答应他们的要求，不就是我方不战而屈了吗？对敌人言和平，就是投降主义！就是卖国贼！谁敢担这个罪名啊？还不仅仅是罪名问题，众怒难犯啊！倘若谁真的这么干了，那就有被赶下台的危险。

战，打不赢、撑不住；和，不敢、不能。这不是死胡同吗？

谁说不是呢？连张居正这样精明的领导人都连连发出"奈何奈何"的感叹，就是在死胡同里钻不出去的感觉吧？

高拱复出，虽然不是首相，但是实际上他是核心。这个不奇怪，我们中国有这个传统，排在第一位的未必是核心。

既然高拱是核心，那他就不得不将筹边视为己任，立即着手改革军事领导体制和干部制度，周密部署防务，并且确实取得了明显成效。但是，根本问题，也就是战争状态，还是持续着。

突然间，转机出现了。

这个转机，有两个要素。一个是具有偶然性的突发性事件；另一个，具有远见卓识、谋略过人的超一流的政治家在决策层有了较大的发言权。如果没有前者，后者无从着手；如果没有后者，前者也是枉然。

那么，什么偶然事件呢？说起来，这样的事情，中国人尤其是汉民族，比较难以相信。可是，在当时的鞑靼部落，却真实的发生了。

有一个非常美丽的女子，都叫她“三娘子”。这个女人国色天香、聪慧过人，被许配给了首领俺答的孙子把汉那吉为妻。可是，作为祖父的俺答，似乎垂涎三娘子的美貌，硬生生夺孙所爱，据为已有！简单说，就是爷爷和孙子争风吃醋。把汉那吉拿他的祖父没有办法，又不甘心，一气之下，跑到宣府，叩关降明。

这样的事情，过去也曾经发生过。也和俺答有关。上次，是他的儿媳妇，因为和自己的“警卫员”通奸，被老公发现了，于是就跑到大同叩关请降。当时高拱、张居正者辈，权不我操，只有旁观的份儿。彼时是严嵩当国，对这件事的处理不太妥当，引起了不少议论。高拱和张居正当时也私下议论过，对当局那样的处理，“为之齿冷”！

那么，遇到了同样的问题，他们该怎么办呢？根据上次的教训，这个把汉那吉，不啻是烫手的山芋！

但是，现在不同了。就在九个月前，高拱被隆庆皇帝请回中央，虽然不是内阁的“一把手”，然则他的权威性和影响力，却超过了内阁的首相，是核心。现在，历史不仅不会重演，还要创出新局。

当时，主政大同地方的“一把手”方逢时、军区司令员（总督）王崇古，报告了情况，提出了建议，即接收把汉那吉。报告一上来，高级干部莫衷一是，但是主流意见是：敌情叵测，不能贸然收留把汉那吉，否则后果难以预料。

但高拱找到张居正，两人商量的结果是：奇货可居，将有大用。于是，高、张二人排除阻力，决定加封把汉那吉为指挥使，并“厚其服食供用”，以诚相待，结得其心。接着高拱又命边臣让把汉那吉穿锦衣、坐花车、骑好马，前呼后拥在街市行走。为此，高拱和张居正，都频频给第一线的军政干部写信，指导方略，解释政策。

消息传到边外。那个夺了孙子媳妇的俺答，被自己的正房老婆逼着要孙子，正急得抓耳挠腮，得知中国厚待其孙，深受感动，遂决意与中国和好，请求“封贡”。

收到“国书”，帝国的中央，一片哗然！反对派援引宋朝讲和之例，力言不可。

张居正则毫无保留地站了高拱的立场上。并且，很可能给高拱出谋划策，建议他如何对付强大的反对派。毕竟，这方面，是张居正的长处。高拱运筹帷幄，排除阻力，大胆决断；张居正精心谋划、大力襄助，共担风险，终于达成了他们预期的目标。

以此为契机，双方实现了“封贡”和“互市”。中国朝廷以“天朝上国”的地位，授封俺答为“顺义王”，俺答则承诺归顺服从上国，并每年向朝廷进贡马匹若干，以此换取开放边贸，允许他们以牛羊马匹换取粮食、茶叶等物品。此外，俺答还不得不同意把中国通缉的几名大汉奸交出，事实上是用来交换其孙子把汉那吉。从此，基本结束了明朝与蒙古鞑靼各部近二百年兵戈相加的局面。

自此以后，鞑虏之患特别是最强大的俺答部落的侵扰之患，基本上解除了。而在“互市”的边境地带，外长城上的大境门，见证了当时繁荣的景象，一个边陲商埠——张家口，也可算作间接的成果，为和平、繁荣作证。

不用说，高拱本人对取得这样的效果，是很满意甚至自豪的。这也是高拱和张居正两个好朋友携手合作、同心协力处理的最重要的一件事。但是，高拱可能未必知道，张居正私下里在散布，这件事的成功，完全是他个人的功劳。按照对张居正非常推崇的专家韦先生的话说，张居正“颇有将封贡互市的实现，完全居为己功之意”。这些，都是张居正当时写给有些人的信里，明明白白透露出来的。他甚至还不谦虚地说，办这件事，三计只用其一，就达到了这个效果。

这是个不祥的讯号：张居正不认为他只能做高拱的副手；而且已经不愿意继续做高拱的副手了。

张居正的信所表达的意思似乎是在说明，高拱有什么了不起啊？不就是做了那件事吗？你以为真是他高拱做的？没有我张居正，这件事，办不成！而办这件事对于我，实在是小菜一碟儿，我不过是牛刀小试一把而已！

实际上，从高拱复出之日起，张居正就已经留了后手，预为铺垫了。为什么这么说呢？

因为张居正并不是真的因为他和高拱曾经的“期约”而盼望其复出的，这只是没有办法的办法。他早就急于“更上一层楼”了，而且念念不忘这一点。所以，张居正不会不慢慢为其真实目的做些铺垫。

比如，刚开始，高拱是很感谢张居正的，也是想和他齐心协力共同实现他们曾经的愿景的。所以，高拱遇到重要干部的任免，就会找张居正商量。

顺便说一句，那个时候，内阁是没有人事任免的职责和权力的。重要干部任免，不需要甚至可以说制度上是不允许内阁干预的。

但是，高拱是领导核心，又是吏部部长，涉及重要干部的任免，他愿意咨询谁，别人也没有办法。我们有理由相信，名将谭纶、地方官王宗沐、殷正茂、张学彦等的任命，高拱一定征求了张居正的意见，甚至，其中也有的可能就出自张居正的推荐。

这下好了，渐渐的，到张居正那里活动的人多了起来。当然，那些到张居正那里活动的人，去拜访堂堂的阁老，又是当下领导核心的铁哥们儿，是不会空着手去的。

为什么他们要找张居正活动呢？因为找高拱，不好办，那老兄不怒而威，又两袖清风，谁敢找他活动啊？而张居正，是领导核心的铁哥们儿，家庭负担挺重，也需要些外快，只要去找，他还真见！

有道理。但是，这还不是全部。事实上，当时官场都在传，张三李四，他们为什么得到各自的位置，那是张居正向高拱推荐的结果。还有，王五赵六为什么丢了官，是高拱不满意，张居正再三向他说明情况，希望再给他们一次机会，可是高拱就是不听。

这个传言真真假假、假假真真，反正受到提拔的人觉得张居正是恩人，以后要报答人家；遭到撤职或者降级的人，感到还是张居正这位领导不错，尽管事情没有办成，但是心里还是热乎乎的。

子曰：没有不透风的墙。实际上这话好像不是孔子说的，不过孔子的话挺让人信服，既然不知道谁说的，就当是孔子说的算啦！我的意思是说，官场上的传言、张居正接受跑官人的贿赂等等这些情况，高拱慢慢也就知道了。

其实这不难理解。即使是高级领导干部，谁没有一些耳目啊？况且，那个时候，像高拱、张居正这样的领导，都当过科举考试的主考、副主考，门生都有几个。他们地位不高，上蹿下跳的本事挺高，或者替领导兼老师散布点消息，或者打探点情况，屁颠儿屁颠儿跑去报告，再正常不过。

高拱倒是没有因为这些事质问或者批评张居正，可能是考虑面对的对手挺多，工作不少，还要这位贤弟大力襄助，就别太和他较真儿了吧！不过，从此以后，高拱也就不再就干部问题，和张居正共同研究了。

但是，官场上，示恩收恩，或者给哪个人抹点儿黑，机会多的是，只要想做文章，素材绝对大大的有。关键就是看你的良心允许不允许你那样做了。

当然，这事有人会做的。不然，不就风平浪静了吗？那摸鱼的人不就傻眼了吗？

两利俱存独持其柄

张居正的权力之路，注定要和徐阶、高拱这两个人，紧密纠缠在一起。而且，恰恰是张居正处理和徐阶、高拱（尤其是他们下台后）的关系的做法，对他的人性、人品、人格是最大的检验！

好了，回到高拱刚刚复出、张居正为了更上一层楼正在慢慢铺垫这个时期。徐阶的事情，这时摆到了高拱和张居正的面前。本来，随着徐阶的下野，他已经退出了政治舞台，上层的矛盾纠葛，应该不再和他有什么瓜葛了。可是，事情却不是表面上那么简单。

所以，现在，我就不得不回过头来，讲一下退休老领导徐阶他老人家了。

当高拱复出的消息传到遥远的苏州，曾经久历官场、宦海沉浮近半个世纪、年近七旬的退休老人徐阶，惴惴不安起来。学生兼接班人张居正给他传递过来的讯息，更增添了这位老领导的烦恼。说烦恼可能过于轻描淡写了，退休老领导徐阶，这时可能死的心都有！

那么，张居正传达给他的前恩师的是些什么讯息呢？综合起来，就是他可能对徐阶说，高拱这个人，有仇必报，他对徐阶赶他下台的事耿耿于怀，念念不忘，摩拳擦掌，准备秋后算账啦！

当然，这些讯息，不仅徐阶知道，而且整个朝野都知道了，一时间，谣言四起，人心惶惶！惊魂未定的老领导徐阶，有一种大祸临头的感觉。

为什么说徐阶惊魂未定呢？那就不能不说说海瑞了。

海瑞骂皇帝，痛快了一场，坐牢了半年。被骂的皇帝呜呼哀哉，海瑞光荣出狱，以举人出身，得以破格升迁。随后，又被任命为应天巡抚，相当于省里的“一把手”。这个天不怕地不怕的人，一到任就大刀阔斧展开了整治豪强大户的运动。而且海瑞处理政务、审判案件有一个基本原则，就是穷人和富人闹纠纷打官司，必是富人没理，受处理的是富人而不能是穷人。

贫富不均，为富不仁，那是最容易引起老百姓反感的了。所以海瑞此举，自然受到老百姓的热烈拥护。加之这位仁兄骂皇帝的事迹早就流传天下，海瑞一到，老百姓都说盼来了青天！响应海瑞号召也就特别积极，举报信就像雪片一样，飞到了海领导的办公室！其中，举报最集中、反映最强烈的，就是老领导徐阶！

事实摆在那里了：徐阶家族，在乡里大治产业，光田地就达到二十多万亩！老领导本人还听任子弟横行乡里，引起当地百姓的憎恨。

可是，徐阶可是海瑞的救命恩人啊！当年，倘若不是徐阶尽力维护、悉心调处，以嘉靖皇帝的性格，痛骂他的海瑞，早就命丧黄泉了！

这是不是很棘手？海瑞难办了吧？老实说，提出这个疑问，又是一般人的想法！海瑞也不是一般人啊！

不过海瑞的不一般，和张居正有很大不同，他的不一般皆摆在桌面上，晒在阳光下，体现在严格执法上。所以，海瑞发表了公开讲话，说："法之所到，不知其为阁老尚书家也！"用现在的话说，法律面前一律平等，不管你是什么总理、部长，都不能法外开恩！

光听海瑞这些话，其实未必就说明他不一般。领导干部新到任，往往说些非常冠冕堂皇令老百姓感激涕零的话，这不是什么新鲜事。可是，海瑞这个人，向来是言行一致，说到做到的。

言行不一、说完拉倒，可能还没有麻烦，真要说到做到，那就容易出问题了。先是，海瑞以强硬的态度，命令徐阶把其家族二十多万亩田地，退出来至少一半以上！徐阶迫于压力，不得不退出一小部分。

原以为给海瑞个台阶下就行了，没有想到海瑞这位老兄不依不饶，命令徐阶要继续退田！徐阶当然就不高兴啦！过分了吧？以怨报德啊你？

拒绝执行！徐阶下了决心！

海瑞寸步不让，跟我玩这个？看谁玩过谁？他下令动用强制措施，对老领导家族"痛裁之"！老领导徐阶震惊之余，"大不堪"！

但是，以徐阶的声望、在中央的人脉——门生故旧何其多哉？他会善罢甘休吗？"你以为退休的领导就可以随便欺负吗？"徐阶很可能这样想，"太小看退休老人了吧？！"

接着，海瑞的麻烦就来了。当然，不会是因为海瑞欺负退休老领导这个理由，随便找点什么破绽，没有捏造点也未尝不可，比如工作不够稳妥啦，脱离实际啦，鱼肉缙绅啦，沽名钓誉啦，都是"罪名"，反正一时间参劾海瑞的参折，不像雪片，也差不多像春天的杨絮了！

从中央传来的消息，对海瑞也很不利。这个时候，赵贞吉已经入阁了，内阁里的四个人，无论是李春芳、赵贞吉、陈以勤还是张居正，都对徐阶有感情，海瑞如此欺负老领导，他们一定会碰头通气的。于是，要调动海瑞工作的事，被纳入了议事日程。或者说，已经定下来了，只差办手续了。

海瑞手下的干部也不干了！想想看，有几个干部会是真正的穷人呢？你这个领导，偏向穷人也就罢了，可是不能走极端吧？现在中央要换马，大家都巴不得，还会真心实意为这样不得官心的领导卖力吗？

海瑞的处境，很快就变得艰难起来，可以用进退维谷来形容。

高拱就是在这个时候，在张居正的催促下，冒着严寒，不顾雪厚路滑，日夜兼程赶到首都上班的。

或许有人要问，你说这些，这和张居正有关系吗？是啊，我也这样问。老实说，这事，以讹传讹久矣！谜底到现在还是没有揭开。

干脆说清楚吧！我觉得，派海瑞去徐阶的家乡当“省委书记兼省长兼高级法院院长”应该是张居正的主意。因为，海瑞的任命下达的时候，中央里说了算的，就是张居正。

那个时候，是隆庆三年的六月，高拱下台两年、徐阶下台一年、赵贞吉要两个月后才入阁。而赵贞吉入阁以后才有高拱复出的幕后酝酿，现在根本连影子也没有。内阁里就是两个老好人（李春芳、陈以勤）和一个雄心勃勃的张居正。而李春芳、陈以勤和徐阶的关系都很亲密，都主张不折腾，务求稳定，你好我好大家好！对清查田亩、打击豪强，这两位老兄是不会赞成的。对用海瑞这样的干部主政一方，他们是不会放心的。

这件事，我是说任命海瑞去徐阶的家乡当省领导，除了张居正，别人都未必做得到。即使任用海瑞是别人提议的，如果张居正坚决反对，估计也成不了。因为，当时干部们对张居正“畏惮之，重于他相”，在内阁里，“张居正实际上扮演着最重要的角色”。

例外或许有，但是，我相信，海瑞不会“走后门”——去给太监送礼买官！所以这个例外也是不存在的。

那么，张居正为什么要这样做？首先，张居正是早就忍受不了死水一潭的局面了。而且他是主张打击豪强、清查田亩、抑制土地兼并的。其次，张居正对徐阶的家乡印象很差，给朋友写信说，那个地方是“鬼地”，最难治。复次，张居正不喜欢海瑞（张居正执政十年间海瑞一直在家赋闲，张居正死后第二年就复出，应该是明证）。也是，像海瑞这样的干部，就是典型的“刺儿头儿”，不巴结讨好领导不说，还天天出难题，是不安定因素；首都有这样一个“刺儿头儿”在，难免唧唧喳喳，说东道西，这是张居正所深恶痛绝的。现在张居正还没有名正言顺当国，但是他实际上在推动全局工作，那最好让海瑞离远些。

让一个他所不喜欢的、爱唧唧喳喳的人到一个他所不喜欢的地方去，“以难之”，是符合张居正用人的一贯思维的。他掌握全权后常常这么做，史书上有明确的记载。

还有没有别的因素？比如，海瑞到徐阶的家乡折腾，徐阶必然要有求于张居正，他就可以示恩于徐阶了。这个姑且存疑。诸位可以根据张居正的一贯表现作出自己的判断。

不管怎么说，让海瑞去徐阶的家乡任职，对张居正来说是一举多得的事！

事实也是这样。当海瑞毫不留情收拾徐阶的时候，一批又一批送礼的人从苏州赶往北京。徐阶和张居正“热线”联系不断。到海瑞在吴地折腾得差不多了，张居正也就该收手了。

这个时候，高拱复出，到内阁上班了。惊魂未定的徐阶，在不断接到张居正和他的“联络员”传来的消息后，坐卧不安！

顺便说说，所谓“联络员”，是我用的现代名词。徐阶回老家以后，在北京还有亲属、子女，也开有商场店铺，京—吴（代称苏州）之间来来往往不断。打探消息的，疏通关系的——徐阶的弟弟等亲属被海瑞抓起来了，要判刑，请客送礼的，忙得不亦乐乎！在这个紧急关头，这些来来往往的人员中，不乏肩负他和张居正联络使命的人，就叫他们联络员吧！

那么，事实是不是像张居正通报给徐阶的那样呢？要说高拱对徐阶没有怨恨，是不可能的；说高拱没有一丝一毫的报复心理，似乎也不是事实。

但事实是，高拱一到首都，就发现形势不对，谣言太多、人心惶惶，有些风声鹤唳的味道。为什么会如此，高拱并不知道。但是，这种情况，是高拱所不愿意看到的。于是，他不得不公开表态说，徐老乃高某的旧恩，当年，高某的每一次提拔，特别是当礼部部长、足登政府，都是徐老一力引荐的；后来虽然因为一些事情闹点小矛盾，然则在高某看来，不足结怨，高某一切忘却！而且经过近三年的反思，高某决心洗心涤虑，与诸君同心同德，治理国家！这席公开谈话，发挥了安定人心的作用。

可是，安心的人中，不包括徐阶。因为，张居正通报给他的消息是：学生一再在姓高的那里为老师说话，三番五次规劝他；学生又在公开场合呼吁姓高的“忘怨布公”，以给他施加压力。所以姓高的才不得不稍微表示出和解的态度。但是，这不是他的真心，他是决计要报复的！当然，学生一定竭尽全力，为我师调停，凡力所能为的，自不待嘱，以报深恩于万一！

我判断，张居正不会以写信的方式通报这些，他的信从来都是很隐晦、不直接涉及人事和热点问题评论类的话题的。这些话应该是通过“联络员”口头转达的。

得到这个消息的徐阶，一点也不敢怠慢，急忙派人偷偷拜访张居正，研究对策。当然，顺带的，徐阶这位细心的老师，也不忘大力资助一下这位家庭负担（上有父母，下有七子）很重的学生。资助嘛，老师资助学生，也说得过去，况且人不知鬼不觉的，张居正是笑纳了。

那么调停呢？张居正说要在高拱那里调停，或许是真的。他此后也确实在表面上做了。但是，张居正做还是不做，怎么做，不是取决于该不该做，而是取决于他认为是否是恰当的时机。换言之，按照利益最大化的准则来权衡，有的时候不仅不能真的调停，还要再煽点风点些火。

于是，张居正找到高拱，很是诚恳地说，中玄兄啊，当年徐老那样对我兄，小弟甚不平。但是我兄知道，小弟我是他的受业弟子，不好公开替我兄说话啊！这点我兄是体谅的。不过，当时小弟不说话，不等于小弟没有是非之辩。有件事小弟绝对不能对外人道，只能对我兄言之，那就是：徐老下野，其实那是小弟幕后活动李芳的结果！小弟思虑再三，徐老不去，我兄难回啊！所以……

如此一来，高拱自然对这位肝胆相照的好兄弟，充满感激啦！

张居正又说，回想起来，小弟到现在还为我兄愤愤不平！那个时候，徐老的手腕太不地道，不啻是阴饵我兄于丛棘上，实在太奸猾了！太可恶了！我兄大才，白白浪费两年，到现在小弟都心有不甘！听到这些，高拱难免心里波澜起伏。而且很可能，张居正在高拱面前还表达了这样的意思：徐老，标榜廉洁，实际上是老而务得，没有想到他如此不自敛，良田数万顷，店铺满京城，又为富不仁，横行乡里，民愤极大！

高拱一定感到张居正是知己，怎么我心里想的，这位贤弟都给说出来了。这个时候，他们一定会商量接下来怎么办。清查田亩，打击豪强，制裁不法，高拱和张居正有共同语言。做，一定要继续做。当然，不一定再要海瑞去做了。

现在，高拱是吏部的部长，在用人上，差不多就是高拱说了算的。但是，根据高拱的回忆，开始，有关人事任免的事，他基本上都是和张居正商量着办的。

对海瑞的调动，张居正应该是主要决策者。只是高拱替他们履行了手续而已（按照韦先生的说法，高拱就任前，海瑞被罢官已成定局）。总之，高拱复出两个月后，海瑞被调走了。

但是，这并不意味着，高拱也加入了清算海瑞的行列。高拱的看法是，海瑞的做法，不能完全否定，就是有些偏激而已，大方向没有错；不能因为那么多人攻击他，就说清查田亩、抑制兼并、制裁不法的事错了。

早在高拱还是礼部部长的时候，他就提出了“除八弊”的公开呼吁，而所谓八弊，首当其冲的，就是执法不公。现在，他掌权了，就要解决这个问题了。碰巧，第一件事，竟然遇到了徐阶这个旧恩人、老对手。可是，这件事已经在处理中，而且在全国有影响，无论别人怎么看，高拱都决定还是继续做下去。

后来启用的徐阶家乡的父母官，张居正是不是参与了研究，什么态度，我说不好，反正这位海瑞的继任者正是以前曾经因得罪徐阶而被撤职的蔡先生。而蔡先生被公认为“廉洁有惠政”，他上任后也确实继承和发扬了海瑞的无畏精神，继续清查田亩，打击豪强，徐阶家族，再受重创！以至于徐阶走投无路，准备跳湖自尽！

在徐阶看来，这证实了张居正的话：高拱是要报复他的！于是，他加大了给张居正送礼的力度。

但是，史家有不同看法。一个在万历后期入仕、官至首相的黄景昉先生，在他写的《国史唯疑》一书中说，高拱虽粗褊，“意气颇磊落”，所谓报复，是以小人之心，度君子之腹。而专家韦先生是这样看的：“在海瑞催查乡官田亩退还侵占的田宅的基础上，再加大力度，以继续追查，不能谓之枉法。任用被公认为‘廉洁有惠政’蔡国熙负责其事，亦不能谓之徇私。适度惩戒徐阶三个横暴乡里的恶子，亦不能归结为诬陷。”所以他不同意把这种情况，完全或者主要说成是高拱的报复。他倾向于高拱这样做，是出于公义而挟有私怨。

我原则上赞同韦先生的看法，并且更倾向于高拱并没有纯粹出于个人恩怨，积极主动采取了报复行为。

高拱是个一心谋国的政治家，似乎对纯粹的个人恩怨不是太在意。比如，非常老资格的高级干部杨博，在高拱和徐阶争斗时，以吏部部长的身份带头打报告公开要求必需罢免高拱。可是，高拱复出后，立即请已经退休回家的杨博重新出山，担任了兵部的部长。这就是一个例子。

但是，必需再补充一层意思，那就是：如果说高拱真的有报复行为的话，那么，他也是在一个人的挑拨下进行的，他是被别人给耍了！其实，不久，高拱就发现了这其中的隐秘。

隆庆五年的秋天，徐家的事情正闹得沸沸扬扬的时候，发生了一起群众实名上访举报事件。一个徐阶家乡的姓顾的男子，千里迢迢跑到北京，举报一件事。说徐阶派人送银三千、玉带宝玩等物给了张居正，张居正收下了。举报人还提供了确凿的证据。

好在，这件事没有扩大，举报信是直接转递到高拱本人手上的。于是，高拱就向张居正了解情况。以高拱的威严和嫉恶如仇的个性，很可能是一种质问乃至审讯的口气，说不定还“啪”的一声，把举报材料摔在张居正的面前。张居正很是惶恐，也非常窘迫，为此，甚至失眠了好几夜。

高拱见张居正如此，怕影响工作，也不利于彼此的团结，就安慰张居正说，这是小人诬告，我是不信的，这就让司法机关拿了那个人押解回籍。张居正这才稍微安心了些，连连说：“毕竟是我兄，光明磊落啊！”但是张居正的眼神里，流露出愧疚的神情，同时也有些异样的光芒。

按照高拱的说法，也就是从这件事开始，张居正萌发了取而代之之心。这个时候，已经到了隆庆五年，内阁只有高拱和张居正两个人的时期了。也正是这个时候，高拱似乎悟出了点什么。

根据高拱事后的回忆，张居正“既以示德于我（指张居正说徐阶下野是他在幕后操作的），既则又交通徐氏受其重贿，而谓调停于我。在徐处则曰：‘高实未忘情也。’在我则曰：‘徐可恶甚。’若在他人，孰能堪之？盖以两利俱存，独持其柄之意”。

当时，高拱的认识未必如此清楚，但是，他隐隐约约感到，实际上之所以因为徐阶这位退休老领导的事情闹得沸沸扬扬，是有人在从中挑拨渔利。这在高拱当时给徐阶的几封信中，表达得很清楚了。高拱说，他复出后整天公务还忙不过来，哪有功夫还去报复谁啊！另外还说了一些他绝对不敢以皇帝给的职权，去逞一己之快等等表明心迹的话。

那么为什么会出现那些事情呢？高拱解释说，虽然，我高某不敢废国家的法律，以德报怨；但是，高某也实在不敢借国家的法律，以怨报德！就是说，虽然我高拱没有报复之心，但是也不能不秉公执法，法外示恩。既然你家里确实有问题，老百姓反映挺强烈，我不能枉法徇私。这些话，应该是发自肺腑，实话实说的。

不过，下面的话才是我们所感兴趣的：高拱告诉徐阶说，最近我才知道，其实闹到这个地步，是有人在从中挑拨，故意说我耿耿于怀，没有释然，会报复你。因为他这样说，就可以“贾怨而收恩”！如果不这样造谣挑拨，他就难以从中渔利了。“此意仆（我的谦诚）已识破，故一切不理，付之罔闻，久当自消灭也。愿公亦付之罔闻，则彼无所施计矣！”

另一封信写得更明确了。高拱说，你我虽然想忘记前嫌，根本不想纠缠过去，更不存故意报复之心，“然人情难测，各有攸存”，对你有意见的人，希望我报复你；对我有意见的，则到处散布消息说我要报复你，以便败坏我的名声；希望讨好我的，在我面前挑拨说，你曾经那样对我，现在不报复，能甘心吗？希望在你面前示好的，就挑拨说，他一直在我这里给你说话，尽力化解。现在我知道了，这些根本都是拨弄是非的伎俩，事实根本不是这样的。

既然高拱发现了这其间的阴谋，就不允许各方再继续纠缠下去了，于是开始出面平息此事。当时主政吴地的干部，多是高拱赏识的熟人，他分别给几位当地的领导写了几封信，对徐阶遭受的痛苦感到“恻然”，表示他看到徐阶的遭遇“于心不忍”，希望这些当地的领导在可能的情况下，对徐阶的家人“作一宽处，稍存体面”，以免老领导“垂老受辱苦辛”！

高拱的信，言辞恳切，入情入理。当然，张居正也给这些人写了信，表达了类似的观点。

需要说明的是，高拱不是会作秀的人，他说这些并不是口是心非的话。在地方上报的对徐阶三子的处理意见上，高拱批示：“太重，令改谳”。以后改判的结果是：徐阶的三个儿子被释放了。

但高拱的想法，还是太简单了。他认为自己采取了团结同志、息事宁人的高姿态，就真能够化解矛盾，消除纠葛。事实证明，高拱错了。而一个巨大的阴谋，也就此催生了！

知其不可为也要为

张居正是一位精算得失而后出手的人，难道他不知道，想取代他的生死之交兼领导高拱，几乎是不可能的吗？

是的，张居正非常清楚，而且，他比任何人都更清楚。

这样的三个方面，估计张居正都反复考虑到了。

第一，高拱这个人，才干超群，励精图治，不数年内，政绩卓然，大家有目共睹，喜欢不喜欢他的人，都不能不承认高拱的才干和政绩。第二，高拱这位老兄，意志相当坚定，根本不为金钱美女所动。没有生活作风问题，也没有贪污受贿问题。以上两点说明，高拱德能勤绩方面，都无可挑剔。说他是笨蛋不称职该让贤，那不是睁眼说瞎话吗？说不出口啊！

那么，还可以说，这个人称职倒称职，但是经济上作风上不清不楚，影响政府形象！可是，谁要这样说高拱，那别人肯定说是诬陷。换句话说，谁想整高拱，也抓不住他什么“小辫子”。

这就比较棘手了。实际上，真正棘手的在后面。也就是我要说的第三方面。

高拱这老兄，和上级领导的关系实在太好。也就是说，最高领导人无条件信任他，甚至很可能有崇拜他的成分在内。

高拱是隆庆皇帝在当裕王时的老师，而且是第一个到裕王身边做老师的，那个时候的裕王，还是一个十多岁的、对现实和未来充满恐惧的少年。裕王没有了母亲，父亲又很不喜欢他。母亲去世的时候，甚至不允许他去看一眼。不幸的是，裕王作为事实上的长子，不管是不是愿意，都不得不陷入争夺接班人地位的漩涡，真是凄凄惶惶，前途未卜。当时上到中央高层，下至平民百姓，对未来的接班人到底是谁，猜测种种，议论纷纷。高拱出入王府，多方调护，给了裕王很大宽慰。

而且高拱在裕王府邸一干就是九个春秋。九年里，高拱兢兢业业，尽职尽责，讲授经筵，敷陈剀切，谨慎用事，裕王深受教益，二人建立了深厚的感情。高拱离开王府后，“府中事无大小，（裕王）必令中使往问”，裕王还先后手书“启发弘多”“怀贤”“忠贞”等字赠高拱。

多数史家认为，嘉靖皇帝和其子即后来的隆庆皇帝之间，彼此只有仇恨，根本没有正常的父子之情。很可能，大裕王十五岁的高拱，正好弥补了这位未来接班人父爱的缺失，在他的心目中，高拱有近乎父亲兼师长的双重角色。

性格粗暴、不怒而威的高拱，为什么对裕王那么好？或者，反过来说，裕王为什么觉得他那么可亲？因为高拱没有儿子，他一直以此为憾。很可能，他真的把父亲对儿子的感情，寄托到少年裕王的身上了。所以在裕王面前，才会一改给别人留下的印象，那么亲切、那么慈祥！所以，隆庆皇帝和高拱的君臣关系，就仿佛是软弱而渴望父爱的儿子、谦虚的学生与能干而体贴入微的父亲、优秀的老师之间的关系。

事实证明，这种深厚的感情，成就了高拱，也害了高拱！不过，眼下，这种牢不可破的关系，应该是高拱的一笔雄厚资本。

不仅如此，隆庆皇帝这个人很有意思，他很宽厚，对行使权力的兴趣，远远小于对美女的兴趣。他心里想的是，国家的事儿，最好别来麻烦我，我懒得管！值得庆幸的是，有高拱在，他乐意把一切都托付给高拱。而且他相信，有高拱管，比他自己管，不会差，只能更好。

所以，一向给人留下慵懒无作为印象的隆庆皇帝，对高拱的任用却出人意料，让他以内阁大臣兼任吏部尚书，后来又以首相兼掌吏部，前后达三年之久，这在有明一代，绝无仅有。这是与老祖宗朱元璋废丞相制度的宗旨背道而驰的，因此被认为是违反祖制。但是隆庆皇帝居然做了，而且无论多少人、以什么理由反对，他一直没有改变这个决定。

在隆庆皇帝看来，高拱的人品、学识、能力、功勋，无人可以企及，是非常之人，有不世之略，可建不世之勋。这些话，是这位最高领导人公开向朝野宣布了的。以皇帝身份如此公开褒扬一个高级领导干部并给予如此高的评价，有明一代，也是绝无仅有的！可以说，在隆庆皇帝的心目中，高拱是无可挑剔的，也是任何人不可取代的。

至于张居正，隆庆皇帝对他的态度他是清楚的，那就是，他只能做助手，而且希望他做好高拱的助手，替领导分劳赴怨，最好不要有别的想法。

当然，还有一层意思，张居正也不得不考虑，那就是，大家都知道他和高拱是生死之交，嘴里“哥们儿哥们儿”叫着，背后向人家捅刀子，那名声是不是太臭了？

想想看，张居正要想取代高拱，是不是太难了？要是一般人，一定会发出撼山易，撼高拱难的感慨的！

知其不可为了吧？

但是，张居正明知不可为，也要为！

那么张居正为什么要这样呢？或许有人会说，为了权力嘛！这个回答当然没有错。但是，未免大而化之了，也太一般化了。毕竟，高层人物间的争斗，仅仅归结为权力之争，太简单化了，也是对高级领导干部的轻视。我认为，首先要认识到，高级领导干部也是人；其次要明白，他们不是普通人，是责任和使命的载体。从这两个方面入手，就容易弄清楚事物真相了。

张居正知其不可为也要为，他这么做既有主动争取的因素，也有迫不得已的因素。

原因大体上有两个方面。

第一方面，是作为一个人，张居正在面子上、心情上，都不堪到了极限了。就是说，自视甚高、自尊心特强的张居正在高拱面前，已经没有颜面可言，自尊心严重受损。因此，他的心情一定非常郁闷，无以舒缓，一想到整天要面对高拱，心里就非常不舒服。

举两件事，就可以说明问题。

第一件事，徐阶家乡的那个举报人举报张居正收了徐阶的“资助”，受到高拱的质问，虽然后来高拱息事宁人，没有追究下去，可是，张居正“惶甚”，和高拱“相对甚难为颜面”。这件事当时已经由司法机关介入，押送举报人回籍，相信不会有假。

第二件事，和戚继光有关。在高拱第一次下野回家的时候，福建军界发生了一起案子。作为代表中央巡视地方的巡按御史杜先生，上参折参劾金、朱两名将官贪污。可是兵部却批示由福建巡抚也就是地方上的“一把手”处理；福建巡抚又转交另外一个机构而不是专理司法的按察司处理。结果，两个人不但没有受到处理，还通过总兵（大军区司令员）戚继光，调到浙江使用。

巡按御史杜先生当然不高兴了，就又上参折参劾，连戚继光也连带一并被参了。接到这个参折，高拱很惊讶。兵部为什么把这个案子交给巡抚？巡抚又为什么不转交专门的司法机关而交到与此无关的机构？这些在制度上都是不允许的啊？高拱于是就和张居正说起这件事。张居正“面如死灰”，只是支支吾吾说，“看来戚总兵已经站不住了，南方选兵的事，就算了吧。”好几天，他都是这个表情。

高拱命人追查案子，结果大吃一惊。原来，金、朱二将军被参劾，心惊肉跳，知道大事不好，急忙四处活动，就携重金活动到了“军区司令员”戚继光那里了。

戚继光和张居正关系不错。两年前，通过张居正的举荐，调戚继光到北方担任要职，做出的是非常特殊的安排。为此张居正不少花心血。这有张居正写给许多人的信可以证明。

据高拱说，张居正“久招纳戚继光，受其四时馈献，金银宝玩不啻数万计，皆取诸军饷为之者。又差心腹头目钱某等四、五人”，天天在张居正家里听用，“喘息相通，倏忽而至”，张居正极力庇护之。凡中央机密动静，高级干部一言一动，当时即知之，“此人所共知者。”

另据专家韦先生的考证，戚继光功劳很大，但是“操守存在缺失，确有过纳贿以及行贿之事”。估计说的就包括这件事。戚继光的行贿，主要对象就是张居正，他们的关系确实非同一般。

现在，戚继光有事要人来摆平了，自然就找到了张居正。当然，不会空手去的啦！于是，张居正就如此这般如此这般，嘱咐兵部和福建巡抚，并要戚继光如此这般如此这般把两个人安排了。

现在，看到杜先生又来参劾了，他以为这个杜先生可能知道了内幕，所以张居正很是不安。巧的是，这个杜先生又是高拱的河南同乡，张居正怀疑高拱可能也知道了，就更紧张了。

好在这件事牵涉到兵部和福建的“一把手”，张居正估计他们也不想把真相揭开，威信受损。于是，张居正赶紧和他们订立攻守同盟，跟他们说这件事万万不可把戚继光说出来，还是把两个家伙随便定个罪收拾了，赶快了结算了。

谁知道，福建巡抚实话实说，打报告说兵部让我那么干的，我有什么办法？张居正傻眼了。另一方面，侦察人员也把戚继光收受两个被参将军贿赂的事情，查清楚上报了。这下张居正坐不住了。

“杜巡按参劾的事，老兄你都知道了吧？”张居正探高拱的口气说。高拱也实话实说，把他所掌握的都说了。“算了，实话告诉老兄吧，”张居正见高拱还没有完全了解底细，索性求得主动，“是我叫兵部和福建的巡抚那么干的，也是我叫戚继光把他们两个人收留安排的。就请老兄看着办吧！”

可是，案子都查得差不多了，当事人也都承认了，不能不了了之啊？高拱说。不过高拱终归给张居正留了面子，只追究了戚继光和两名将军的责任，张居正参与其间的事，没有再追查，也没有对外公布。可是，在高拱面前，张居正“踪迹已露，心愈不安”。

这件事，是有大量史料能够证明的。可能还有其他方面的事情，总之，张居正在高拱面前，实在已经没有什么颜面可言了。这下好了，干部问题也不让张居正参与研究了；其他一些大事可能也未必那么尊重他的意见了，张居正可能因此感觉很是窝囊。可是，你又有了短处在人家手里，说话还能硬气吗？免不得要低眉顺眼的。如果再联系到高拱的脾气很暴躁，动不动就会发火骂娘，那张居正受得了吗？他的自尊心是很强的啊！

第二方面，作为一个有责任感的高级领导干部，张居正很可能一直在为——用现在的话说——“党和国家的前途和命运”担忧，他不能不采取措施。

张居正是有抱负的干部。在这方面，他和高拱也是志同道合的。但是，慢慢的，他发现，高拱走得未免太远了。高拱要开海运，那闭关锁国的国策还要吗？一旦国门洞开，那不乱了套了吗？张居正忧心忡忡。他不能公开反对，只能私下给朋友写信，表达他的担忧。

在处理边疆少数民族事务的重大战略上，张居正内心也不同意高拱的做法。

长期以来，南方的两广、云贵，少数民族事务一直也是影响稳定、牵动中央的大事。高拱力主安抚，提高教育水平，引导人心向上，甚至——用现在的观点来看——以多少带有地方自治色彩这样的战略，来解决问题。所以，他积极推动提拔、培养本省人才，在两广郡县中扩大学校学生员额，扩大科举招收数额，甚至说这几个地方可以不受中央下达的名额的限制，目的是引导民风向上。据说这些措施的效果还不错，“乱民乐业而向化矣”。

对此，张居正是不以为然的。但是，他暂时不会公开表达自己的不同意见。可是，涉及一些具体而又紧急的事情的处理，张居正就不能不表态了。

就在高拱复出不久，贵州省的“一把手”给中央打了紧急报告，说土官安国亨叛乱，请求派军队镇压。可能是高拱不在还是什么原因，张居正批示拟同意。高拱知道了以后，紧急叫停！他多方了解后得知，实际上并没有贵州的“一把手”说的那么严重，大体上属于误会。所以便专门派出干员前去安抚释嫌，避免了一场兵戎相加。

对此，张居正是很不高兴的。因为，高拱的战略，在张居正看来属于软弱政策，推行下去，必是养虎为患，动乱不息！张居正本人是主张实行铁血政策的，以杀戮、剿灭来实现稳定。在他当政后，就明确指示，对发生动乱的少数民族，格杀勿论！而且他还特别强调，不要问其心向背、是不是参与动乱、甚至是不是反对动乱，一律不要管，务求斩草除根！

其他方面，可能还有，比如，高拱的施政纲领是把除弊放在第一位的，而除弊的方略，就是改革，常常忽略“祖制”，这也是张居正所不能认同的。总之，祖训皇皇，像高拱那样“皆易其道”（张居正在给朋友信中这样说高拱的作为），是不行的，很危险的！

基于以上因素，张居正下决心要整垮高拱，取而代之！作为一个男人，大可扬眉吐气，不再受窝囊气！作为有责任感的领导人，可以按照自己的施政理念，治国安邦，再展新猷！

玩上司兼好友于股掌中

或许诸位还记得，前面已经说过，帝国中央的最高中枢机构里的“双人舞”，从一开始就是不和谐的；而且两个“舞伴”各有心腹事。

不错，正是如此。现在，到了揭开谜底的时候了。。

先说仁兄高拱。他不希望跳“双人舞”。尽管，这，曾经是他美好的向往。但是，此一时彼一时也。高拱已经感觉到了，自己的“舞伴”不是在和他按音律起跳，协调动作，而是在不断“使绊儿”。

怎么办呢？高拱考虑来考虑去，觉得还是多个人好，人多了，可以有个见证，对方或许会有所顾忌，不敢再那么肆无忌惮地“使绊儿了”吧？于是，高拱打份请示，说政务繁重，应该再提拔上来些干部，充实到内阁领导岗位。当然，他是和张居正商量过并且联名上报的。

再说贤弟张居正。

张居正也不喜欢“双人舞”。但是他更不喜欢“多人舞”，他希望的是“单人舞”。现在多出的这个人他正在想办法呢，怎么可能还希望再添人呢？！

当然，张居正对自己的仁兄高拱的动机，心知肚明。那张居正为什么还连署签名上报请示呢？很大程度上是因为程序如此。如果张居正不联名，那不就公开和高拱作对了吗？那不是张居正的风格。况且，张居正对于这个请示的最后结果，也已经事先预料到了。因为，对此请示的批示，张居正已经在请示上报的同时，草拟完成并交代完毕。

果然，高拱的请示，没有被批准！

怎么会这样呢？高拱在问。估计读者诸君也在问。

是啊，不是说最高领导人信任高拱，一切都托付高拱了吗？那对他的请示为什么不批准，是不是前面对高拱和皇帝的关系说得太好了，实际上不是那么回事啊？

不是的。

皇帝很懒惰。他不太愿意看文件，更不想自己动脑筋甚至动手去做批示。一般说，文件都交内阁去拟好批示，再由他身边的“机要秘书”——司礼监秉笔太监——照着内阁拟好的底子代皇帝用红笔正式批示下发。所以，常常是，高拱事实上自己批示自己报上去的请示。而这次，皇帝没有交内阁拟批示，而是直接批了。

这也正常。程序上说正常，可是实际上是很不正常的。怎么回事呢？

原来，内阁的“二把手”张居正很重视这个文件，他偷偷事先拟好了批示，派下人偷偷交给皇帝的“机要秘书”了，这个“机要秘书”于是就照着批下来了。

“唉——皇上为什么这么不体谅我兄啊！”张居正一定会在高拱面前这样说，以此表明他对批示之事事先根本不知道，更不是他所为之。

“不过呢，老兄也应该高兴，小弟也当为我兄贺！”张居正也一定会如此安慰郁闷的高拱，“皇上说的是‘卿二人同心辅政，不必添人’，此旨一出，大家都知道皇上对我兄信任如此，夫复何言？”

高拱真是哑巴吃黄连，有苦难言了！是啊，领导的意思分明是说，你们两个人能力强，我信任你们，不需要再充实人了，有你们两个人就足以把国家的事情办好的。那高拱还能够说什么呢？

但问题是，那个“机要秘书”，为什么就听张居正的呢？如果按照制度，张居正不能、也万万不敢这么做啊！

中国有句老话，叫水到渠成。这件事足以说明，张居正已经事先把路铺好了，有了足够的把握，他才敢做的。

那，张居正不是勾结太监吗？

先不要说这么不好听也罢！

众所周知，宦官干政是中国帝制政体所孕育的一大政治怪胎。历史也反复证明，凡是宦官干政的时代，必是政治黑暗的时代。而宦官是不是干政，有一个基本判断，那就是看他是不是和中央主要领导干部有勾结，如果两者相互有勾结，那必然就会涉嫌干政。因此有明一代，制度上规定得很严格，绝对禁止太监交结高级领导干部！

要知道，高级干部不要说勾结太监，就是给耍横的太监好脸色看，不去主动压制，也是会被人看不起的。因此，凡是勾结太监的高级领导干部，毫无疑问，一般就会成为大家心目中出卖良心和人格的典型。当时的人这么看，后世的人也是这么看的。

可是，要按照牌理出牌，那张居正赢不了啊！他只能另辟蹊径、铤而走险，来一场以身家性命和政治前途为注的大赌博！

当然，张居正在采取行动前，也进行了充分的调查研究和形势分析。

根据张居正掌握的情况，有一个叫冯保的太监，四十大几的年龄，接受过短期培训，认识几个字，还会写书法。这个人野心勃勃，总想当太监中的老大，可是有一个叫陈洪的太监，总压他一头，而这个陈太监老家是河南的，高拱的老乡。据说，当时太监中的老大出缺，皇帝征求高拱的意见，高拱说让姓陈的干吧。于是冯保的美梦就破灭了，所以，冯保对高拱恨之入骨。

张居正还了解到，冯保这个家伙，很贪，也很狡黠阴狠，胆子也挺大，是个理想人选。

理想人选锁定后，张居正又精心设计了路径。

冯保有一个干儿子，就是他的管家，叫徐爵，此人过去在军队干过，后来因为犯事儿当了逃兵，拐弯抹角就被冯保收留了。这个人脑子挺好使，腿脚也勤快。于是，张居正就嘱咐自己的管家游七，和他交朋友，拜为兄弟。

游七对他新交的大哥，真是很够意思，送礼、请客，热乎得连徐爵都不好意思了。

谁知道，岂止是小兄弟对大哥那么好，就连小兄弟的主人，堂堂的中央主要领导干部张居正，对徐爵也很热情。经常把他请到家里去，贵重的礼品、价值不菲的银票就不说了，张大人竟还把他引入书房共进晚餐，说不定还要敬他一杯呢！徐爵真是受宠若惊，感激不尽。

说吧，有需要用着小人的地方，肝脑涂地，在所不辞！估计徐爵会这样表态的。

徐爵不是太监，张居正或者张居正的“秘书”见他，即使万一被人知道了，也没有大的风险的。于是，徐爵就成为张居正的地下“联络员”了。冯保当然也求之不得。要搞垮“高胡子”？那太好了，正发愁没有人帮忙呢！如此一来，冯保、张居正外加徐爵，如同一体，形成了对高拱的秘密包围圈！他们里应外合，拼命挖陷阱！

当高拱请求为内阁充实人员的时候，张居正拟好了批示，要冯保抄上去批了下来。当然，张居正很聪明，他会认真琢磨，让皇帝觉得这个批示不错；让高拱也无话可说。任何人也挑不出什么毛病，因此也就不会有风险。

高拱心里明白，张居正这样做，是隐含着深谋远虑的。他知道现在张居正正勾结冯保要整垮自己，内阁里有其他人，旁观有人，影响施展；况且，按照制度，只要自己受到攻击弹劾，即当回避，而张居正一个人独在内阁，就可与冯保内外为计，收拾自己了。

所以高拱感叹说，张居正此计“其谋至深”！但是，既然皇帝已批示了，况且说的话表面看来是那样令人感动，还能怎么办呢？高拱只能仰天长叹：“将奈之何？”

想想看，张居正就在高拱身边，内阁里研究工作，两个人说的话、考虑的问题，彼此都很清楚。但是要盖“橡皮图章”的时候，就要看张居正的意思了。他有什么想法，就拟好批示，交到冯保手里，从中批出，叫别人都以为是出自皇帝的意思，而张居正呢，总是袖手旁观，佯为不知。

这样的事，简直太多了。但是，给外人的观感却是，张居正在尽心辅佐高拱，并且忍受着高拱的压制！人家看在生死之交的分上，以大局为重，以朋友的情意为重，一切都忍了！实在太够意思了！这样的好人，真是太难找了啊！

高拱呢，面对这一切，只是“莫可奈何”！所以，《明史窃·张居正传》的作者不禁感叹说，高拱已被张居正“弄于股掌中矣”！可怜的高拱，竟是束手无策！

实际上，哪里是无策啊？是高拱太相信感情，太讲究牌理！我估计，高拱未必像他后来回忆录里讲的那样，对张居正的阴谋已经一清二楚，最多也是半信半疑。他太重感情，可能是倾向于不愿意相信、不敢相信自己的金石之交会真的在背后捅刀子！即使觉察出来张居正和冯保勾结的动向，高拱仍然不愿意把自己曾经的好朋友想得太坏。毕竟，张居正在高拱面前，伪装是很巧妙的。

但是，还有一点不能不说，那就是，高拱太看重牌理。

以高拱和隆庆皇帝的关系，只要单独和皇帝见面说说情况，问题自然可以解决。但是，他不想这么干，觉得这样做似乎不够磊落，在牌理上就属于做手脚。他自己不主动找机会也就罢了，即便是有这样的机会，高拱也主动放弃了。有一天，刚刚和高拱、张居正两个人谈完话的皇帝，又派人叫高拱进去说话，而且很可能是和他谈自己的身后安排的。因为刚才谈话的时候，皇帝就说，自古帝王身后事要早安排。应该说，这是一个非常关键的时刻。可是，高拱却觉得，内阁里就他和张居正两个人，自己一个人进去，会引起外边的议论，会让别人觉得，两位阁臣一个重、一个轻，从而对张居正的威信有损，对团结不利。于是他答复说，请回皇上的话，两位阁臣一起进去说话。

高拱就是这样死认牌理。

不是说整垮高拱不容易吗？摸透了高拱这一点的张居正，根本就不要公开出面，就把他玩在股掌中了！朋友了一场，有这样一个收获——摸透了对方，对张居正来说，和高拱交朋友，实在太值得了！

投石问路有惊无险

光挖好陷阱、守株待兔型的被动等待，还不行。张居正不想等，冯保也不想等。

可是，高拱这老兄，没有什么把柄，鼓动“议员”去弹劾他，别人也不想干——谁不知道高拱和皇帝的关系啊，张居正又是他的朋友，处处维护着他；况且想弹劾也找不到由头啊！

但是，没有条件，创造条件也要上。张居正和冯保，真是处心积虑，还真捕捉到一个机会。

高拱的花甲之寿就在眼前了。

这个时候，隆庆皇帝的身体非常不好，高拱正为之忧心如焚，工作又那么多，自己生日的事情，恐怕也未必想得到了，即使想到了，也未必有心情大张旗鼓过的。

不愧是好朋友，贤弟张居正替他偷偷张罗了。他很是诚恳地告诉高拱的门生故旧，说首相为国操劳，鞠躬尽瘁，现在到了花甲寿诞，不能无声无息就过去呀！还说，你们的老师两袖清风，家里快揭不开锅了，你们做门生的，何不利用这个机会表示表示呢？果然，高拱的门生们开始行动了。

那么，张居正为什么这么够朋友呢？他自然是有其居心的。

一旦高拱高调庆贺寿诞，就会有“议员”弹劾高拱，说他在皇帝病重的时候，还喜气洋洋，庆贺生日，收受贿赂，居心何在？如此一来，冯保把诸如此类的批示一抄，对外公布出来，高拱不就被动了吗？而别人一看皇帝终于认清了高拱的“本来面目”，不再信任他，对高拱不满的人，还不一窝蜂冲上去？那他的椅子也就该让出来了。

谁知道，高拱整天为皇帝的病担忧，又忙着处理工作，根本没有心思过什么生日，看到门生们张罗，还大为生气。大家也只好作罢了。

是啊，那些人，真是没有头脑，这不是给老兄添乱吗？张居正在得知高拱的态度和事情的结局后，大概会这样对高拱说的。

挖好的陷阱，也就废了！张居正和冯保怅然若失。估计他们经过了认真分析，得出了这样的结论：要抓高拱的“小辫子”，几乎不可能！

于是，他们决定，只能罗织罪名！

说干就干。但是，人选很难物色。和张居正太近的人，估计要他出面勉强也能出面，可是容易暴露目标，张居正不会这么傻！而和张居正关系一般的，人家不干啊！反正，人挺难找的。估计反复研究过，连幕僚也找来参与讨论了。

张居正有一个老乡，姓曾，在中央一个机关里当司局级领导干部。这个人可能继承了老祖宗曾子的智慧，还挺会出谋划策的，一直充当张居正的幕僚。他有一个门生，姓曹，担任着“议员”职务。人可靠，身份也正合适。就是他了！关系还是近了些，可是也没有办法了。

直接出面找曹“议员”的，是曾先生。

“你可能不知道高层内幕。我实话告诉你，现在，皇帝病得很厉害，冯保冯太监在内主事，而他和张居正相公是兄弟，冯太监就是张相公！”曾先生为了能够说动曹“议员”，把张居正和冯保的秘密关系也说出来了。“现在，张相公想……所以要你出面弹劾高拱。只要你一带头，就有人跟上；弹劾高拱的人一多，必然成功；张相公上台，必酬谢于你！对你自有重用！”

曹“议员”动心了。老师说话了，也得给面子啊！可是只有一个人出面，势单力薄，形不成气候啊！况且，曹“议员”心里可能也在打鼓，毕竟，弹劾的是高拱，又没有什么把柄，把握性如何啊？

曾老师不错，又物色了一个人，要曹“议员”去说服他相与行动。这个人，是一个姓刘的司局级干部。刘先生官瘾特大，多次求高拱的老乡去高拱那里活动，谁知道高拱对此很反感，刘先生没有达到目的，还让高拱给轻看了。估计高拱在内阁里可能还说过这样的事，张居正听到了，就将之列为“统战”对象了。

刘先生实在很郁闷啊！给领导这样一个印象，今后可怎么办啊？正在这个时候，曹“议员”找到了刘先生。当然，他不会把曾老师告诉他的那些内幕消息说出来的，毕竟他只是“统战”对象，不是心腹嫡系。不过，曹“议员”也有办法，他说，有个消息你老兄听到没有？你怎么得罪高拱了？他说要贬你到外地去打杂啊！

刘先生一听，急了，怎么办？曹议员巧舌如簧，如此这般一说：一起干吧，把高“胡子”搞倒，大家才有出头之日！刘先生心一横：看来，也只有如此了，破罐破摔吧，说不定还有转机！

接下来，就是给高拱定罪名了。这也是挺难为人的事。反复研究后，一致的结论是：只能在政治上做文章。

经过一番策划，弹劾首相高拱的参折，终于出笼了。

这个曹“议员”似乎挺有才，他一口气就指控高拱“十大不忠”！刘先生也上纲上线指桑骂槐说了些不知所云的话。

证据呢？最有力的证据就是：高拱在听取有关部门领导汇报工作的时候，笑了！而且最近还到他女儿家，和他的亲家喝酒！言外之意就是：皇帝病那么重，高拱却还笑，还喝酒，他什么意思，不是昭然若揭了吗？所以，以此推断，高拱大不忠！

这是个很大的政治罪名啊！高拱不干了！可他不是反击，是要求回家养老。

高拱对冯保和张居正联手收拾他，束手无策，求去，或许出于真心。当然，他可能是学徐阶当年对付他的那一手，以退为进，逼着广大干部表态，挽留他，形成对弹劾他的两个人的强大压力。

高拱连着递交了两道辞呈。果然，广大干部起来了，要求挽留高拱，惩处曹刘。

不用说，皇帝不批准高拱辞职。冯保倒是想替皇帝批准了，可是这样大的事，他不敢！

高拱对皇帝的感情很深，皇帝病着，也就别再给他出难题了，于是，只好继续上班了。然后他又给皇帝报了请示，意思是说，曹“议员”和刘先生弹劾我，不管对错，那是人家的职责和权利，也就别追究了。

皇帝能相信那些对高拱的指控吗？他虽然病得很重，头脑还不糊涂。涉及弹劾高拱的大事，他也不可能不关心。一看曹“议员”的参折，大怒！这不是诬陷人吗？这个可恶的家伙，“排陷辅臣，着降调外任”！

冯保急了，赶紧找张居正商量。要这样处理，那以后别人更不敢弹劾高拱了。

张居正不愧点过翰林，他起草了一个批示，意思没有大改，但是要害地方都给改掉了：曹某“妄言，调外任”！这一改，把排陷高拱的意思拿掉了，就是说，不是因为弹劾高拱，而是因为说的话有些狂妄，证据还不够扎实；降级也改掉了，等于同级调动。

冯保把张居正拟的批示说给皇帝听，估计这时候口齿也不那么清楚，念得也挺快，皇帝也没有听出大的区别，就点头同意了。

至于刘先生，本来就准备把他调到外地的，于是就给予了降一级调兴国当知府的处分。

张居正看到皇帝这个批示，安慰高拱，说曹刘两个家伙，实在太可恶！我要替老兄查清楚，这些人背后有没有主使者，他们想干什么？

结果很快就出来了。那还不快吗？路上坐轿子里现编就行了。什么结果呢？张居正告诉高拱说，原来是赵贞吉捣的鬼！这个老家伙，还耿耿于怀呢！我查得，这个老家伙不仅在首都挑动弹劾我兄，他还派人到南京活动着呢！老兄你整天只知道工作，可是，常言道，防人之心不可无啊！赵贞吉那老家伙如此不老实，我兄一定要防备啊！

防备？这话没有错，关键是防备谁！高拱知道该防备谁了。还有，被动防备是防备，主动反击是更好的防备。所以，回击开始了。

高拱也有门生故旧，是不是他策动的，没有直接证据，反正有一个叫张集的"议员"站出来了。张"议员"参劾的是同事曹"议员"，但基本上是借参同事而另有所指。除非是傻子，中央的干部们也都看出来了张"议员"矛头之所指。

看张"议员"说什么就知道了。他的中心思想就是，要防止出赵高矫诏杀李斯的悲剧重现于今日啊！要防止严嵩勾结太监诬陷夏言之事重演啊！

这份参折，按照惯例，交内阁研究，提出处理意见。张居正一看，脸色大变，就连喘气也急促起来！倘若这份参折公开了，那事情就坏了，等于把他和冯保勾结的隐秘内幕揭穿了，必然引起轩然大波，后果不堪设想。

同样是惯例，一旦皇帝对参折有批示，就要连同参折原文，都刊登在报纸（当时称邸报）上的。那就是公诸天下了！现在，皇帝已经把参折交内阁了，凡是交内阁的，就是要内阁拟批示的。张居正怎么可能不着急呢？

我说过，张居正很聪明，他的智慧够用的！在反复研读张"议员"的参折过程中，他采取了推理法。那就是，张"议员"说要防止出现赵高陷害李斯的悲剧重演，他的意思是说，冯保就是赵高；那么既然冯保就是赵高，当今皇帝就是秦二世了？

推理的结果让张居正非常兴奋，他装作非常惊讶的样子大声说："这位张御史，为什么把皇上比作秦二世啊？"这还了得！张居正显得愤愤不平。

有了这个牵强附会的发明，张居正悄悄给冯保传话，要他赶快把这个参折收回去。

果然，第二天，就有小太监到内阁收参折了，理由是什么呢？小太监说："万岁爷说了，张集如何比我为秦二世？"高拱看了张居正一眼，"嗯，这话好像是你昨天说的！”张居正默然无语。

张居正当然不会一直无语了，他急急忙忙和冯保研究对策。这个时候，恐怕就主要是他说话了。毕竟，他点过翰林，脑子够用。于是，从大内传出消息，说有人居然把皇帝比秦二世，皇帝受不了啦，准备严厉惩处张“议员”。

张集张“议员”毕竟斗争经验不丰富，听到这个消息，吓得胆战心惊。他买好了受刑后用的药，还准备了棺材，写了遗嘱。此事一时竟传得沸沸扬扬。

张居正的亲信找到张居正，问，此事，如何收场，真的要惩治张集吗？张居正说，再困他几天，让他尝尝滋味。

高拱坐不住了，他派人到太监管的文书房查问张集参折的下落。一查才知道，皇帝根本就没有看过这个参折，还存在文书房里呢！

张居正得知高拱在查问，又听到他的幕僚曾先生和王先生都说，快了了吧，不然参折的内容大家也就都知道了！所以，急忙派他的密党幕僚王司长专门找到张集，说，张相公问候你，你上的参折，留中不发（就是留在大内不处理了）就是了，你放心好了。张集这才松了口气！

可是，经过这件事，张居正勾结冯保的事，差不多被中央的大小干部们都知道了。不过，大家未必敢相信，都半信半疑着，猜测议论着，一时间这个话题成为茶余饭后的谈资。

但是，这事当然不可能止于谈资！高级干部勾结太监，兹事体大，正直之士，安能坐视？很可能，亲高拱的“议员”要集体行动，发动猛烈的攻势。

要说，这是个很好的时机，如果高拱大力支持，很可能一举把冯保和张居正拿下！

而且，恰在这个时候，高拱还发现了一个秘密。他正好看到张居正的“文字秘书”小姚，手持秘帖，急急忙忙往外走，就拦住他问：“拿的什么？”姚秘书可能对高拱挺害怕，一时心慌意乱，加上他可能不了解情况，以为高拱知道这件事，甚至以为是他让张居正拟好送冯保的，就实话实说：“遗诏，送冯公公！”

高拱大吃一惊！

可是，高拱却另有想法。很可能是，“遗诏”两个字，让高拱心潮难平！反倒促使他改变了主意。我说过，高拱和隆庆皇帝有着非同寻常的深厚感情，这种近乎父子之情的情分，成就了高拱，也害了高拱。眼下，高拱正是因为这种深厚的感情，不想再有什么风波了。

按照高拱的想法，现在，皇帝的病情很严重，已经近乎不能进食了，如果任凭“议员”纷纷上参折弹劾冯保和张居正，那么皇帝就会知道他们两个人在害高拱，知道了真相，一定会盛怒。这个危急时刻，怎么可以再让皇帝生气？而且，涉及张居正害高拱的事情，谁也处理不了，只能由皇帝直接处理，皇帝这个样子，怎么可能再给他增添负担，苦圣心、伤圣怀呢？宁可我高拱受委屈，也不能给皇帝添麻烦！无论如何，一切要以皇帝的生命为重！

这是完全可以理解的。就仿佛我们做父亲的，自己受苦受累没有关系，只要换来孩子的安康快乐，一切都是值得的！高拱对这位皇帝兼学生的感情实在太深了，甚至可以说，高拱把没有儿子的遗憾，补偿到了他的身上。后来，当高拱被驱逐狼狈下台，又遭受诬陷险些蒙受灭族之灾，惊惧、愤懑，贫病交加，可是，他坚持自己的立场，说自己从不后悔，很欣慰，因为隆庆皇帝走的时候是放心的。这就够了！高拱就是以这样父亲般的情怀，来思考当下的政局及其对策的。

所以，第二天，高拱毅然抽出时间，亲自召集几位重量级的、跃跃欲试的“议员”，要他们不要再上参折，而且要他们通知自己的同事们，一切以君父健康为重，以大局为重，止息风波！他说得很坚定，告诉“议员”们，如果你们执意要干，那我没有别的办法，马上辞职！

不过，这件事，张居正并不知道。他只知道，“议员”们要弹劾他勾结太监的事了。而且他还听姚“秘书”说，送遗诏给冯保的事，高拱已经发现了。

张居正第一次感到了危险。应该相信，张居正这一次真的害怕了。大丈夫，能屈能伸，张居正没有办法，连夜赶到高拱家里，向高拱负荆请罪，表达和解之意。

“有什么话要说？”高拱还是居高临下的语气。“曹某、刘某参劾我兄的事，如果说我不知道，我不敢如此说！”张居正嗫嚅再三，说，“不过事已至此，都怪我一时糊涂，请我兄饶恕小弟的罪行！”

高拱举手指天，说：“天地、鬼神、祖宗、先帝之灵在上，我高某人平日如何厚待你，今日你却这样，如何负心如此啊？！”张居正面红耳赤，发起了毒誓：“我兄以此责备我，我将何辞？但愿我兄饶我一次，我发誓必痛改前非，如果再敢负心，我的七个儿子，一天内全部死光！”

高拱似乎相信了张居正的话，接着又问：“昨天我碰到姚某，说是送遗诏，我当国，此事当我主持，你为什么瞒着我送遗诏给冯保？说些什么？有没有谋我的？”张居正没有正面回答，只是求饶说：“我兄这样责备我，小弟实在无地自容！但求我兄饶我，我一定改过自新！”

高拱动情了，说："好了，你不要有负担。我已经和那些想弹劾你的人都打了招呼了，不会有事了。"就这样，一场风波，在高拱的主动压服下，暂时平息了。张居正渡过了一次难关。有惊无险。

高拱感到，形势依然严峻。张居正是不是真的痛改前非，他没有把握；而且冯保奸险阴毒，他不能不防。于是，高拱又重新提出，增补内阁成员。这一次，张居正和冯保没有敢再阻止，礼部部长，一个叫高仪的老实人，急急忙忙被拉进了内阁。

但是，更大的风波，却已经在酝酿中了，爆发的时间，已经越来越逼近了！

那个时候，高拱再想止息，已是无能为力了！

胆大心细步步为营

张居正不可能停止执行他的计划。实际上，张居正和冯保，已经密谋了一个冒天下之大不韪的惊天阴谋！这样的计划，除了张居正，没有人有这样的胆量！

有了某种密谋要实施，人就变得格外敏感，也特别会察言观色。有一天，高拱和张居正见到隆庆皇帝，汇报工作，张居正细细端详了一番，觉察出隆庆皇帝色如黄叶，骨立神朽，于是就加快了和冯保密谋的步伐。这一切，都隐藏在张居正偷偷拟好的遗诏里。

果然，隆庆皇帝到了生命的最后时刻。在去世的前一天，隆庆皇帝拉着高拱的手，久久不肯松开，他凄哀地对高拱说："太子年幼（虚龄不到十岁），以天下累先生！"

这，就是托孤了！可是，第二天，当隆庆皇帝弥留之际，情况发生了变化。

高拱、张居正和后宫太监都在皇帝的病榻前，冯保拿出张居正事先拟好的白纸揭帖，替皇帝留下遗言，说要高拱、张居正和司礼监"协力辅佐"！

司礼监何许人物？所谓司礼监，在这里，是个官衔。说白了，就是太监头子。

对明史稍有了解的人都知道，明太祖朱元璋当年对宦官干政最为痛恨，早就立下过规矩，绝对不许宦官干政。他的不肖子孙虽然未能坚守，但是公然委托太监顾命、辅佐皇帝的事情，有明一代，可谓绝无仅有了！

其实隆庆皇帝已经昏迷不醒，冯保宣读的所谓遗诏，是他和张居正冒天下之大不韪事先拟就的，根本不可能是隆庆皇帝的真实意思。恰恰相反，隆庆皇帝此前还谆谆告诫高拱和张居正，要他们警惕宦官，说，“甚事不是内（宦）官坏了？”他怎么可能向太监托孤？

无可置疑，张居正和冯保是矫诏，按照法律，属于犯弥天大罪，有灭族的后果。

有必要说明的是，矫诏，是为史家所公认的，但是矫诏的参与者，史学界还有不同看法。多数倾向于是张居正所策划、拟就，冯保具体实施的。专家韦先生认为，矫诏是“无可争论的事实”，策划者是张居正和冯保，但是，他认为这件事情是他们和隆庆皇帝的妃子、即将上任的万历皇帝的生母共同议定的。

不管怎么说，这样的惊天阴谋，其策划实施，张居正是关键人物，主要角色！看看，张居正的计划，是不是胆大包天？但是，光大胆是不行的，还必须心细。

当遗诏宣布说要太监共同顾命的时候，高拱虽然大吃一惊，但是，这个时候的高拱，全部的注意力都在弥留的皇帝身上，一边痛哭，一边向皇帝表达诀别之意，让皇帝放心走，他要以死报答他对自己的知遇之恩！所以也就没有太在意。况且，司礼监的头头现在是一个姓孟的太监，人还不错，没有野心，不会有大碍。

第二天，正在内阁坐卧不安的高拱，等来了他最害怕听到的消息，皇帝驾崩了！高拱痛哭不止。过了一会，又有太监来传达文件，说是“遗旨”。高拱边哭边跪地接旨。直到这个时候，他才如梦方醒！

任冯保为司礼监掌印太监！原来，所谓皇帝遗诏要司礼监同为顾命，乃是为冯保“量身定做”的！看看，张居正何等心细？如果当时在隆庆皇帝的病榻前宣布遗诏，直接说高拱、张居正、高仪、冯保同受顾命，那么，尽管高拱悲痛忘形，也断难同意，势必立即引发矫诏的争论，场面一定不可收拾，鹿死谁手，实难预料！

毕竟，公然向天下宣布，由太监头子同为顾命，已经是出人意料了，如果这个人又被指明是冯保，高拱会干吗？所以，就连《明通鉴》的作者也不得不感叹张居正居然把如此惊天阴谋考虑得如此周密细心，实在令人叹为观止！

事实上，张居正的这一手，还有他自己的谋算在里面，冯保也未必能够悟出。正是宣布冯保新职务的“遗旨”，把所有人的视线，都转移到了冯保的身上！张居正转过来超脱为局外人，甚至还和所有正直的干部们一样，公开表达一下他的“愤愤不平”呢！

胆大心细，步步为营，利用国丧、高拱悲痛欲绝无暇细顾的时机，造成既成事实，奠定胜利之基！而且，张居正还巧妙地把自己解脱出来了！就连口口声声说张居正和冯保勾结起来害他的高拱，似乎也不敢断定张居正参与了这样惊天的大阴谋！

当然，可以预料，反弹是一定的。听到这个消息，朝野大哗！

有一个声望很好的大臣看不下去了，他公开抗疏（抗议皇帝的圣旨），说如果要冯保当司礼监掌印太监、同为顾命是先帝（隆庆皇帝）的意思，因为太子年幼而放心不下的先帝，为什么事前没有安排？如果是现在太子（即将上任的万历皇帝）的意思，年幼的太子刚刚失去父亲，哀痛方深，国家那么多大事都没有心思处理，怎么可能偏偏去考虑一个太监的升迁之事？

这个人的质疑是有代表性的。可以说，当时正直的官员，无不义愤填膺。

国家发生了这等大事，作为首席顾命大臣的高拱，当然不能坐视。冯保胆敢矫诏，以太监而身任顾命大臣，实在太过分了！是可忍，孰不可忍?！必须驱逐冯保，拨乱反正。

不用说，高拱的想法得到了中央几乎全体干部的支持。这个时候，高拱似乎对张居正还抱有幻想，他希望，驱逐冯保的计划，应该取得张居正的支持！

高拱高估了张居正的人品操守和道德底线，他认为张居正即使不与他同心协力压制太监恶势力，站在正义和公理一边，至少也会保持中立，绝对不至于卖身投靠一个胆大妄为的太监的；所以，高拱居然把如何驱逐冯保的谋划，随时和张居正商议。

张居正内心窃笑不已。实际上他敢于如此大胆，正是摸透了他的这位仁兄的脾气，这个人，死心眼儿，认死理；太讲究牌理，太重感情。玩你，小菜儿一碟啦！这样的想法，一定会在张居正的脑海里萦绕过。

但是，表面上，张居正做出同仇敌忾的样子。转过身去，张居正就和冯保密谋有针对性的对策，伺机打垮高拱。当这一切都谋划妥当，张居正就到昌平出差了（为隆庆皇帝安葬事）。他要避嫌。实际上他和冯保的联络，须臾没有中断。

借刀杀人迅雷不及掩耳

张居正出差之际，正是新老权力交接尚未完全到位的关键时期。这个时候的首都北京，局势很不平静，处于瞬息万变中。大家都很紧张，也羡慕张居正的超脱。

高拱就大不同了。作为先帝托付天下的首席顾命大臣，当朝首相，高拱觉得，他有责任、有义务带领同僚，驱除矫诏欺君、公然干政的恶太监冯保！

于是，高拱和新入阁的高仪，研究对策。高仪是胆小怕事的老实人，他正后悔加入内阁，哪里还有什么办法？只是说，没有想到，张居正这个人，诡谲阴狠以至于此，有什么办法呢？天意如此吧！高拱不以为然。他相信，事在人为。于是，高拱以首席顾命的身份，打了一个报告。满篇都是教新上任的小皇帝如何处理政务的，细节都写得明明白白。但是，他的关键意思就是，政务要交内阁处理，不能交给太监处理。

文件起草好了，首先请高仪过目。“我不敢反对，但是，恐怕也帮不上什么忙！”高仪依违两可。高拱又派人送给张居正，并且就共同对付冯保的计划，和张居正商量。高拱还特别强调，除去冯保，是正义事业，是为国除害，是为先帝正名，功莫大焉，希望张居正也不要错过立此大功的机会！

“除去冯保这个太监，就像扔掉一只死老鼠，易如反掌，谈不上什么大功，但是只要我能做的，绝对竭尽全力！”张居正信誓旦旦地说。至于高拱交张居正过目的文件，通览之，似乎就像当年张居正曾经说过的话，高拱摆出的，是堂堂之阵，正正之旗！张居正毫不犹豫地就在上面签上了自己的名字。

但是，来人一走，张居正立即给冯保通报，顺带的，还把因应措施一并交代了。而高拱寄予厚望的文件，望眼欲穿，也没有交给内阁拟批示意见！要知道，这是新皇帝上任后，内阁第一次打的报告，而且报告里明明白白写着，所有的文件，都发交内阁拟批示意见。为什么没有见交下来呢？高拱惴惴不安。

终于，文件送回来了，高拱一看，傻眼了！皇帝没有经过内阁，直接做出了批示：“知道了，遵祖制！”

不用说，这是张居正拟好、交冯保代笔写上去的。这不是糊弄人吗？那个文件上说的，到底行不行啊？如果说行，就该交内阁拟批示啊；可是，也没有说不行……看来看去，实际上是不想照文件建议办的委婉表达。

你糊弄我，我就装糊涂，高拱思考来思考去，索性又打了报告，请求皇帝就那个文件，明确表明态度。

可能张居正也没有想到，高拱这次如此执著，实在没有办法，他决定先让一步再说。文件发交内阁拟批示。高拱在自己的报告上拟了批示，关键的话就是“俱依议行”！

胜利了！高拱露出了难得的笑容。那就乘胜追击吧！于是，“议员”们出动了，他们密集提出了弹劾冯保的参折！这些参折，有理有据，一份比一份分量重。

冯保慌了，也怕了！毕竟，冯保的身份特殊，是太监！太监顾命辅佐皇帝，连他自己也知道，是天大的笑话！那是矫诏来的，现在中央的干部们都这样揭露，连同他过去的老底，都给抖搂出来了，给他定的罪名就是矫诏欺君，要求杀他的头！徐爵奉命，急急忙忙跑到昌平，去找张居正紧急研究对策。张居正正好完成了工作——是不是完成也顾不得了，星夜赶回北京。

对策，什么对策呢？要转守为攻才能制胜！但是，如何攻，还需要谋划。所以，张居正只是说，让冯公公稳住，别着急，要将计就计！但是，高拱的道德操守、人品能力、政绩贡献，有目共睹，无懈可击，实在找不到把柄。张居正得好好琢磨一下啊！

大抵高拱也有这样的自信，他轻视了自己的对手，具体说，他没有料到张居正、冯保之流的卑鄙无耻已经到了令人难以想像的程度！

确实，高拱对张居正一直存有幻想。这不，张居正一回来，高拱在吏部的助手魏副部长就赶到张居正家里，要求拜见他。张居正可能想集中精力思谋对付高拱的办法，而且可能也猜到了来人的意图，所以他不想见魏副部长。

身体不好，不能见客。下人传话说，有要说的话，就写个条子吧。魏副部长也不客气，匆匆挥就，意思是说，听传言说你和冯保有勾结，所谓遗诏也是你写的，这样不对，也很不好！希望你注意。现在大家都要求惩处冯保，希望你不要护卫冯保，恐怕这个阉人要激成大祸，护卫他，对你不利！

当然，魏副部长的原话要客气些，委婉些，意思是这个意思。很显然，这是对张居正的警告。一边争取，一边警告，目的是挽救张居正，并阻止他继续给冯保出谋划策。

张居正看完魏副部长的字条，勃然大怒！他也顾不得“病”体，当即给魏副部长回了字条，说，你说的我勾结冯保、起草遗诏这些谣言，我也听到了，还专门派人查访；外间并没有这个说法，现在你这样说了，我明白了，谣言就是你造的。你如此造谣，不就是想赶我下台吗？好的，我这就打报告辞职，遵你的命，好了吧？！

张居正余怒未消，一个大计划终于成形了。如此这般如此这般，他向冯保授了妙计。找不到你高拱的把柄？整不死你！张居正咬牙切齿！

我们中国，有"祸从口出"这个古训！其实，不是说话的人有毛病，是有毛病的人太卑鄙，他们在随时随地捕捉他人的只言片语，深文周纳，从中挑拨，以逞其奸！发生在高拱身上的不幸，就印证了这一点。

虚岁十龄的小皇帝，在国丧期间，怎么可能独立行使权力呢？任命冯保当司礼监掌印太监，明显就是事前策划的，哪里会是小皇帝的意思呢？不仅如此，内阁给皇帝的请示、报告，不符合冯保和张居正意图的，都不予批准。那么高拱的顾命大臣、首相还怎么当？于是他对到内阁传达皇帝谕旨的太监说，你们动辄说这个是皇帝的意思，那个是皇帝的意思，要知道，我们的皇帝才十岁啊，皇帝才十岁，怎么治天下？高拱的意思是说，你们太监（他还不知道他的金石之交张居正是幕后总导演）要利用皇帝年幼妄想干政，内阁不会乖乖就范的！

张居正就是想起了这句话！借刀杀人！对，就这样！

于是，冯保忧心忡忡地对年轻的太后和小皇帝说，高拱不忠，竟然说十岁的小孩子怎么做皇帝呢？他是不是要篡位？或者他要密谋立其他人为皇帝啊？真是狼子野心啊！像这样的人，赶快赶他滚蛋吧！

皇家的反应，通报给了张居正。张居正拟好最后的文件，又交给了冯保。两个人也商定：事不宜迟，要来个迅雷不及掩耳！当天夜里，东华门反反复复开了又关，关了又开，几乎一夜没有消停。徐爵和张居正的随从，两个人来来往往，穿梭其间！

天亮了，摊牌的时候也到了。紧急通知下了，召开中央全体干部会议！张居正胸有成竹，不急不躁，为了避嫌，他不想去参加会议，拟在家里静候佳音。但是高拱不同意，特意派人把他请来了。高拱预料，这应该是颁旨罢斥冯保的时刻了！

在进入会场的时候，张居正慢慢走过来了。他说自己身体不好，那他就不能显得精神饱满，可能有些萎靡。高拱则正相反，胜利的时刻就要到了，迎接胜利者的精神状态，一定是很饱满的。

当然，高拱也留有余地，毕竟，现在的形势很复杂，并不都在他的掌握中。所以，他很是恳切地对张居正说，我想，应该是宣布罢斥冯保的，但是我也拿不准，万一要是罢斥我的，反正我老了，没什么大不了的了，还有你，你来干。张居正装作吃惊的样子，假惺惺地说，哎呀，老兄啊，你总是这么说话！

会议宣布开始。“张老先生接旨！”小太监扯着不男不女的嗓子，大声叫道。除了张居正，高拱和所有与会人员都很纳闷，为什么要张居正接旨呢？应该是高老先生啊，会不会搞错啊？

顺便说一句，那时候，太监称内阁大臣，无论年龄大小，都是“老先生”。

圣旨一宣布，犹如晴天霹雳！不是罢斥矫诏的冯保，而是罢斥首席顾命大臣、内阁首相高拱！而且不留余地、不留情面！立即滚蛋，不准停留！

有史家就感慨万千地说，以高拱的人品操守能力贡献，他当国时一贯开诚布公，不阿私党，古代的所谓社稷臣，哪个能够比得上他呢？可是，奸人诬陷，狼狈离京，古之大臣去国，像高拱这样狼狈的，闻所未闻！

要知道，这个事件的发生，离隆庆皇帝拉着高拱的手恋恋不舍地托孤之时，才刚刚不到八天啊！小皇帝登基，才刚刚六天！

高压之下邪也会压正

高拱狼狈万端，中央里的干部们震惊无比，大政变，瞬间完成，都以为是胜利者的，却反胜为败；都以为必败无疑的，却反败为胜。许多人，根本想像不出来，刚刚发生的一切，是不是真的！

其实，张居正心里最清楚，这就是不按照牌理出牌的效果！但是，他也明白，这样做无异于冒天下之大不韪，不仅危险，而且这个污点永远难以洗刷。

从职位上说，高拱已经身为首相，首席顾命大臣，就是说，达到了顶点了，他还要什么？从道德节操上看，高拱两袖清风，没有任何贪污受贿的问题；从他的才能和贡献上看，举朝公认；从他执政的实践看，高拱一向开诚布公，没有任何结党营私的行径。那只有从政治上搞垮他，说他不忠，执政的位置给他，不可靠。显然，这是莫须有的罪名，哪里能够服众呢？况且，谁说他不忠？他是先帝托付天下的人，小皇帝说他不忠，不是说乃父没有知人之明吗？这不等于给了尸骨未寒的亲爹一个耳光吗？更何况，小皇帝才九岁（当时说十岁，是虚龄），刚刚坐上龙位才六天，就知道高拱不忠，谁会相信呢？

相信也好，不相信也罢，反正，高拱灰溜溜滚蛋了，张居正堂而皇之，做上了内阁第一把交椅！

当然，张居正也装作震惊的样子，表示对这个结果不能接受。他大声疾呼，我绝对不相信高拱不忠，要是高拱有罪，那我就是他的同党，连我也一起撤职了吧！

到此为止，在以构陷、驱逐国朝杰出的政治家、正直有为的高拱的大政变中，张居正这个幕后总导演，却一直是以局外人的面目，展示给国人的。严格地说，他表现得还不完全是局外人，而是高拱的同党和辩护人、保护者。

当然，张居正可以声称是高拱的同党，可以虚伪地替高拱辩护、求情；但是，他绝对不允许其他人替高拱辩护、求情。实际上张居正和冯保（冯保掌握着特务机构）已经秘密部署妥当，严防死守，以确保不会引发大大小小干部们的反弹。

吏部魏副部长，曾经替高拱出面警告张居正，现在，结局如此，完全出乎他的预料。他不接受这个现实，要组织广大干部请愿示威，最后不了了之，而他本人（非常优秀的后备干部）也因此付出了葬送政治前途的代价。

因此，无论人们是不是接受，至少，表面上看，政变所造成的冲击波很快就趋于平静。

按说，张居正既然已经大权在握，登上了权力的巅峰，接下来对高拱监视也罢、防范也好，也都属于符合逻辑的发展，但如果再进一步构陷、加害，那就实在说不过去了。可是，张居正并没有就此罢手，一场更为阴险毒辣的阴谋活剧，很快就要上演！

第3章 惊天大案

虚伪加阴险的精彩表演

如果说，对于官场中的权力斗争，未必就有界限分明的是非之辨的话，那么，精心锻铸惊天假案，并要以此对被打倒的对手从肉体上斩草除根，就未免过于毒辣了！如果一面锻铸冤案，一面又对被陷害的人表白说，有我在，就等于你有了保护伞，那么，这样的政客，算得上虚伪到家了！张居正未必算得上最阴险、最毒辣的人，但是，算计完对方后仍然以“生死之交”面目保持“友谊”，是他的特殊本事。毒辣加虚伪，张居正玩得炉火纯青！像他这样用“善始善终”的虚伪来掩盖其阴险毒辣的政客，历史上恐怕还找不到第二人。这是张居正玩弄权术的一个成功范例。

令人难以想像的毒计

这是一个严寒的早上。

万历年号刚刚使用了十九天，睡意曚昽的九岁小皇帝（因其年号为万历，故称其为万历皇帝）坐着轿子出乾清宫。刚刚出得宫门，一个男子突然从西边的台阶向御驾奔来。警卫人员眼疾手快，不费吹灰之力，当场拿下。

不用说，这个消息很快就报到了最高实权人物张居正那里。

张居正大吃一惊。不过，他并不是仅仅因为有陌生人闯进首脑机关而吃惊。这种情况不能说经常发生，至少也不能说十分罕见。实际上，当时常常有一些闲杂人等利用警卫搜检不严，混入宫中的。好奇者有之，探视亲友者有之，盗窃财物者有之，不足为奇。因此，这天早上发生的事，充其量也是个常见的普通事件而已。

谁也预想不到，一件普通的事件，会演变成惊天大案！

当下，当刚刚接到报告的时候，张居正也没有想到。那么，一向沉稳老练的堂堂最高实权人物，怎么会对一个常见的普通事件大惊小怪呢？当然有他的原因。张居正吃惊的是，据报，闯宫者自称叫王大臣，来自戚继光的麾下。而戚继光正是张居正的心腹之人。

不可否认，戚继光是抗倭英雄，是名将。但是他的缺点也不少，不管怎么说，反正朝野对戚继光的议论挺多。张居正对戚继光一向极力保护，关照有加。当然，戚继光对张居正也忠心耿耿，送美女，“赠”银子，派卫兵，供轿夫……这么说吧，凡是制度允许做的（允许的实在不多）和制度上不能做而张居正有需求的，戚继光都尽力做了。以至于后来有人甚至怀疑张居正会不会利用戚继光来推翻朱明的江山，黄袍加身，足见张居正与戚继光的关系之亲密。当时戚继光的部队就在山海关一带，位在肘腋，非同寻常。

张居正一听说戚继光的部下有人闯宫，顿时吃惊不小。所谓以小人之心，度君子之腹是也。一贯阴险的人，往往把事情想得复杂化。他以为别人也像他那样设圈套、挖陷阱，深文周纳，因此，就有些不安，有些惊讶。这是不难理解的。好在权势在握，他自信有能力驾驭局势，于是，便阴沉着脸说，戚帅手握重兵，地在危疑，不宜株连而贻误军国大局。告诉冯保（冯保主管特务机构——东厂），禁止人犯说他是戚继光的部卒！

也有的史家说，张居正当即就决定再施借刀杀人之计，是他主动提出后来的计划的。

冯保心领神会。张居正这个提示，让他顿生感触。既然可以禁止人犯牵扯某人，当然就可以让人犯故意牵扯另一个人！这个想法让冯保喜出望外。压在他和张居正心头的一块石头，终于可以搬掉了！

什么石头压得国家的最高实权人物喘不过气来呢？乃高拱也！半年了，尽管私欲压倒了公理、邪恶压倒了正义，但是，弹冠相庆之余，张居正和冯保忧心忡忡。

高拱才干超群、德高望重，有大功而无小过，张居正和冯保施展极端卑鄙的手段赶他下台，强加的罪名连他们这些始作俑者自己也说服不了自己，遑论服众？他张居正半年来不就一再向公众表白他如何钦佩高拱、如何关照高拱吗？与人谈话、给人写信，包括他所谓的朋友，他都忘不了说说他和高拱是生死之交，他无论如何也想不到皇帝会如此对待高拱，他如何在皇帝面前替高拱求情等等。张居正心知肚明，不是高拱有罪，恰恰相反，正是他张居正和太监冯保，为了驱逐高拱，不惜矫诏、欺君，此乃弥天大罪，罪不容赦！虽然朝野被专制威权强行压制，大小干部敢怒不敢言，但是谁知道这种靠恐怖、强制维系的局面到底能够维持多久？

张居正一直在寻找机会，捕捉蛛丝马迹，来证明高拱确实有罪！可是，他和冯保掘地三尺，还是一无所获。那只能再次施展诬陷的伎俩了。

良心、操守已经卖给了魔鬼，索性毒辣到无以复加吧！冯保和张居正不谋而合。于是，用了三天时间，一个令人难以想像的、极端毒辣的阴谋经过自以为周密的策划后，开始分头实施了。

冯保这边，准备道具、口供。他们给人犯准备了蟒绔冠服，并两剑一刀，还不惜破费珍宝（反正有权势，何愁没有人上贡，破费就破费点吧），在刀剑柄首上镶嵌异宝饰物，以此说明王大臣此人有来头，非一般闯宫的闲杂人等，案件自然也就非同以往。既然非同寻常，人犯就由冯保控制的特务机构——东厂羁押审讯。道具准备停当，接下来就是口供了。

冯保命心腹给王大臣带去了好酒好肉，推杯换盏间，来人对王大臣说：“你这个事，弄好了，升官发财，弄不好，家破人亡。”这两个结局，估计王大臣都没有想到过。既没有想到一不小心混入宫中竟会掉脑袋，更没有想过因此会升官发财。因此，这个小混混当时的表情一定是很茫然。

来人于是说：“看到了，这些衣服、刀剑，非寻常之家可以有的，谁给你的？就说是冯公公的前任陈洪给你的；给你干什么？来刺杀皇帝；为什么刺杀皇帝？是高拱的主意，他对皇帝赶他下台回老家耿耿于怀，必欲刺杀皇帝而后快！照我说的招供画押，保你升官发财！嘿嘿，不然的话……”使者话锋一转，“哼！那就：灭——你——九——族！”

这王大臣本来就是混混儿一个，如此悬殊的结局他作何选择，不言而喻。所以，冯保的工作，进展顺利，很快告一段落。

张居正还不放心。他对冯保的阴险毒辣绝对放心，不放心的是冯保的文字水平。万一文字表达不过关，让人看出破绽，那就麻烦了。于是，他要来冯保拟给皇帝上报的秘密报告，字斟句酌，务必把假的说得比真的还要真，让人一看，就觉得扎扎实实，是铁案。

毕竟，张居正是点过翰林的才子，帮严嵩捉刀代笔尚且颇获赏识，改个报告自然不在话下。所以他感到力度不够的，便习惯性地在上边加以增改(注意，如果这个被发现，就要出大事的，暂且不表)。

密室里办完了这一切，张居正和冯保觉得万无一失了，于是，按照策划，张居正正式上场了。他给皇帝（其实也就是他自己和冯保）写了一道请示，说王大臣闯宫，非同寻常，携刀带剑，谋逆弑君，恐非个人行为，一定是蓄谋已久，背后有主使之人。所以，他要求要多方缉查，永绝祸本。

这个请示就一句是真的，那就是“永绝祸本”。当然这个所谓的祸本，不是国家的祸本，也不是皇帝的祸本，而是他张居正和冯保的祸本。他们要绝的正是这个“祸本”——从肉体上彻底消灭高拱！

此言一出，首都北京顿时笼罩在恐怖气氛中。稍有思考能力的人都能够从这字里行间，读出腾腾杀气。与此同时，一队人马紧急赶往河南新郑，要把高拱本人和高氏家族，一网打尽，斩草除根（弑君谋逆，当灭九族啊）！

所谓祸从天降。高拱自被张居正、冯保诬陷而罢职，战战兢兢苦度时光，不要说伸冤，连一句关涉政治的话都不敢说。粗茶淡饭勉强糊口，整日提心吊胆，闭门不出。他做梦也不会想到，远在首都的那个“生死之交”，时刻没有忘记他，给他带来的“大礼”，足以让他目瞪口呆！

岂止目瞪口呆，高拱看到这个场面，痛心疾首，他看不下去了，不忍看，不能想！怎么办？他拿起绳索，要悬梁自尽，一了百了吧！

当地的父母官早就接到秘密指示，要他严加看管高拱。父母官一看高拱要自尽，急急忙忙拦住，他必须把最高实权人物的“老友”照顾好的嘛！当下，把高拱活着交给首都来的专案组，就算万事大吉，哪里容许他就这样了却自己呢？

惊人的心理承受力

首都北京。张居正杀气腾腾地追究所谓幕后主使者，务必永绝祸本的秘密报告，很快就在京城传开。大大小小的干部都明白，这意味着新权势集团要利用王大臣这个混混儿的偶然闯宫事件，广事株连，制造惊天冤案，大开杀戒！

可是，所谓当局者迷，旁观者清，此言有理。冯保和张居正精心策划的这个阴谋太过毒辣，编造的情节也未免太过离奇荒诞，朝野无不为之齿冷。

要说谁上台谁下台，个中情由虽然不甚光彩，但还有可以理解的地方，然则，既然已经把人家一个光明磊落、能力超群、道德高尚的首席顾命大臣一举驱逐出政坛，而且人家也领教了你的厉害，不敢乱说乱动了，作为胜利者，还要无端诬陷，要从肉体上把人家一族斩草除根，未免太绝情，太没有人性了吧？！稍有良知，谁能坐视？

负有言责的干部——言官，也就是“议员”，首先提出了异议。那么，涉及到案件，就和具体负责对口监督司法的刑科“议员”关系最为紧要。他们得知张居正要“永绝祸本”的所谓报告，立即就坐不住了。不知道是谁牵头，反正他们聚在一起讨论起来。最后的结论是：此事关乎我辈的责任，若我们保持沉默，致使这样的事情按照时下的趋势发展下去，我辈有何脸面见人？！

于是，他们拟好了给皇帝的上书，说这样的案件，应该移送法定的司法机关依法审理，不能由特务机构东厂擅权审理。其他的“议员”们也蜂拥而上，表明态度。

当然，这个“议员”不像民主国家的议员可以无所顾忌；大明帝国的“议员”

虽然也很厉害，可是也害怕威权的恐怖镇压。因此，他们不能直截了当说这是阴谋，而是要求由法定的司法机关彻查此事，务必查明真相。为了表示不是针对张居正的，他们留了余地，商量说把给皇帝（其实就相当于给张居正）的“提案”稿，先让张居正看看再说，不要匆忙出手。

张居正大权在握，不达目的，誓不罢休。“议员”的叽叽喳喳对张居正不起作用。专家们都说，明代的“议员”很厉害。确实是这样。但是，张居正当国的年代是个例外。

张居正的老师徐阶极为尊重“议员”，而徐阶的死对头严嵩则是十分惧怕“议员”，高拱因为自信无可挑剔，往往不在乎“议员”；而张居正与他的这些前任都不同，他对“议员”始终采取高压态势，不顺从就开杀戒！所以“议员”们的诉求在张居正那里就等于蚊子的“嗡嗡”声。

“议员”们无奈，只能采取进一步的行动。他们索性到张居正的办公室请愿。张居正脸色阴沉，怒气冲冲地告诉“议员”们说，我奉劝你们不要乱发言，少说话，更不要上什么书，这样的“提案”，还是不呈报的好！我可以负责任地告诉你们，这个案件，已经定案，是铁案，改不了的！你们还是不要插手的好！不然的话……

“议员”们被张居正的威权震慑住了。

可是，一离开张居正的办公室，又觉得不能就此罢手，不然对不住俸禄，对不住良心啊！那就再请愿！不过张居正可没有那个耐心了，请愿的“议员”们再想见他，难了。在他的办公室门口从早坐到晚，张居正就是避而不见。没有办法了，“议员”们多数退缩了，但还是有两个有骨气的，言词更加激烈了，不顾张居正的威胁，独自起草呈报了“提案”，并且毫不隐晦地说，干脆明说了吧，这个案件内有蹊跷！

“议员”的这个“提案”一送到皇帝那里，张居正提笔代皇帝批示（这倒是他的职责）说，此人无端猜测，叫他说清楚有什么蹊跷，不说清楚处理他（意思如此）！

“议员”们在抗争，部长们也坐不住了。

高拱被罢黜后，张居正组阁，为了表示开诚布公，特意任命了几个有名望的干部当部长（暂时的，很快就会清洗下去的），这些人不是张居正的夹袋中人，对他的忠诚度非常有限。当然，他们也不敢公开和张居正作对，而是私下里多方做工作，劝张居正不要一意孤行，做这伤天害理的勾当（意思是这个意思，当然话不是这样说的，都是进士出身的高级干部，表达能力不成问题，况且我华夏的语言很丰富的，足够不同场合对不同人选择不同的语言）！

就连张居正的谋士、心腹加老乡、铁杆朋友李幼滋先生也推心置腹地告诉张居正说，这样做不合适的，还是收手吧，不然，你会留下万世骂名的啊！张居正一脸委屈，对他的知心朋友说，唉呀，老弟啊，别人不明就里，说这说那，我还能够理解，你是我的知心朋友，我们是交心的啊，你怎么也这么说啊。对这件事情，我和你一样也是忧心忡忡，谁知道会发生这样的事情啊，我根本就不知道怎么回事，只能让他们秉公办理依法查处吧！

其实，对张居正和冯保编造的这个惊天大案，可能连小皇帝也未必相信。所以，张居正就听到了从那个名义上的最高领导人万历皇帝身边传来消息：皇帝身边的太监们议论纷纷，说这个案件蹊跷，伤天害理。有一个七十多岁的老太监，和一个负点责任的中太监，冒死跪在万历小皇帝的面前，言词恳切，说不能这么办，不能这样冤枉人家高先生啊！

当然小皇帝做不了主，向他说也白说，小皇帝甚至连这样的话都未必敢告诉张居正和冯保。多年以后，张居正死了，冯保受到弹劾，要免他职务的时候，已经二十岁的万历皇帝还说，唉呀，如果冯保来了可怎么办呀！他怕张居正和冯保可见一斑。

“议员”们的请愿、规劝，舆论的风向，朋友的忠告，加上名义上的最高领导人身边传出的讯息，张居正当然了如指掌。这让他有点心烦。但也仅仅是心烦而已，这些对他实施自己的决策，都影响不大。什么万世骂名，管他什么万世！

张居正这个人后来取得些政绩，与他这个个性关系很大，就是他认准的事情，别人怎么看、怎么说，他都熟视无睹、置若罔闻（当然也不全是置若罔闻，事后他会对他认为不顺从的人疯狂实施恶毒的报复）。这个性格办好事可以办成，办坏事同样也可以办成。因为这个个性，他确实办了不少坏事，也办了不少好事。这个话题就此打住。

张居正信心百倍。他决定无论遇到什么阻力，都要一意孤行，不达到一举把他的“生死之交”及其全族斩草除根的目的，誓不罢休！虽然因为这个阴谋太过毒辣，编造的情节太过离奇荒诞，朝野议论纷纭，抗议之声不断，张居正和冯保权势在手，不为所动，要一意孤行，蛮干到底。

在“议员”们请愿、部长们规劝、朋友们提醒如火如荼的时候，冯保、张居正的秘密计划转入了第二步：冯保的前任陈洪和高拱家的仆役（在冯保编造的情节里，当然不能由高拱具体和闯宫的王大臣联系，而是由家中的一个心腹仆役具体联系）被逮捕并火速押解到京。有了阎宦者的“口供”和“物证”，再把陈洪和高拱家的仆役屈打成招，然后把这些口供和物证对外公布，看谁还敢提出异议？！权势的魔力令人不寒而栗：眼看着，冯保、张居正者流，要把一个完全是编造的假案办成铁案，几成定局。

冯保乃一太监，政府的干部要见他不大容易。实际上制度规定政府的干部也不能和太监联系，更不容许私下交往。而张居正呢，无论谁和他说情，他都一脸委屈，说他对这件事也忧心忡忡，不知道何以如此，只能彻查真相，秉公执法了。我们不能不佩服冯保尤其是张居正的心理素质。一手锻造如此惊天冤案，他们居然能够脸不变色心不跳，任凭舆论大哗，依然我行我素。面对此一局面，捶胸顿足者有之，无奈长叹者有之，恨得直咬牙根者有之……

王大臣的口供，事后准备的物证都齐备了，第二步计划也基本完成，就差把冯保的前任和高拱的仆役屈打成招就可以实施第三步计划了。

事态进入十万火急的当口。不仅京城里已然可以嗅到血腥之气，就连地方上关心时局的人们，也痛感冤气冲天，令人扼腕！

百密一疏露破绽

可是，突然之间，张居正又让朝野人士大吃一惊。

用了三天时间策划的惊天阴谋，以张居正给小皇帝“永绝祸本”的所谓报告为标志开始实施，过了仅仅六天，张居正又给他和冯保手里的傀儡小皇帝打了一个报告，说那个所谓的王大臣是个混混儿，这种人没有什么信用可言，我担心这个事如果处理不好，会不会把一个偶然发生的小事情，因为小混混儿“忘攀”主使者，搞成冤案，诬及善类，有伤天地和气，实在不值得？！

仅仅六天时间，张居正的态度，来了一个三百六十度大转弯！六天前，正是他杀气腾腾地要追究幕后主使者，永绝祸本；而现在，张居正却说他担心由于忘攀主使者而诬及善类，搞成冤案。

当然，小皇帝该玩玩、该上课上课，他未必有什么反应。内阁首相、顾命大臣、老师张先生的报告他看了没看都是疑问；即使看了，看没看懂也是个问题；即使文字看明白了，背后的用意，他绝对一无所知。反正年轻的寡母说了，凡事由张先生做主，听张先生的就是他的义务和职责了。

本来，张居正的报告也不是为了给小皇帝看的，这样做，无非是个手续而已。不过，这次打这个报告，还有一层意思，就是让大家都知道，他张居正是要阻止某种事态向不好的方面发展的。朝野人士接到这样的讯息，不目瞪口呆，才怪！大家不禁想，难道张居正和冯保突然间良心发现，要终止罪恶的阴谋？抑或是他们承受不了舆论的压力，不得不就此罢手？

非也。他们从发动政变驱逐高拱之时起，就再也不会扪心自问了，良心这个词，在他们的词典里已经找不到了；至于舆论的压力，如前所述，对他们是根本不起作用的，如同蚊子的“嗡嗡”声而已！那到底是怎么回事呢？我猜想，当张居正给小皇帝打报告表示要收手的时候，他的心里一定很不是滋味，或许还有些恐惧。

所谓百密一疏，又所谓利令智昏。聪明绝顶如张居正者辈也没有想到，他和冯保精心策划、周密部署的这个惊天大案，还是出了纰漏！而且，这个纰漏倘若追究下去，那么他和冯保就要吃不了兜着走了！张居正不得不紧急刹车，不得不急谋补救！

到底是怎么回事呢？不错，这个时候，朝野的风向很清楚：人心不服。比如身在外地的张居正的老同学（同年）陆先生驰书警告张居正说，年兄（就等于现代人所说的老同学）啊，小弟我不想遮遮掩掩，我听到要收拾高拱这样的消息夜不能寐，忧心如焚！如果高拱果被冤杀，你张居正就会落下万世骂名！我这样说绝对不是为了高拱，实在是为了年兄你啊！

当然不是这些劝告发挥了作用。我的意思是说，当事态的发展眼看就到了难以逆转的当口，还是有人在做着最后的努力，而正是这最后的努力，使得张居正情急之下，露出了马脚。

事情是这样的。一个叫葛守礼的人和一个叫杨博的人，可以说是当时中央最有分量的两个高级干部，在三番五次规劝都不能使张居正改变态度的情况下，决定联袂到张居正家里坐坐。这两个人，一个是国家最高司法官，刑部尚书（葛守礼）；一个是中央管干部的最高领导——吏部尚书（杨博）。

杨博这个人了不得，除了张居正和冯保，当时中央最有权力、地位最高的要算这个山西人杨博了。实际上从制度上说，内阁首相并没有管干部的法定权力，一定程度上说，吏部尚书的法定实权更大。而且此公资历很深，在万历小皇帝的爷爷活着的时候，杨博就当户部尚书了，三朝元老，是张居正的前辈。当年严嵩的公子严世蕃目空一切，常常奚落高级干部，说这个是窝囊废，那个是书呆子，唯独对杨博尊重有加。可以说，杨博的声望、资历和地位，在中央应该是数一数二的了。

葛守礼也不简单。他是司法机构的首脑，和张居正的关系应该说是相当不错的。

可是，他们此前规劝张居正，都没有收到任何效果。杨博曾经对张居正说，可不敢这么干啊！高拱虽然为人粗暴，天日在上，弑君之举，高拱万万不会做的！哪知张居正闻言，颇是愠怒，对杨博大不满。

那也不行！还得规劝。葛守礼作为司法机构的首脑，不愿看到在他任上有此天下奇冤铸成，态度特别积极。他拉上最有声望的杨博，说干脆到老张家里去劝他一劝吧！也是，在办公室总有公事公办的感觉，到家里可以拉拉家常，气氛或许要好些。死马当作活马医吧，兹事体大，不到最后一刻，绝对不能放弃努力。

京城的冬夜，天寒地冻，大街小巷行人稀少。两个高级干部约好了时辰，没有警卫，也没有秘书，只身来到了张居正的府邸。估计这两个人浑身上下都是寒气，不仅因为季节的关系，还因为他们已经见识了张居正的厉害，此番送上门来，说不定又是凛凛杀气劈头盖脸而来！

果然不出所料，张居正一见他们两个又要劝他收手，顿时满脸怒气。他不客气地说，二位不必费心了，这是铁案！谁也翻不了！现在，同谋已然拿到，一旦审讯过后，本人即给皇上（也就是他和冯保）写报告，连同幕后主使之人，依法严办！所以你们还是忙工作吧，别误了该做的工作！

张居正说了这样的话，气氛就有些紧张了。估计这个时候张居正可能端起了茶碗——要送客了，很可能葛守礼和杨博低着头，假装有些愧疚，实际上是为了假装没有看见张居正端茶碗。反正他们都坐着没有动。张居正也不好意思从自己家的客厅公然逐客。

“我葛守礼是不是乱臣贼子？！”突然，葛守礼激动的声音响起。他是不是站起来大声质问张居正已经无从考证，总之葛守礼是相当激动的，只听他继续说，“除非说我葛某人附了乱党，否则，我愿以百口保高老先生！”葛守礼说完，终于长出了口气。爱咋咋的吧，反正我把内心的话说出来了。张居正脸色阴沉，默然无语。估计他心里在说，你爱咋说咋说，反正我该咋办还咋办！

杨博也鼓了鼓勇气，说，是啊是啊，老葛说的我都赞成！叫我看，老高他不会做这等傻事的！“绝对不会的！”杨博还没有说完，葛守礼又接着说。“绝对绝对不会！”葛守礼意犹未尽，杨博又侃侃而论。言而总之，这两个高级干部的意思只有一个，绝对不能冤枉了高拱，错杀了好人！张居正是不是反驳，不太清楚，但是他根本不把杨博和葛守礼的话放在心上是真的。史料记载，无论这两个高级干部如何苦口婆心，张居正“仍如故”。

“哼哼！”他内心一定在冷笑，“本来就是编造的，而之所以编造，就是为了杀高拱！你们两个傻帽，还指天发誓说高拱绝对不会做这等事，这个还要你们说？”

“元翁（首相又称元辅，尊之为元翁。那个时代对有些身份的人爱称为老或者翁，是时髦也，就像有一个时期见人就叫师傅一样），这样做，图痛快于一时，元翁想没想过后果呢？”葛守礼仍不甘心，继续着他的努力。张居正强忍着没有发作，两眼放射出愤怒的、严厉的光芒。

“当年严嵩对他的前任夏言怎么样？鼓动皇帝把前任杀了；而他自己呢，他的后任徐阶，把他唯一的儿子杀了，后来……”葛守礼的意思再明白不过，你杀了高拱，你的后任将来不杀你就会杀你的儿子，何必这样呢？听了这话，张居正怒不可遏！他声嘶力竭地说：“你们难道怀疑我张居正甘心高拱被杀吗？高拱是我张某人生死之交，我忍心吗？！你们怎么这么看我？！”说着，张居正气昂昂地走进内室（此时他四十六七岁，身体不错），拿出一份文件，交给杨博，说：“你们看看吧，别再怀疑我张某人、纠缠我张某人好不好？！”

杨博展开文件，看了看，是冯保给小皇帝上的秘密报告。也就是那个小混混儿的口供、物证以及审讯过程。

前面说过，由于张居正对冯保的文字水平不够放心，所以这个报告是经过张居正删改的，务必把假的编成真的，因为这些东西很重要，是整个惊天冤案的基础。正是他们认为编造得天衣无缝了，张居正才发出了追究幕后主使者，永绝祸本的指示。

看完了这个报告，杨博无言，顺手转给了葛守礼。葛守礼匆匆浏览了一遍。前面也说过，葛守礼和张居正关系不错，他认识张居正的字。不看则罢，看到张居正在稿子上加的“历历有据”四个大字，不禁倒吸了口凉气。“喔，呵呵……”吃惊之余，葛守礼笑了起来，边笑，边把文件揣进袖子里。“这……”张居正似乎领悟到了什么，顿时心跳加快！

这个时候，张居正府邸考究的花厅，温暖舒适，静谧宜人。可是，最高司法首长葛守礼的怪笑声，却如同一阵刺骨的寒风，刮进了这位国家最高实权人物的心里，让张居正感到如冷水浇背。

中国有句古话，所谓不见棺材不掉泪。有的人，见了棺材也未必会掉泪；

不过假装悲伤干号几声也是免不了的。当下，面对中央最有分量的两个高级干部杨博和葛守礼，张居正就是这样的表现。当张居正明白了葛守礼何以发出怪笑的时候，不禁大惊失色。

一向出口成章、语气坚定的张居正，却突然变得嗫嚅支吾起来。由于他的花厅里烧着上好的炭火（张居正其人是非常讲究生活质量的），虽然还是严寒的季节，张居正的额头上，还是冒出了汗珠。“这个……”张居正表情尴尬，威严的脸上，露出了从未有过的讨好卖乖的神情，“他们那些人，不懂法理，我、我、我帮着改了几个字而已……”

“嘿嘿！”葛守礼还是怪笑，“如果葛某没有记错的话——”他故意顿了顿，吊一吊张居正的胃口，继续说，“我朝成宪，东厂的任何文件，必须直接向皇上报告，非经皇上批准，任何人不得阅览；而这个报告，事关机密，不立即报给皇上，怎么先送给政府了呢？”

葛守礼当然没有记错。张居正和杨博也不会不记得这个规定，岂止知道这个规定，而且也知道，如果违反的话，属于什么性质：故违成宪、欺君犯上！会承担什么后果？杀头之罪！

要知道，在人治的官场，专制的社会，人人自危，才能够人人小心谨慎，才不至于胆大妄为，所以高级干部都是被监视的对象。而承担监督高级干部任务的，就是直接向最高领导人负责的特务机构。在明代，就是东厂。这个特务机构，是太监组成的。太监组成的特务机构只向皇帝负责，这是制度、体制。虽然张居正作为最高实权人物，可以事实上行使皇帝的职权，可是，他不是皇帝，而且制度上还要防止他真的取而代之成为皇帝。因此，太监和特务机构是不允许直接向他报告、向他负责的。出现这种局面，当然是犯了大忌！

实际上，从张居正和冯保矫诏、政变开始，到此次锻铸这样一个惊天假案，他们就一直在违背成宪，欺骗君上。可是，实权在他们手里，在专制的官场，权力就等于真理啊！别人徒叹奈何！然而，这次不同了，他的把柄，被国家最高司法机构首脑明明白白地抓在手里了。张居正万万没有料到，他在冯保的秘密报告上加的“历历有据”四个字，就像是为自己的欺君大罪专门准备的！倘若葛守礼和杨博就此上报，公开真相，那么，该灭族的，就是张居正和冯保了。无怪乎张居正惊出一身冷汗！

张居正搓了搓手——他是不是搓手，说实话我并不知道，可是为什么这么写呢？是我的推断。何以有此推断呢？因为我知道有当事人回忆说，汪精卫这个人遇到尴尬事体时常常搓手。汪精卫其人也是虚伪阴险的政客，会不会虚伪的人都这样呢？所以我就妄加推测，这样说了——张居正搓了搓手，讨好地看着葛守礼和杨博，仿佛在等待着法庭的判决。

按理说，国家司法机构的首脑，是国家的最高执法（有的国家比如俄罗斯称护法，挺好）者，他应该是违法必究才对，不然——按照现代法治国家的做法——就是渎职，应该被追究责任的。可是，人治官场，专制社会，哪里有什么公平正义啊？涉及到如此高级的领导干部，如果不是派系倾轧、权力争斗，就只能打掩护啦！对老百姓较真儿，对领导干部，就那么回事吧！所以，葛守礼和杨博，看到张居正忐忑不安的样子，就笑着，安慰他说，元翁为国辛劳，我辈哪里不体谅呢？我们知道，这个惊天大案，元翁您是局外人，根本不知道是怎么回事的；可是，我们也知道，能够阻止这个惊天大案继续发展下去的，只有元翁您啊！

“喔……这样啊，”张居正连连作揖，说，“苟可效，敢不任？”他的意思是说，倘若我可以效力，岂敢不努力承担呢？“哈哈，叨扰叨扰！留步留步！”葛守礼和杨博目的已经不期然而达到，急忙告辞。客套话免不了的，不过彼此心境，与刚进门时说客套话的时候，已经大不同了。

于是，就有了张居正担心搞不好诬及善类、伤天地和气的报告出笼。

诬及善类，伤天地和气，这话或许是真的，但是，他说的善类，当然不是指的高拱，而是他自己和冯保。的确，如果依然按照张居正和冯保事先设计编造的所谓大案的方式进行下去的话，葛守礼和杨博一旦把他们掌握的证据公布出来，那受到追究的不会是高拱，绝对是他张居正和冯保，连同半年前的欺君矫诏大罪，说不好就要请高拱回来主持清算了！不过，这层意思，除了葛守礼和杨博，或许还有冯保，别人是不知道的。人们看到张居正态度的突然转变，还以为他从善如流呢！或者以为自己的努力发挥作用了呢！不管怎么说吧，局势朝着最高实权人物不愿意看到的方向发展了。

可是，既然已经对外公布说发生了刺客闯宫大案，总要审理、判决啊？已“查明”的物证、录下的口供，如张居正所说，“历历有据”，也都一度故意对外散布了的，该作何解释呢？换言之，该如何善后呢？

张居正烦恼万端。“唉，偷鸡不成蚀把米！”也可能是“聪明反被聪明误”！估计张居正在烦恼的时候会有这样的感叹。可是……怎么办？

张居正还不足够老练，毕竟，他独自执掌大权还刚刚半年，整别人他有一套，如何救自己他还缺乏经验——他运气好，基本上没有挨过整，过去是徐阶保护他，后来是他的生死之交高拱对他推心置腹；这次是他自己挖的陷阱自己跳进去了，乌龙了一把；所以，他一时还不知道该如何迈过这个坎儿。

受控制的司法如此掩盖真相

当张居正被国家司法首脑的怪笑搞得心烦意乱的时候，他想到了收手。不收手不行了，破绽露出来了不说，冯保那个家伙，也犹豫了！因为什么呢？

又一个老太监，七十多岁了，当着小皇帝的面，指着冯保说，“冯家，万岁爷年幼，你当干些好事扶助万岁爷，如何干这等事？那高胡子是正直的忠臣，受顾命的，谁不知道是张蛮子夺了他的首相，故要杀他灭口，你我是内官，又不做他首相，你替张蛮子出力为何？你若干了此事，我辈内官，必然受祸，不知死多少哩！使不得，使不得的啊！”

冯保沮丧万端连忙派人告诉张居正说，坏了，里边有人在万岁爷那里说话，不好办了！张居正一看，冯保打突噜了，感到坚持下去，会出大麻烦。遂决心改弦易辙。但是，收手又不能露出任何破绽，不仅不能让人对他张居正产生怀疑，还要对他生出敬仰。这确实有点难度。不过，张居正驾轻就熟的是表演，虚伪的表演！虚伪，已经成为他的常态。如果不虚伪了，那么表明他的阵脚倒可能乱了。

当送走了杨博和葛守礼以后，他开始表演了。时下，张居正坐在宽大的书桌前，怀着复杂的心情，提笔给高拱写信。

其实，张居正是有点怕高拱的。首先，高拱的人品节操、水平能力，都是他张居正难以望其项背的；其次，也是最关键的，作为堂堂首席顾命大臣、内阁首相的高拱落到今天这个地步，完全是他张居正施展卑鄙手段，违背天理良心和皇皇成宪，勾结太监矫诏欺君，构陷加害之所致。倘若露出马脚，后果不堪设想。这也是他和冯保丧尽天良要制造惊天冤案对高拱斩草除根的原因所在。可是……百密一疏啊！此时的张居正，抽自己耳刮子的心都有（也可能暗地里抽了，只是别人无从知晓罢了）！

好了，这个功夫，张居正的信也该写就了。那么我们来看看他对高拱说了些什么吧：“最近首都有点情况，一些别有用心、心狠手辣的人，想制造事端，妄图置我兄于死地！请我兄放心，小弟我一定竭尽全力设法解救，绝不允许这些小人的阴谋得逞！”当然，还有不少问安啊、想念啊等等诸如此类的客套话，时间关系，就没有必要再复述了。

信写好了，也很快就会送到高拱手里。可是，张居正的烦恼并没有少。当务之急是补救，是善后。用句不雅的话，是擦屁股！不用说，给高拱的信，也是补救的一部分。他要告诉高拱，告诉所有人的是，我，光明磊落的张居正，是阻止这个惊天冤案最终变成现实的有功之臣。可能反过来说更好，如果不是我张居正阻止，哼哼，那么高拱家族，顷刻间就烟消云散啦！京城内外，转眼间就血流成河啦！冯保哎，这个黑锅麻烦你一个人背吧，谁让你是太监呢？反正太监，尤其是参与朝政的太监，在人们心目中本来就是坏人（你也确实不是什么好鸟），你也不在乎了不是吗？嘿嘿，你小人大量，多多包涵吧！

坐在宽大的书案前，张居正一定思绪万千。这个惊天冤案、假案，来龙去脉，他张居正和冯保最清楚，但是绝对不允许别人也搞清楚。至于别人对这个惊天大案的看法，只能是张居正希望他们怎么看，他们就怎么看。但问题是，他以前是要让人们相信，这个案件非同寻常，是高拱勾结被冯保取代的太监陈洪主使的谋逆弑君大案。口供、物证，都是按照这个口径设计的，也对外张扬出去了！现在要突然间改过来，实在有点转弯太陡！

可是，不改不行啊，不改自己的命运就要改啦！转弯这么陡，事先也根本没有准备这个预案，紧急收手，确实很难。好在，权势在手，怎么可能有办不成的事呢？

或者我们可以这样设想：把那个闯宫的小混混儿一刀砍了不就行了吗？可是，这个想法，未免太浅薄了。不客气说，这是当婊子这个档次的想法。既要当婊子，又要立贞节牌坊的人，不会这样做的。换言之，处理这样的事情，如果不能给人留下光明磊落的印象，张居正会认为是失败。

这确实有些难度，有些棘手了。过去，遇到难题，有徐阶，后来有高拱，现在呢？当然，张居正有幕僚，可是，这样的事情，他不想让幕僚知道。比如他的那个老乡李先生，算是一个幕僚了，不过几天前曾经劝他不要株连高拱，他当面否认自己与这件事有关系，到了这个时候，怎么再和他说起呢？

还是找杨博吧。反正他已经知道了些内幕。更重要的是，得摸下这个老家伙的底细，看看他在掌握了铁证以后，是什么态度。

“喔，元翁啊，这个、这个……”杨博久历官场，有点油了。见张居正屈尊纡贵前来拜访，就猜到了他的用意，待他刚刚问了该怎么办，杨博支支吾吾起来。“博老，有以教我！”张居正很诚恳。“元翁，只是怕你不愿意。若元翁愿意的话，这件事，不难。”杨博说。“请讲请讲，”张居正非常虚心，“只要能够阻止东厂那些个人胡闹，维护大局，维护高老，我是在所不辞的。”

“那元翁看这样好不好，”杨博出主意说，“请大司寇（对刑部尚书的尊称）葛守礼、厂公（东厂的头）冯保，再找一位功臣硕勋，组成特别法庭，审理此案，我看就妥了。”“这个，”张居正有点担心，“真的就可以妥帖？”“绝对保证能够落实元翁的意图。”杨博肯定地说，“而且给人以开诚布公的观感，谁也说不出什么了。”“那，功臣硕勋博老看谁合适？”张居正又追问。“朱希孝是最佳人选。”杨博说。

这个朱希孝，乃是跟着朱元璋的儿子也就是明成祖夺了朱元璋的孙子皇位的功臣之后，世袭王位，而且他是“御林军”的统帅，地位、威望都很高。于是，张居正急急忙忙给小皇帝写了请示，然后又由他代皇帝批复同意，要组成特别法庭，审理小混混儿王大臣闯宫案。

趁着法庭还没有组建完成的机会，我得感慨几句。按照现代政治理念，国家的司法机关，是确保公正的最后一道防线。为了确保守住这道最后的防线，文明社会逐步认识到司法独立的必要性。独立的司法或许不可能对每一个案件都能查明真相，但是，绝对不会故意掩盖真相。可惜的是，我华夏的传统政治中，司法机关从来不是独立的机关，而是维系专制政权的工具。一旦司法是可以由权势者干预的，那么，指望公正、公平，就不啻与虎谋皮了。所以，凡是受控制的司法，必然冤案累累！

凡是受控制的司法，当权势者需要时，必然会故意掩盖真相。当是时，这个受到控制的司法系统在按照最高实权人物张居正的意志正在锻造惊天假案过程中，由于百密一疏，露出破绽，就又摇身一变，急急忙忙帮助最高实权人物掩盖假案的真相！我们现在来看看，“公正”化身的国家司法机关是如何掩盖惊天假案的真相的！

好了，现在，特别法庭的法官已经在密室里敲定了。可是，开始并不那么顺利。问题出在内定的大法官朱希孝身上。朱希孝听说组织上要交给他一项特殊而光荣的使命，不是受宠若惊，而是大惊失色！谁会想到，朱希孝，这个堂堂的“禁军”统帅，听到消息，不禁老泪纵横，哭了起来，“这个差使，我干不了啊！”他边哭边说。不知道老朱是和老婆还是和自己的谋士说了，反正后人（比如我），不仅知道他哭了，而且也知道了他何以哭泣的原因。年高德劭的朱希孝朱帅，终于感到，对成年人来说，哭是不能解决问题的。于是，他揉了揉哭得发红的眼睛，登轿直奔张居正的府邸。

趁着朱帅在路上胡思乱想，我得说说朱帅听到要他担任特别法庭的首席大法官或者说庭长的消息以后，何以惊恐万状，老泪纵横。

不是朱帅太脆弱，实在是这个案件太棘手。进而言之，实在是冯保和张居正太毒辣，朱帅害了怕！虽然张居正和冯保锻铸的这个惊天假案、冤案，自以为策划于密室、定夺于瞬间，天衣无缝，神不知鬼不觉，其实张居正要追究幕后主使者的指示（以皇帝名义）一发布，明眼人就洞若观火了！朱帅其人，虽与地方（和军队对应的概念）上保持距离，可是他毕竟生活在首都，也有些信息渠道，已经知道这是冯保、张居正为诛灭高拱家族而设计的。

张居正、冯保者流，这样的事都想得出、做得出，还有什么事情做不出来呢？朱帅怕啊！他知道，由于这个毒计未免太伤天害理，朝野议论纷纭，他们或许不敢对最高实权人物有所攻讦，但是如果顺从了张居正的意图（他还不知道其实张居正已经不得不转轨了），舆论将把矛头对准审理此案的人，那他朱家的五世令名就全完啦！顺从，伤天害理，舆论、人心不服，万世骂名难免；不顺从，以张居正和冯保的阴险毒辣，大祸临头，无处躲避啊！所以，你叫朱帅怎么能不哭天抹泪呢？

说话间，朱帅见到了国家最高实权人物。“不干？！”张居正一听朱希孝是找他推脱的，满脸不高兴。“元翁饶了我吧，老朽实在、实在难当此任啊，”朱帅结结巴巴，恳恳切切，可能还可怜巴巴的，向张居正求情。

“我还有事情要处理，你去找杨博吧。”张居正懒得和朱帅费口舌，也不知道该如何和他说；况且，张居正不是一再声称自己与这个案件毫无瓜葛吗，所以在朱帅面前还要摆出事不关己的超脱样子。朱帅一听，更加沮丧。他心里到底怎么想外人无从知晓，但是如果不是当着最高实权人物的面，他会不会又抹起眼泪来，是大可怀疑的。

可是朱帅没有办法。与组织对抗，能有什么好结果吗？这个道理，年高德劭的朱帅当然是明白的，他不可能硬顶着不干。所以，他只能去找杨博，看看组织上到底是怎么考虑的，还有没有回旋的余地。

“朱帅，别着急，别着急，没有那么可怕的。”杨博安慰说，“欲借朱帅你成全朝廷宰相之体，哪里会是坑害于你啊！”朱帅终于明白了些，不是让他跳火坑，是让他砌台阶让张居正下。“可是……”朱帅还是半信半疑。他毕竟不完全知道内幕，更不知道该如何来下手垒台阶。于是，如此这般如此这般，杨博虽然遮遮掩掩，但还是给朱帅指点了迷津。朱帅心里多少有了点底儿，这才长出了口气，决计按照杨博的指点，开始履新。

于是，以贵族世勋、年高德劭的锦衣卫首脑朱希孝朱帅为首，刑部尚书葛守礼、太监首领冯保为法官的特别法庭很快就组成了。首都内外，都得到了消息，特别法庭就要开庭审理小混混儿王大臣闯宫一案了。

因为根据张居正、冯保的授意，事先已经下了“毛毛雨”，说王大臣闯宫一案，非同寻常，物证、口供都证明，此案乃是前首席顾命大臣、内阁首相高拱，勾结被冯保取代的前太监首领陈洪幕后主导的弑君谋逆的惊天大案。这件事情按照最高实权人物张居正的说法，就是历历有据。当然，除了张居正本人，也就是冯保、葛守礼和杨博知道这是张居正说的，据说还有前期具体参与办理此案的东厂太监一两个人知道。所谓历历有据，换言之，也就是证据确凿，不容置疑啊！所以这个案件所产生的震撼力，是可想而知的。

但是，对于这个案件，也有不少人提出质疑，议论纷纭，说此案是某些阴险卑鄙的人物（怀疑冯保的多，怀疑张居正的也有）锻铸的惊天假案、冤案。再加上突然之间，最高实权人物张居正从信誓旦旦要追究幕后主使者，到公开说王大臣是无赖，没有信用可言，不能轻信他的话，免得诬及善类。不要说普通老百姓，引车卖浆者流，即使是位在中枢的中央要员们，也被这些混乱的信号搞糊涂了。

有了这样的一个背景，可以说，这个案件的真相到底如何，京城上下、大江南北，都极度关注，无不拭目以待。肩负重任的首席大法官朱帅，也深知干系重大。他早就擦干了眼泪，全力以赴投入到这个光荣的任务中去了。其实他本人，对此案也是懵懵懂懂，真正的内幕，他也所知不多。但是，有一点，作为首席大法官的朱帅非常清楚，那就是：无论如何，绝对不能查明真相！

任务艰巨，责任重大。组织上的信任，官场游刃有余的杨博的指点，让朱帅干劲倍增。他在正式开庭之前，就先行采取了行动。

是啊，新领导一上任，不得先搞调查研究吗？朱帅的调查研究，先从那个闯宫的王大臣入手。调查研究也不见得非要拉住穷人的手问长问短，得看是什么身份了。以朱帅的身份和他担负的使命，他不能去拉住人犯（注意，严格说是犯罪嫌疑人，但是为了尊重历史，就未必用这个词了）的手嘘寒问暖不是吗？于是，他委托手下一个大校（具体说是校尉），去找王大臣聊聊，摸摸底。摸底分两步。以下就是摸底的情形，当然，是我根据历史记载具体化了。

第一步：询问。

“这些个衣服、刀剑都是你的？”大校指的是冯保为这个混混儿准备的蟒绔冠服，并两剑一刀。前面说过，冯保还不惜破费珍宝，在刀剑柄首上镶嵌异宝饰物。

“是啊，怎么了？”

“你怎么有这些东西？”

“我、我不是说了吗，是陈洪给我的。”

“谁让你到宫里来的？”

“谁让我来的？是，不是那个高阁老吗，他叫我来的，刺杀皇帝。”

“你见过高拱？”

“见过。哦，不对，没有见过。”

“那他怎么叫你刺杀皇帝啊？”

“是啊，他、他没有，不过，对了，不是他家的那个管家，叫那个高福的，他叫我来的，他说是高拱说让我来的。”

“那你见过高福吗？”

“没有见过。哦，见过，见过，他还请我喝酒哩！”

询问到此打住。

第二步：辨认。

高福已经在几天前被押送京城。大校就把高福混在一群人中间，要王大臣辨认。

这一下，小混混儿傻眼了。

事实基本清楚了。所谓王大臣受高拱指使闯宫弑君的指控，完全是编造的。谁编造的呢？朱帅又进行了调查研究。这次调查研究也很简单，就是问了问王大臣而已。小混混见已经露了馅，索性就说了实话。所有的一切，是一个叫辛儒的太监，奉命为他准备的，所谓口供，也是按照他的吩咐说的。而这个叫辛儒的太监，正是冯保的近侍。

想必到了这个时候，特别法庭的首席大法官朱帅，已经胸中有数了。可以开庭了。

记得听到过这样一句戏词：“衙门好比阎罗殿，大堂好比剥皮厅。”这句戏词要看从什么角度解读了。要我看，这句戏词，至少可以帮助我们想像出法庭的威严。此刻，在这威严的特别法庭上，端坐着朱帅、葛部长和太监冯保三个由中央（也就是张居正）特别任命的大法官。一声“威—武—”的喊声，人犯、小混混儿王大臣被带到大堂。

估计那个小混混儿见到这个场面，半是纳闷，半是恐惧，战战兢兢、哆哆嗦嗦，跪在地上。“打！”首席大法官朱帅下令。这倒不是朱帅逼供，或者是法盲，实在是法定的程序就是如此。凡是人犯被带入最高法庭，先得打十五大板。估计是为了把矛盾化解在基层，不鼓励到中央上访告状的意思。倒霉催的小混混儿本来就不是上诉的，可是谁让他犯的案属于惊天大案呢，要由特别法庭审理。只要进入刑部的大堂，就得有这个程序，这顿板子他是免不了的。

事实证明，堂堂的国家最高实权人物张居正和冯保，把一个惊天阴谋的实施寄托在一个小混混儿身上，实在是大错特错了！不过呢，张居正、冯保者辈的道德操守实在不敢恭维，可能未必比得上一个小混混儿呢，所以对这样的人寄托厚望也就不难理解了。

话说法警的板子刚刚落到这个小混混儿的屁股上，就听到杀猪般的嚎叫声。十五大板还没有打完，小混混儿就大声质问大法官之一的冯保："你怎么说话不算数啊？！前几天不是和我说好了吗，只要我按照你的吩咐招供，就让我享受荣华富贵；荣华富贵不给也就罢了，干吗要打我板子啊？！"

"胡说！"冯保一拍桌子，大吼一声。

"谁胡说？说好的，给我两千金，官封千户的！"小混混儿也不示弱。

冯保脸色骤变，但还是强装镇静，话题一转，大声喝问："到底谁主使你的，说！"

小混混儿抬头仰脸，直视冯保，高声回答："就是你指使我，还问我？！"

冯保尴尬万端，勉强提了提精神，又问："你招供说，是高拱主使你刺杀皇帝的，是不是这样？"

"是你教我说的，我哪里认识高拱啊！"

"这蟒绔冠服哪里来的？"首席大法官朱帅不失时机地问了一句。

"哪里来的？你该问他！"小混混儿指着冯保，抖出了老底儿，"他，就是他叫他的家奴辛儒送给我的。"

估计这个时候，整个特别法庭里，气氛相当紧张了；所有人的目光，很可能都投向了大法官之一的冯保身上。

当下，案件到了较真儿的关口。如果真的以事实为依据，以法律为准绳，不管涉及到谁都一查到底，那现在，就该请冯保冯大法官（其实让他当大法官就已经破坏体制了，别忘了，他不过是个太监啊）回避了。即使不回避，也该当庭对质，看看冯保是不是真的指使人犯编造事实，诬陷好人。

可是，堂堂的最高司法机构首脑葛守礼，不仅明明白白地知道人犯在这个庄严的特别法庭上的招供完全属实，而且他也清清楚楚地知道，幕后主使者，就是冯保和张居正！他依法依理，应该命令就此查下去才对啊！然则，他却严重渎职，一语不发；而首席大法官朱帅倒是说话了，但是他的话是这样说的：这个人犯，坏透了！以前诬陷高阁老，现在又公然诬陷大法官，给我押下去！

开庭的情形，虽然没有电视转播，但是，完全可以相信，最高实权人物兼案件当事人的张居正，会如身临其境般清楚。张居正对朱帅事先进行的调查研究乃至其心理活动，估计应该都了如指掌。因为，这一切，都在冯保的掌握中。而冯保知道的，张居正一定也会知道。至少，在这个案件上，他们是一条绳子上的蚂蚱。

张居正会不会有些忐忑？如果是普通老百姓，甚至是相当高级的干部，自己一手策划编造的惊天假案、冤案，明知道已经露了马脚，现在开庭了，定然会寝食难安。因为这不是工作中的失误，也不是茶杯里的风波，关乎身家性命啊！而且，举国上下，多少双眼睛都在看着啊！

但是，不要忘了，司法机关不过是他这个国家最高实权人物的工具，他不会怕的。当然，他可能多少有些不安，有些恼怒，不过，他对三个大法官的表现，应该还是满意的。接下来发生的事情，冯保是不是找张居正商量过，已经无从考证了。分析起来，这样大的事，冯保不会不找张居正商量的；以张居正自视甚高、事必躬亲的行事风格，他也不会坐视不管的。

不管怎么说吧，反正第一次开庭后，冯保就命人给王大臣送去了好酒。酒是好酒，就是里面加了生漆，所以小混混儿开怀畅饮以后，就再也不能说话了。然后，把不会说话（估计这个小混混儿是个文盲，不会写字的，不然他的手可能也保不住）的人犯移交刑部。

冯保的任务完成了，该张居正上场了。他给小皇帝兼乖学生打了报告（这不过是履行程序罢了），说经过依法审讯，查明王大臣乃私自闯入宫禁，依法应该以“阑入宫禁罪”判处死刑。然后，他就提笔在自己的报告上代小皇帝兼乖学生批示：准奏！

闹得沸沸扬扬的一个惊天大案，就此审结。

“善始善终”的精彩表演

可是，作为推翻高拱，又设计毒计试图杀人灭口的幕后谋划者，张居正还不满足于胜利本身，他还要名声，要威望，光明磊落的外衣，绝对不能被剥下来！

所以，张居正的表演还没有完。

半年前，当张居正和冯保以借刀杀人之计，以迅雷不及掩耳之势，一举罢斥高拱的时候，张居正就上演了精彩的独幕剧。有理由相信，剧本早就编排好了。毋宁说，这根本就是连续剧中的一集。所以，驱逐高拱的圣旨一颁布，张居正立即就装作震惊不已的样子，声泪俱下，连声说，怎么会这样，怎么会这样?！我以我张居正的人格担保（也是，他的人格已经分文不值了），高拱绝对是个忠臣啊！陛下还是收回成命的好。

这个“成命”本身就是他张居正的，他当然不会收回。于是，张居正写了一篇堪称优秀的辩护书，用大量的事实、入情入理的分析，为高拱进行了全面而有力的辩护！

读了这篇辩护书，如果谁不为高拱有这样肝胆相照、两肋插刀的好朋友而感到骄傲，那么他简直就是木头人了！如果谁感动到潸然泪下，我看一点也不要不好意思，不是你太容易动感情、太脆弱，实在是张居正的辩护书太好、太感人！读得潸然泪下再正常不过了！

当然，这个辩护书的批示他事先也拟好了，所以他不怕，写得多么有理有据，多么有分量，都没有关系。

张居正还三番五次请求说，我和高拱情同手足，志同道合，如果说高拱不忠，那么我张居正也是不忠了；如果陛下不收回成命，也把我张居正罢斥了吧！

张居正当然不会自己罢斥自己。

但还要继续表演，直到张居正认为达到满意的效果。现在，张居正终于不再请求收回成命恢复高拱职务了，也不再请求和高拱一起下台回家了。大家都感动得眼泪流干了，这样子就可以了。所以他改变了诉求的标的：为高拱争待遇。张居正很是无奈地说，圣命难违，作臣子的，仁至义尽了，只能退而求其次吧，是不是给高拱点面子，让他坐政府的车子回家？高拱为国操劳这么多年，现在已经六十岁了，老家距此一千五百里，坐骡车，走小道，耗时费力，颠簸劳累，太可怜了啊！

当然，批示也一同拟就了：“不许！”

然后，张居正他又一次打请示，说无论如何，还是给我张居正个面子，让高拱坐政府的车子回家吧。这样三番五次表演以后，张居正才自己批准了自己的请求，给高拱发了乘公务车回家的执照。

外界虽然议论纷纷，但是也只是猜测。等看到张居正打的报告，实在是声泪俱下，谁还会怀疑他和高拱的深厚感情？谁还会认为他是幕后黑手？

现在，当以灭高拱九族为目的的惊天假案不得不收场的时候，张居正又一次展示了他杰出的表演才能！

张居正深谙专制的秘诀。在不同场合、对不同的人，张居正都不厌其烦地反复强调，他张居正乃是阻止假案、冤案得逞，保护高拱全家的功臣。如果有人不因此而表达对他的敬仰，他会觉得非常委屈。

张居正在给一个地方官的信中，就颇是为自己鸣不平，其大意如果用现在的话来表达，就是："大案发生的时候，首都内外，人情汹汹，你老兄就说，有张居正在，大家尽可放心。足见你老兄是我的知音。可惜的是，在中央工作的这些人，亲眼所见我是怎么做的，可就是没有人体会到这一点。都是受过教育、中过进士的国家干部，认识事物的差别，咋就如此大呢？！"

当然，张居正不会仅仅停留在愤愤不平抱怨别人不理解他这一步，他还会主动化解别人对他的"误解"的。请看张居正的表演：又是给高拱写信，信誓旦旦地说："有小人想诬陷我兄，置我兄于死地；不过有小弟我在，老兄就放心吧，我不会允许这样伤天害理的事情发生的！"又是到处宣扬说，是他阻止了这个惊天大案变为现实！还举例子说，不能妄攀主使者以免伤及善类的报告是他打的；以阑入宫禁罪将小混混斩首的建议是他提出的！扑灭凶焰，实在是我张居正之功！

经过张居正的这番表演，拭目以待的国人，终于知道了"真相"：一个小混混儿，擅自闯入宫中，为了保住小命儿，一会儿咬这个一口，一会儿咬那个一口，反复无常；其实就是私自闯入宫禁而已！幸而当国执政的张居正英明伟大，以高超的领导艺术，驾驭局势的无比才干，避免了善良的人们不愿意看到的事态的发生，平息了一场风波。

这就是真相了！历史的本来面目似乎就是如此了！

到了这个时候，尽管人们不敢相信但是确实发生了驱逐高拱、诬陷高拱并铸成惊天假案以后，张居正仍然保留着高拱的"生死之交"的身份。这个身份，甚至一直保留到高拱去世。

此后的近七年间，高拱在家乡，因惊惧、愤懑，身体一直不好，心情可想而知。张居正还不断对他的"生死之交"问寒问暖、寄药访医。后来，当他唯一一次衣锦还乡路过河南，来回都特意改道前去专程看望了高拱。高拱含冤死后，张居正“哀恸不已”，又出面替高拱申请政府丧葬补助。真可谓“仁至义尽”了！

另一位和张居正的仕途官运有更大关系的人——恩师徐阶，也和张居正保持着密切的联系。曾经，张居正暗地里施展权谋，驱逐了他的恩师；曾经，为了存两利，张居正挑动高拱报复徐阶，给他造成极大伤害。但是，这一切，都是秘密进行的，徐阶或许有觉察，他是不是会相信是真的，说不好，反正张居正和徐阶的师生之谊，从来不曾中断。在繁忙的工作之余，张居正至少给徐阶写过三十多封信。后来，张居正病重，八十高龄的徐阶，还从家乡给他找了名医，来为自己的学生治病。在张居正即将离开人世的时候，他还在记挂着自己老师的八十岁寿辰，挣扎着为老师写了一篇祝寿文。

阴谋搞垮自己的前任，不管是恩师还是密友，张居正不是第一人，整倒自己的前任以后又编造假案，企图从肉体上把对方斩草除根，也不能说绝无仅有；但是，从自己的前任被整倒，直到其死去，一直以近乎亲人和朋友的面目出现，以辩护者、保护人的身份展示于世人的，恐怕就只有张居正其人了。

有必要强调一句，高拱的人品操守、胆识才干、改革意识，都是张居正所远不及的。他是在坚持正义、维护公理的斗争中被邪恶势力打倒的。而在这场斗争中，高拱始终以反对宦官干政为旗帜、以太监冯保为敌人，从来没有把张居正看作是对手，甚至还将其引为同志。可见，张居正的虚伪表演是相当成功的。

在专制、人治的官场，偶尔进行作秀甚至进行虚伪表演，不足为奇，可是，虚伪表演坚持如此之久，如此“善始善终”者，恐怕也只有张居正其人了。此人城府之深，绝对是深不可测啊！

第4章

各得其所

以性和利维系的权力格局

张居正当国后，由于万历皇帝年幼，国家最高权力格局，是首相张居正—太监头子冯保—年轻的李太后构成的“铁三角”。这个格局一直维系到张居正去世。是什么力量使得这个权力格局如此稳固？以至于皇帝已经成人，仍然处于被操纵的地位！为什么政府首脑和大内总管之间能够里应外合如此默契？一个个谜团等待我们一同去解开。

打开权力迷宫的秘钥

我想直截了当地说，要想打开张居正掌权后大明帝国中央政府的权力迷宫，不得不说到“性”这个关键词！听了我的这个说法，千万别以为是本人从俗如流，也要赶时髦，发掘出一则花边旧闻来，吸引读者眼球！

不是的。在大明帝国隆庆、万历两朝更迭交替之际，当迅雷不及掩耳的政变发生以后，历史就被锁在了重重迷雾中了。如果能够解开一个大谜团——张居正和年轻的李太后是不是有奸情，那么当年发生的一系列重大事件，或许就有了新的解释，一个个更大的谜团也就随之解开了。

干脆，还是先把更大的谜团说出来吧。

到现在，我就始终搞不明白，或者文一点的话，叫百思不得其解的是：在隆庆皇帝尸骨未寒、万历小皇帝刚刚登基六天的情况下，为什么仅仅凭冯保添油加醋的一句话，就把深得隆庆皇帝信任并执手托付天下的首席顾命大臣、内阁首相高拱一举罢黜？如果年轻的李太后不点头，张居正和冯保的阴谋是难以得逞的。可是，李太后分明是知道她的亡夫生前对高拱无以复加的信任、依赖程度的，向高拱托付天下的场面，她也是亲眼见证的。高拱的道德操守、才干能力，对国家、对她老朱家的忠心耿耿，她也应该是清楚的。难道她真的怀疑高拱政治上不可靠吗？

还有一个更大的谜团：张居正死的时候，李太后也还不到四十岁。万历小皇帝对他的这个生身母亲一向是言听计从的，而李太后教育小皇帝的话，归根结底就一个意思：乖乖听张先生的话，凡事该由张先生做主。他们母子在公开场合从来不直呼张居正的名字，而是尊为张先生，这在历史上不说绝无仅有，也十分罕见。要知道，皇帝和臣下的关系，如同父子，皇帝是父，臣下是子，口头和书面，都称呼臣子为先生，就此一例。在李太后和张居正的严厉训导管束下，万历小皇帝慢慢长大，该“亲政”了，可是，李太后还是说，听张先生的，等到你三十岁以后再说。没有等到万历皇帝长到三十岁，张居正就死了。身后的哀荣当然相当可以。然则，转眼之间，就遭到了清算，只差焚尸扬灰了。这个时候，李太后呢？她什么态度？为什么没有李太后在这个事件中只言片语的记载？如果她坚决不同意（按说应该是这样的），那么，是不是还会发生清算张居正的事件，值得怀疑；至少，对张居正的清算，不会如此决绝。

历史就被锁在这样的迷雾中，让人看不到真面目。所以，张居正和李太后是不是有性关系，这个谜团，非解开不可。

或许会有人说，只要白天的事办好了，晚上的事就不要管了吧；看人看他的贡献就可以了，其他的就不必计较了。我不完全同意这些观点。但是，我之所以写这个题目，绝对不是要发掘历史上的风流韵事，管人家夜里的事，也不是想以此说明张居正的不堪。不是的。有两个方面的原因。第一点：我不愿意把历史概念化，人物脸谱化。似乎用阶级观点一分析，把经济基础搞明白，就等于把历史规律把握住了，就把历史真相搞明白了。我认为这还不够。要探究历史人物的本来面目，不能忽视人的本性、本能。也可以说，这是研究历史特别是历史人物的新思维、新尝试。第二，更重要的，要通过对这个问题的探究，解开更大的历史谜团。在历史表象背后，隐藏的真相到底是什么？恐怕需要新角度、新方法。所以，写这一章的目的既不是猎奇，也根本不是以此对有关人物进行简单的道德评判。

我们的土祖宗有句话，叫“食色，性也”。我们后来认的洋祖宗有条原理，就是历史唯物主义。如果土洋结合的话，那对“性”就不能不予以关注了。实事求是地说，研究历史特别是研究掌握权力的人物，如果完全回避或者忽略“性”，很可能与历史真实背道而驰，至少，就会变得概念化、教条化。君不见，直到现在，贪官中的男人，只贪不色的，有几个？

这么说吧，权力与性，可能是青梅竹马的“发小”吧，反正挺近乎的。柏杨先生在《化淫棍为圣明》一文中就说：“一旦崇拜权力，就不能崇拜是非。有权的就有理，不但没有人敢吭一声，还更进一步的替有权的朋友制造理论根据。”在这个背景下，“有权的朋友遂洪福齐天，而化淫棍为圣明”了。这些话是针对皇帝后宫粉黛三千说的，推而广之，凡是有绝对权力的人，在权力崇拜的氛围下，要他不成为淫棍，也很不容易。

综上所述，我的意思除了为自己写这个题目辩白一番免得被正人君子无端耻笑外，更重要的是要说明，对一个权势人物的了解，完全忽略了“性”，很可能会大而化之，脸谱化了。至少，相当不全面、不深刻，不能还原其真面目。

不过，请允许我再说得全面些，免得被人抓住把柄。

刚才说了，性和吃饭一样，是人的本能。这是老祖宗的教诲了。我理解，这也是符合唯物主义观的。当然，对待性，由于历史、文化、风俗不同，不同时期不同地域的人们观念和行动应该是不完全相同的。比如我们国家，据说在宋代以前，性方面是相对开放的。假如张居正和李太后不是生活在明代，这个题目就根本不存在了；换言之，如果他们生活在别的时期，或许我们不需要怀疑他们之间的奸情，这件事也构不成一个谜团的。

看看魏晋时期的宫廷，皇后太后公主，和文武大臣乃至警卫通奸的，比比皆是，争风吃醋的事，经常发生。唐代也有魏晋遗风，武则天的表现，就不用我再细说了吧。还有一个有名的公主，她就公开说，皇家的男人可以玩那么多女人，那我也得玩多多的男人，这才公平（不光是说，还真做了）。武则天的儿媳妇韦皇后更有意思了，她在宫闱和大臣对弈，皇帝老公观看，下完棋就在床上颠鸾倒凤一番，皇帝老公也不计较！

到后来，又出了圣人，说应该存天理灭人欲，男女该是授受不亲才对。逐步地，大家就学会收敛了，至少，表面上如此。有关的防备措施、出了问题以后的舆论谴责等等，都跟上来了。还有的干部，认真学习圣教贤训，觉悟不断提高，不为美色所动，绝对的正人君子。这些，都不可否认。

但是，别忘了，在人治官场，专制社会，权力、地位与其所受的监督程度成反比。权力越大、地位越高，受到的硬约束、刚性监督越少。这就容易出问题了。出问题的不是普通人，而是掌握权力的人，那问题就越发值得重视了。

如果从这些角度去分析，张居正和年轻的李太后有奸情，可能性很大。而正是性，而且只有性，才可能起到维系李太后和张居正关系、进而维系权力格局稳固到如此程度的独特作用。

非常之人敢做非常之事

要说张居正和年轻的皇太后有奸情，确实有点危言耸听。老实说，这样的事情，一般人是连想也不敢想的。要说张居正敢做出这样胆大包天的事情来，就得对人性、对参与者的胆量做点分析了。我必须先声明：说张居正和年轻的李太后有奸情，并非空穴来风，也不是现在才有人提出这个疑问。

有这样两句诗：

艾自修自修不修白面书生背虎榜

张居正居正不正黑心宰相卧龙床

前一句提到的艾自修，即艾穆。他是张居正的同乡，后来因为弹劾张居正受到报复，下场颇惨。他的字叫自修。科举年代，及第的考生都要公示（张榜公布），排在最后的，就谓之背虎榜。知道了这个背景，这第一句诗的含义就很清楚了。调侃的意思，更重要的是为了引出后句话。

后一句的意思不用解释就非常明白了：张居正和李太后有奸情。当然，这是野史，只能参考。关键在于，说张居正和李太后有奸情，证据何在？老实说，我提供不出来直接的证据。逻辑上说，也不可能留下什么直接的证据。想想看，即使是现在，即使是一般人，不经常有“捉奸捉双”“捉奸在床”的说法吗，还有雇请私家侦探跟踪的，说明这样的事，拿到直接的证据是相当困难的。

张居正和李太后是什么身份？他们做这样的事，一定安排非常周密，行动相当绝密，根本不会让人知道。或许贴身的心腹会知道，但是绝对不会露半点风声的。显然，就谈不上有人跟踪，事实上也没有人敢这么做，更不用说会出现捉奸在床的场面了。

既然没有证据，在当时，谁又敢胡乱猜测呢？或许有人怀疑，但是他绝对不敢说出自己的怀疑。不要说正式场合不敢，私下的场合也未必敢。要知道，张居正的统治手腕是相当残酷的，对干部的监督（严格说是监视）力度不小。曾经有这样一件事：一对夫妻夜里敦伦（现在的话叫做爱），边做还边说着颂扬张居正英明伟大的话。

奇怪吧？更奇怪的是，这样的事情，就能在京城传开。所以在床上乱说话也是危险的。只有下属都人人自危，那么高高在上的统治者才会安安全全。全社会都被监视，那么最高实权人物就可以为所欲为。

前面说过，高级干部如果没有刚性监督，就有可能张扬本能。何况掌握着生杀予夺的绝对权力、不用担心有任何人敢盯梢和跟踪的领导人呢？

具体到张居正，在追求女色方面，他的欲望是强烈的。换言之，他有条件不必那么压抑自己的本能。而这是有历史记载的。至少，戚继光就给张居正送过美女；而张居正的管家游七，则善于为张居正打理这方面的事务，颇受张居正的信任。

张居正以五十七岁之龄，无重疾（正史记载是因为痔疮）而殒命，颇受议论。有两种流行的说法。第一种说法，是因为操劳过度。张居正日理万机是事实，但是，不能忽视了这样的事实：行使权力可以给人带来快慰。有的领导在台上精神焕发，一退休就精神萎靡，甚至郁闷而病，不治而亡，就是这个道理。所以这个说法未必那么可信，至少也不能完全相信。第二种说法，是纵欲过度。据说张居正好女色，但是随着年龄增长，力不从心，于是就靠“伟哥”（春药）助力。“伟哥”服多了，就浑身发燥。据说张居正大冷天不戴帽子，还觉得燥热难耐。后来更因为“伟哥”吃多了，脱肛难治。对外只说是痔疮，全国的名医都请到医治，还是无力回天。这个说法也不能完全相信，但是绝对不能认为是胡编乱造。

也就是说，张居正是好女色的，甚至到了不太顾忌自己身体的地步。

那张居正有没有这个胆量呢？有的。张居正这个人，性格里胆大妄为的成分相当突出，想人所不敢想，为人所不敢或者不愿为，敢冒天下之大不韪！

倘若不是这样，他不可能一举打垮高拱，也不至于编造惊天假案试图加害高拱；更不会在他父亲去世的时候，不顾伦理纲常，照样在北京上班！当然倘若张居正不是胆大包天的人，可能也不会成就他一番功名伟业，成为所谓的“宰相之杰”。

由此可见，张居正有好色的毛病，也有这个胆量；而他权势在手，几乎不受监督，这些因素结合在一起，在不会承担什么后果的环境下，张居正完全有可能会做出和李太后通奸的事情的。

这样做，一来是好色，更重要的是，尝尝和皇帝的女人颠鸾倒凤的滋味，那一定非常刺激，此非常人所能及。对张居正这样的人来说，非常之人、做非常之事（这是他的名言），做了，就证明自己是非常之人，就可以证明自己的成功。

当然，最为重要的是，通过和年轻太后的性关系，可以稳定权力格局，促成自己的独裁，那就更值得冒风险了！对张居正其人来说，为了权力，没有什么事情不可以做。

偷情成正果的太后很有偷情的冲动

那么，李太后呢？她有没有这个需要？有没有这个胆子呢？毕竟，这样的事，一厢情愿是办不成的。那么，先看看李太后是不是有这个方面的愿望吧。可是，不要说现在，就是当时，可以见到李太后的人，你问她是不是有这个愿望，我敢保证，她绝对不会说求之不得。

所以，我们只能进行心理分析。

其实，我们从理论上说，通奸的事能不能办成，心理分析非常重要。不妨允许我来点儿纸上谈兵：男女之间有奸情，绝对不会是见面就说我们上床吧，应该是需要一个过渡的，总要捅破那层窗户纸才会有实质性进展不是吗？而能不能捅、什么时候、以什么方式捅破这层窗户纸，应该是建立在心理分析基础之上的。换言之，那个急于捅窗户纸的一方，要揣测对方的心理，然后才可以付诸行动。

所以，通过对李太后进行心理分析，看看她是不是有这个欲望、这个胆量、这个条件，就可以得出一半的结论了。我看，想搞明白这种暧昧的事，也只有先从这里入手。

要说起来，这个李太后，名字据说叫香儿，其实是"农民工"子女。她的父亲李伟李国丈，是农村的一个泥瓦匠，后来到首都打工，混碗饭吃。估计这个李师傅还有点技术，混得不错，把老婆孩子接来了，慢慢的，也就变成城里人了。命运的安排吧，出身卑微的李姑娘，就遇到了当时还是裕王——嘉靖老皇帝存活的儿子中的长子——的隆庆皇帝。李姑娘想来是有些姿色的，在裕王府里当侍人（在普通人家就叫丫环或者佣人），不知道怎么回事，就和已经有了老婆（正房）的裕王勾搭上了。

裕王这个时候具有潜在接班人的身份，处境十分微妙，甚至也可以说很危险，这个话题就不展开了。总之，在裕邸的岁月，裕王处处要装得非常恭谨、非常正派，果然也在朝野树立了公认的好皇子的形象。应该说，这个时候裕王行事是非常收敛、谨慎的。

我的意思是说，这个时候能够和裕王勾搭上，说明这个李姑娘有姿色、有手腕儿。当然，或许是裕王主动的，李姑娘半推半就也未可知。不管怎么说，李姑娘的地位、身份，是偷情偷出来的，她有这个经验，也确实尝到了甜头。

"农民工"子女李姑娘，由丫环一跃而成了王妃，再晋升皇妃、皇贵妃，继而晋升皇太妃（这个晋升她宁可不要，对皇帝的老婆来说，加上一个“太”字，不啻是寡妇的代名词），又以小皇帝生母身份，晋升为太后。虽然她在地位上排在正宫皇太后之后，但是母以子贵，没有孩子的正宫陈后，早在隆庆皇帝活着的时候处境就已经是如同冷宫了；此时的陈后，更是孤灯枯坐，悄无声息了。

也就是说，如果李姑娘不和裕王偷情，哪里会有这些荣华富贵啊？！

不过，千万不要因为李姑娘出身卑微，就看不起她。这个女人挺自强的。那个时代，即使是大家闺秀、富家小姐，肚子里也未必有什么墨水。可是，人家出身卑微的李姑娘，却颇有才学（是不是先跟着裕王、后跟着张居正学的呢，存疑），有明史专家称她“熟读书史”，属于“文化层次较高”的女人。据说明代文华殿高悬的“学二帝三王治天下大经大法”匾额，就是这个“农民工”子女的手笔。当然，不是说挂谁的题词谁的学问就大、书法就好，她要仅仅是农民工子女，写得再好恐怕也挂不到宫廷的大殿上；但是能够拿出手、挂出来，至少说明人家不是文盲，而且挺有勇气！

一般说来，有学问、爱读书的女人，与大字不识的村妇相比，内心要敏感丰富，情感需求要强烈些，更容易产生些多愁善感的情绪。况且，她偏偏在很年轻的时候，就成了寡妇。

这个李太后，说是太后，其实她当时（张居正当国之初）也就是二十大几的年龄。可以说是年轻的寡妇。和张居正相处的十年间，正好是三十岁至四十岁之间，从生理学的角度分析，可谓正处在如狼似虎的年龄段上。

还有一点不能不说说。这个女人可不是偶承雨露，生下龙子；她和那个好色的老公隆庆皇帝生活了十多年，生育了男男女女好几个孩子，真正享受过鱼水之欢。如果她不懂床笫之间的一些功夫，皇帝那么多女人，何必总和她上床？至少，有姿色的李姑娘，在床上不会如同木头人儿，把床笫之欢搞得乏味不堪。这一点是可以肯定的。

这样的细节也不能忽视：隆庆皇帝根本不愿意在国家的事上花费精力，他认为有高拱管完全可以放心，甚至他可能觉得高拱管比他亲自管只会更好，所以就愿意在男女之事上殚精竭虑。以至于他刚刚坐上龙位不久，就有负言责的“议员”公开提出指责，说他沉湎于“鳌山之乐”，令人失望。好色的隆庆还有一个爱好，就是喜欢春宫图。不仅要图画，而且餐具上也特制了春宫图。想像一下，他难道仅仅是为了鉴赏？很可能会和颇有情趣的李姑娘在床上模仿一番的。那么，李姑娘受到这方面的熏陶，就比一般的女人要多。隆庆以三十多岁的年龄就宾天了，李姑娘独卧深闺，闭上眼睛会不会脑海里很容易就浮现出那些令人魂魄荡漾的图景？

还有，李姑娘对自己的老公（当然不是她一个人的老公）当上皇帝以后沉湎女色（不总是沉湎在她的床上），是有怨言的，很生气的。但是她无能为力。现在不同了。她的儿子是皇帝，她是皇帝的法定监护人，没有人可以不看她的眼色行事，也没有人敢对她指手画脚。那她会不会有些报复的心理呢？

也就是说，从李太后的年龄、经历看，她有这方面的需要是肯定的。

那么她有没有这个胆量呢？应该说，这一点非常重要。实事求是地说，恐怕人张扬本能的愿望多多少少都会有，区别在于是不是付诸行动了。而是不是行动，取决于多种因素。在其他条件具备的情况下，胆量可能就成为关键因素了。我坚信，李太后有这个胆量。

有专家对李太后的评价是："有政治识见，且能担当决断"。这是著名明清史专家韦庆远先生的研究结论。

我相信韦先生说的决断应该是指对国家大事，政治上的。但是，可以担当决断的女人，如果有了某个方面强烈的欲望，有动力的驱使，她也应该有胆量决断的。况且，她和张居正一样，有冒天下之大不韪的勇气。据韦先生的说法，其实张居正勾结冯保矫诏，发动罢黜高拱的政变，李太后是参与者。

前面说过，高拱除了脾气不好、太耿直以外，几乎是难得的近乎无可挑剔的超一流的政治家和忠诚的干才。李太后的夫君对高拱的信任（甚至有崇拜的成分）和感情，是史所罕见的。但是仅仅在她的夫君执高拱之手托付天下几天以后，李太后就敢和张居正、冯保冒天下之大不韪，以根本站不住脚的所谓理由，打发高拱狼狈去国，可谓敢作敢为。

那她还有什么不敢做呢？如果她特别需要的话。要知道，现在她一切都有了，该有的和不该有的——比如她的太后尊号，就是张居正打破祖制破例让她与正宫皇后"并尊"的——都有了。荣华富贵，权势地位，作为女人，绝对是登峰造极了。

唯一让她心烦意乱的，就是那些令人春心荡漾的图景，那些曾经消受过的鱼水之欢的场景，总是挥之不去，不时浮现在这个不到三十岁的年轻女人的脑海里。

她曾经因为偷情而得到了一个女人所能够得到的一切；而有了这一切，她还想偷情，就可以理解了。因为，偷情的后果不是失去这一切，恰恰是可以进一步巩固这些成果。

蛛丝马迹旁证确凿

有一个事实先得说说：张居正和李太后，很早就熟悉了。早到什么时候呢？在李姑娘还是佣人的时候，俩人就已经熟悉了。这个因素很重要。

张居正和高拱，都曾经是李太后的夫君隆庆皇帝的老师。在裕邸待的时间很长。高拱全力以赴在裕邸九年之久，张居正稍晚些，也有几个年头。大概李姑娘还是十三四岁小丫头的时候，高拱已经是裕王须臾难离的老师、保护人了（接班人之争，暗潮汹涌，高拱周旋维护裕王不遗余力）。张居正也随之到了裕邸。这个时候李姑娘十五六岁，大概已经到了裕邸当侍女了。相信一个佣人，见到主人的老师，恐怕是不需要回避，也不需要拉上帘子的。

高拱是个不解风情的人，他在政治上绝对是坚定的改革派，勇气、毅力令人钦佩（非张居正所能比），可是在生活上，则是保守派，或许他对女人是祸水的古训还信守不疑呢。高拱没有儿子，而且一直引以为憾，可是别的女人想给他生儿子，他虽然动心，可就是不行动。以此推断，高拱对李姑娘，可能有点看不起，说不定还批评裕王不该和李姑娘偷情呢！李姑娘和裕王偷情，生育了后来的万历皇帝，可是，这个消息一直是严密封锁的。直到裕王当了皇帝，这个秘密才公开，而且才给孩子起名字！

至少，高拱是不会讨好女人的，甚至可以说，是不把女人放在眼里的。张居正则不同，他有七个儿子，终生喜欢享用美女。

从年龄上说，高拱比张居正大十多岁，比李太后的父亲还要老。一个十三四岁的半大女孩子，见到四十大几的邋里邋遢的男人，一定会把他当成一个老头儿；而张居正则三十岁出头，在女孩子尤其是挺自强的女孩子的眼里，恐怕是成熟男人的印象，容易有好感的。

高拱不修边幅，胡子拉碴，不怒而威；而张居正非常讲究生活质量，从来都是衣服熨得折缝分明，长须梳理得一丝不苟，给人以儒雅、俊朗的感觉。

高拱直来直去，性情中人；张居正则沉稳老练，显得成熟稳重。相对的，女人是喜欢张居正这样的男人的。而且李太后的父亲、弟弟是比较猥琐的男人，她的老公隆庆皇帝也瘦骨嶙峋，没有俊朗雄姿，难得见到张居正这样儒雅俊朗的男人，李姑娘春心荡漾，也属人之常情。

我的意思是说，其实李姑娘早就对张居正有好感。对高拱，李姑娘可能有点害怕，在他面前可能会有点自卑感（隆庆皇帝还自卑呢）。当然，如果隆庆皇帝不死，是不会发生后来这些令人难以想像的事情的。如此看来，张居正和李太后，一个有情，一个有意，眉来眼去搞到床上是水到渠成的事。

当然，也有人会质疑：宫禁甚严，岂容造次？也是，所谓成也萧何、败也萧何。他们有可能通奸，因为他们的特殊身份；他们很难通奸，也是因为他们的特殊身份。这当然是不容回避的。就是说，张居正和李太后通奸，是有很大障碍的。确实，按照我的看法（也许不符合实际），做这样的事情，地位越高，越不如普通人方便。实际上，按照制度，作为顾命大臣、内阁首相的张居正，和母仪天下的李太后，连直接见面也是不可能的。不是不能在一起，而是不能直接面对面，中间要有距离，还要拉上纱帘儿，隐隐约约、影影绰绰、雾里看花，出这个效果才可以。所以后来有所谓垂帘听政的说法。连见面都不能，怎么可能上床？

然则，我们后人（包括我们的后人），千万不要被所谓的制度所迷惑。如果我们相信了制度，把制度的规定当作真实的历史，或者按照制度去看历史，那才是绝对地上当受骗，不说南辕北辙，也可以肯定的说，陷入了误区。

别的不说，就说用人吧，稍有常识的人都知道，制度规定的是很严密的，可是实际上呢，说不定是花钱买来的、或者在情人儿的床上定下来的呢——所谓枕边风是也，趁着领导高兴，为自己的亲朋好友提出个要求，领导权力在手，当即满口答应，马上运作！在这里，制度只起到为权钱（色）交易披上合法外衣的作用。在人治国家、威权社会，制度，是比最温柔的女人还要温柔的。

也正因为如此，人治的官场，身在其中者是很累的，你不知道制度该不该遵守，该怎样遵守。有时候遵守了，倒霉，可是有时候不遵守了，也倒霉；有时候他不遵守反而得好儿，你不遵守却可能倒霉。你隐隐约约知道有潜规则，可是，你又不那么自信可以准确把握，不知道该什么时候用；有时候他用了灵，你用了未必灵，此时用了灵，彼时用了未必灵，这个领导那里用了灵，那个领导那里未必灵！累不累？整天不工作也累你半死！话扯远了。我的意思是，观察、研究人治官场，千万不要唯制度论！如果相信了制度，那这个题目也就不必立了。

前面说过，宫禁严，确实是的，可也未必严到纹风不动。连王大臣这样的混混儿就能够擅入宫禁，而且他不是唯一的一个。可见所谓的严，并不像制度上说的，天衣无缝、滴水不漏。何况，张居正和李太后，他们一个是后宫的主宰，一个是外庭的主宰，还有沟通内外的大内总管冯保为之创造条件。是的，我推测（依据容稍后提供），他们的事情，冯保知道，张居正的管家游七知道，李太后的贴身侍女徐氏知道。他们共同为张居正和李太后创造条件，岂不是东风浩荡、万事大吉了吗？

建立在心理分析和纯粹逻辑推理基础上得出的结论，是不能完全令人信服的。对此，我是清楚的。那就必须拿出些证据。可是，如前所述，以张居正和李太后这样特殊、敏感的身份，做出这样暧昧的事情，怎么可能会留下什么证据呢？然则，不能忘记我们中国有这样几个“古训”，所谓做贼心虚，又所谓欲盖弥彰，还有所谓此地无银三百两。找出蛛丝马迹还是完全可能的。

说张居正和李太后是政治上的夫妻或者情人，不会有人反对。而且他们的政治蜜月，长达整整十年之久。可谓珠联璧合，亲密无间。用明清史专家韦庆远先生的话说，张居正、李太后和冯保，是“政治铁三角”。而且出人意料的，这个关系在张居正当国的十年时间里一直维持良好。这个现象打破了人治官场、威权社会的权力游戏规则，是极为罕见的。

要知道，这三个人，都不是什么坦荡君子，更不是豪放大气的人，对权力、利益都有强烈的欲望。如果说，在对待高拱的问题上，因为利益一致，他们联手行动，是完全可以理解的话；那么，在夺到权力以后，没有发生权力再分配的争斗，以后也没有产生什么矛盾，那就相当令人搞不懂了。

这究竟是怎么回事呢？看看情况再说。

先说说李太后，她为什么不要权力呢？李太后同意、也可能某种程度上参与了张居正和冯保罢黜高拱的阴谋。为什么要搞倒高拱呢？李太后能够说出来的冠冕堂皇的理由是高拱总想自己做主，而不许他们母子做主。

暂不说这个理由根本就是站不住脚的，也是公然违背“宪法”（不成文宪法，即所谓成例或者祖制）的，退一万步，就说这是事实，能够成立，那么，为什么先帝执手托付天下的首席顾命大臣在皇帝年幼不能亲政的情况下，凡事做主是不能允许的；而罢黜高拱以后，李太后却反复强调，凡事要张居正做主？甚至按照“宪法”，万历皇帝应该亲政了，李太后还是不允许皇帝做主，只能乖乖听张居正的？！

不让皇帝做主，那李太后自己呢？她“有政治识见”，能够“担当决断”，可是，除了管束万历皇帝不许他做主以外，似乎没有看到她有什么政治“决断”。甚至皇帝结婚的事情，她说了，也不算，还是听张居正的。是有过那么几次，李太后似乎有“决断”：张居正要求按照分配的名额处决犯人，李太后觉得时机选得不好，不同意，可是，最后都是按照张居正的意见办了。

因此对张居正来说，李太后实际上扮演着一个称职妻子的角色（相夫教子）。

还有一点不能不特别指出：在当时，对朝野公开的一个事实是，李太后是和万历皇帝同居一室的。为什么要特别把这个“实事”公之于众呢？这不符合常理。第一，宫闱的事情，尤其牵涉一个年轻的寡妇、堂堂的皇太后的起居，要说是不宜公开的。第二，更重要的是，这样的公开，对万历皇帝的威信是极大的损害。

是的，可以说，公开这个秘密是为了说明李太后管束皇帝不遗余力，要致君尧舜上；可是，另一方面，是不是会让人对万历皇帝的品德、自制能力产生怀疑呢？如果没有母亲和他同居一室，似乎万历皇帝就会胡作非为。这样有损皇德圣誉的事，哪里应该公开呢？而且反复讲，不断提及，有什么目的呢？

那只能说，为了掩盖另一个不可告人的事实。说白了，所谓此地无银三百两是也。

再说冯保。这是个有政治野心的太监。按照常理，张居正勾结冯保，罢黜高拱以后，无论出于什么动机，压抑冯保为首的宦官势力，都是符合逻辑的选择。可是，张居正没有，他对冯保的态度，令人费解（容后单独叙述）。

有一点可以先在这里说说：张居正对冯保，始终是巴结讨好，卑躬屈膝。这和他对待中央高级干部动辄训斥甚至迫害的严峻、刻薄的态度，形成鲜明对照。

张居正是国家的最高实权人物，他不怕皇帝，恰恰相反，皇帝非常怕他！他更不怕“议员”，对同僚、下属也是颐指气使，咄咄逼人。但是他怕冯保，对冯保毕恭毕敬、讨好巴结不遗余力！那只有一个解释：张居正、冯保和李太后，他们各得其所，各有所求。进一步说，互有把柄在对方手里。

可以说在这个小集团里，张居正得到了权力，冯保得到了利益，那李太后得到了什么？有什么动力，可以促使她以抑制自己的皇帝儿子、拱手将全部的权力交给张居正行使作为唯一的职志，而张居正又并非外戚？历史上太后压制身为皇帝的儿子的事情有过，但是，不是为了自己行使权力，就是为了自己的娘家人行使权力，或者为了自己的情人面首行使权力。显然，李太后和张居正的关系，超过了血缘关系。俩人是什么关系呢？不言而喻了。

让我再提供一个间接的证据。李太后的贴身侍女徐氏，也就是一个大字不识的村妇。可是，张居正这个一向标榜赏罚分明并以此作为其执政理念的人物，却对这样一个村妇侍女关照有加。第一，他封（当然是以皇帝的名义）这个村妇为佑圣夫人。别小看"夫人"这个称呼，在那个年代，对一个女人来说，除了沾丈夫的光获得什么夫人的封号，极少有女人有此殊荣！这比男人获得公侯的封爵还要难。更有甚者，张居正还亲自安排，破格升任徐氏的儿子担任锦衣卫的指挥佥事！相当于总司令助理或者参谋长啊！

这里我得交代一下。在那个时代，当官只能是通过科举考试。中了举人（可以做小官，个别运气好的到最后可以当个市长级）、进士的才可以。如果没有这个资格，想当官，不管谁的儿子，那是没有办法的。但是，也有一个恩荫制度，就是对于对国家有贡献的高级领导干部，皇恩浩荡，可以荫其一子为官。不过，一般是一些杂职虚衔，而且多半安排在军队里。像严嵩的儿子严世蕃（应该说这个人很有水平的，尤其善于应对嘉靖皇帝云山雾罩的批语），通过这个途径当上副部长的，简直就是例外了。

瞧瞧，中央主要领导干部的待遇，侍女徐氏居然就能够享受得到！而且，安排得还相当不错。要知道，那个年代，就是中央领导干部的儿子，依法可以享受恩荫的，获得的职位，也未必可以达到这个位置。倘若那个时候可以花钱买文凭，估计这个徐氏的儿子，说不定还可以弄个市长（知府）、省长（巡抚）或者副部长干干呢，张居正当然有这个能力和办法安排的！

我必需再提醒各位一句：张居正是很注意自己的形象的，如果仅仅为了搞好和李太后的政治关系（本来就不错），或者讨好李太后，有必要如此吗？至少，没有必要如此过分吧？原因很清楚：徐氏掌握他们的秘密；而且对他们的通奸，提供了帮助。这是封口费。

还有，张居正的管家游七，十分招摇（容专题叙述），张居正没有听到任何反映？他似乎从来未加管束。超乎寻常了。这些迹象都表明，张居正和李太后有奸情，毋庸置疑了。

那么，更大的历史之谜，就可以揭开了。

正是李太后对儒雅俊朗的张居正春心荡漾，流水有情，在关键时刻，毫不犹豫地赶走了超一流的政治家、不怒而威、不近女色的大胡子高拱，把权力毫无保留地委托给了张居正。鱼水之欢的享受，使得李太后不惜全力压制自己的亲生儿子，不准许他从张居正手里收回本应属于他的权力。但是，在张居正死后，她终于知道了张居正还在外面有不少年轻貌美的女人时，爱化作了恨……

或许不会如此简单。但是，绝对不能忽视这个关键因素的。性，维系着权力格局的稳固，没有什么元素比这个更有效的了。

当然，张居正对自己的情人儿也很上心，该想到的，都替她想到了。比如，按照“宪法”，李太后只是丫环出身的妃子，不是正宫皇后，她的身份应该比正宫皇后低很多的。可是，张居正打破常规，给她上的尊号和正宫皇后都是加两字徽号的太后。现在说起来，这样的事情很简单，但是在那个时代，这是公然违背“成宪”、祖制——也就是“宪法”的，政治风险是很大的啊！

平时，张居正对李太后娘家人，也想方设法予以关照。不妨说一个故事。

故事发生在万历五年的冬天。这一年，首都北京格外寒冷。市民们早就穿上了厚厚的棉衣，缩着脖子溜溜达达，或者引车卖浆，忙着各种工作。首都卫戍部队某部——按照今天的说法，具体什么部队、什么叫法，不考证了吧——的军士，突然聚集在闹市，纷纷脱下身上的军装，有的摔之于地，脚踩手撕；有的高高举起，当空挥舞；有的干脆就用利刃挑破，展示于围观群众之前。

是不是发了传单，我拿不准，口号估计是免不了的。聪明的诸位可能已经猜到，这些个军士，是对发给他们的冬装——棉衣有意见，起而闹事的。说白了，假冒伪劣搞到部队这里来了，黑心棉冒充正品，制作成冬装，发给了士兵。估计这伙士兵，穿上这些黑心棉做成的冬装，脖子缩了又缩，还是冷而又冷，实在忍耐不住了，给基层首长反映，也得不到解决，无可奈何的情况下，就想通过上街闹事，引起高级领导的重视，来寻求问题的解决。

这个说法当然是有根据的。群体性事件，除了个别特殊情况外，多半是基层解决问题不及时造成的。但是，我敢断言，就这个问题来说，基层的部队首长确实解决不了。其实，不要说基层，估计就是最高层的部队首长，也觉得挺棘手，推来推去的，反正结果是问题没有解决，矛盾积累下来了，引发了士兵闹事。

要是好解决的问题，谁愿意推来推去啊？不好办啊！实在是不好办！可是，不解决，士兵忍受不住啊！冷啊！那只能闹起来了。让高级领导知道了，或许会得到解决呢！

还甭说，士兵们这一闹腾，真的就引起了相当重要人物的重视了。母仪天下的香儿李太后，让太监传话给政府了。李太后身居后宫，她都知道了，难道政府不知道？张居正不知道？应该是知道的。闹事的人身份挺特殊——军人啊！地点也敏感，首都啊！首都的军人闹事，搞不清楚的人，还以为要发生军事政变呢！非同小可嘛！

但是，张居正为什么也装聋作哑呢？看来，这个问题确实比较棘手。从李太后让太监给政府传的话就可以知道了，这件事情，涉及到皇亲国戚了。所以，李太后指示说，政府应该认真查处，倘若真的有问题，那就应该秉公办事，依法处理，不能因为涉及到皇亲国戚就袒护、包庇。

这个皇亲国戚不是别人，是名义上的最高领导人的外祖父，是李太后的亲爹，过去的泥瓦匠，现在的武清伯李伟李老爷子。给部队的棉衣，是李老爷子揽下的活儿。老百姓总是闹不明白，高级领导的家属，已经享受荣华富贵了，怎么还不满足呢？像李老爷子，锦衣玉食，豪宅华邸，月俸岁贡，啥都不缺，还去赚那些个昧心钱，真是想不到的事！可是，人家就是不满足。越有钱，越觉得钱少！看看这个李老爷子，揽到手里一笔生意，光赚差价还不过瘾，干脆就用了黑心棉，偷工减料，假冒伪劣。

是不是李太后和张居正在颠鸾倒凤的时候合计好的我不知道，反正士兵闹事的群体性事件发生后，张居正和整个政府都装聋作哑，没有迅速反应，但等李太后出来说话了。从表面看，李太后比起张居正来，觉悟还是要高些，她毕竟公开说，政府要彻查，即使涉及到她的娘家，也不能徇私，要秉公处理，依法惩治。到底能不能依法查处，是一回事；是不是公开表态，那是另一回事。张居正就做不到这一点，可见他的思想觉悟，与李太后比起来，还是有待提高。不过，处理起复杂的群体性事件来，张居正要比著名的文坛领袖王世贞——后面会专门谈到——高明多了，不服气是不行的。

那张居正是如何处理的呢？当然先要调查。真相是什么，不重要；重要的是，调查要围绕下一步的处理展开。换言之，结论已经有了，调查是为了给结论找到支撑。

一切都很顺利。也不可能不顺利。领导如果把鹿说成马，那部下谁又能说不是马而是鹿呢？没有整天以质询、辩论、搞清事实为职志的议会，也没有无孔不入，以监督、揭露执政当局为已任的媒体介入，派谁调查、怎么调查、事实如何，那就只能听任权势者的意志了。

于是，发生在万历五年冬、首都卫戍部队某部的士兵闹事的群体性事件，在李太后表态要彻查以后，政府的调查报告和处理意见，很快就拿出来了。调查报告赫然写着，根本不是传说的那样，是皇帝的外祖父李老爷子的问题，这件事与他老人家无关！是负责发放军装的内库官渎职造成的。误会、误会啊！好在李太后大公无私，表态具体而明确；也好在政府实事求是，终于查明了真相。

那就好办了。既然军装确实是假冒伪劣的黑心棉，那就赶快重新制发，体现政府对军人的关心，让他们尽快感受到政府的温暖；那些个内库官，工作不负责任，失职渎职，引发群体性事件，从上到下，三十余人，按照情节轻重，分别予以惩治。

要说，处理群体性事件，还包括对闹事者的处理。但是，对那些听信谣言，竟然闹事的军人，是给予批评教育还是什么处理，或者对出现了群体性事件的部队的领导有没有问责，我都说不好，没有认真考证过，这是需要老老实实交代明白的。所以，我说的处理，仅仅是就群体性事件表达的诉求的处理。

不过，如果事情到此为止，还不能完全体现出张居正的高明。等到处理意见一公布，张居正随后就写了一个报告。这个报告，与其说是写给李太后看的，不如说是说给朝野舆论听的。张居正说道：这次事件，已经得到圆满解决。责任人都查清，诸奸恶已供认不讳，确实与李老爷子无关。太后圣母要求查明真相、不得徇私袒护娘家人，“此举至公无私，中外臣民莫不仰诵”！

人家李太后，还有什么话说呢？在床上好好伺候张居正吧！把权力放心交给张居正吧！

最高实权人物却对大内总管卑躬屈膝

大内总管，说白了，就是太监头子。那问题就来了。一定会有人发出这样的疑问：既然对太监卑躬屈膝，哪里还称得上最高实权人物呢？也可以反过来问：既然是最高实权人物，又怎么可能对太监卑躬屈膝呢？

问得好！其实，这也正是我想搞清楚的一个大问题。

前面已经说过，太监冯保是有政治野心的。按照常理，张居正勾结冯保，采取极其阴险的手段罢黜高拱以后，无论出于什么动机，接下来采取措施压抑冯保为首的宦官势力，都是符合逻辑的选择。原因很简单：抑制宦官，是“宪法”确定的原则。在传统政治伦理和意识形态看来，和宦官的关系，一向被认为是检验一个高级领导干部道德品质的试金石。讨好宦官的，从来就被视为奸佞、邪恶的小人；而抵制和清除野心勃勃的宦官，则被视为是有道德、有担当的大臣义不容辞的责任。况且，倘若不压抑宦官，那么，也就意味着正常的权力系统难以正常运作。

可是，张居正和冯保的关系，似乎是个例外！

张居正从来没有压抑太监。毋宁说，他的所作所为，简直就可以说与之背道而驰。早在张居正阴谋篡党夺权（借用这个大家熟悉的词而已，那时候当然不存在党这个组织）的时候，他就走了歪门邪道，巴结上了当时还是太监中的二、三把手的冯保。

冯保和张居正年纪差不多，比张居正稍长两岁。他有点文化水平，曾经在专门为太监开设的速成班——内书堂——培训过，而且书法还有点档次。当年嘉靖老皇帝就给他起了个“大写字”的外号。后来他服侍隆庆皇帝的长子，也就是后来的万历皇帝，被称为“大伴”。因此，在李贵妃、后来的李太后面前，算得上是个红人。

这个冯太监野心勃勃，贪婪而狠毒。正史对冯保的评价是：性贪、横肆、狡猾（难怪能够和张居正做铁哥们儿，彼此彼此啦）。在张居正昼思夜想要篡党夺权的时候，冯保也跃跃欲试，想当太监里的“一把手”，成为大内总管。偏偏当国的高拱对冯保防范甚严，总是想方设法压制他。冯保不能不对高拱恨之入骨。这是可以理解的。

张居正深有城府。这个情况，伺机“篡党夺权”的张居正看在眼里，喜在心中。他让自己的管家游七，和冯保的干儿子徐爵结成了“兄弟”，自己则在政府里当了冯保的卧底情报员。当然，张居正还时不常给冯保送个红包什么的，表达孝敬之意。冯保对此求之不得。

这样，两个野心勃勃的阴谋家，就狼狈为奸，策划并实施了驱逐高拱的大政变，此后又企图利用一个小混混闯宫事件，锻造惊天假案，灭高拱一族。在这个过程中，他们配合默契，颇是融洽。张居正很注意自己的形象，说句不好听的话，他是既要当婊子，又要立贞节牌坊，所以总是隐藏在幕后，并且事后总会虚伪表演一番，似乎他不仅与阴谋毫无瓜葛，而且是阻止阴谋得逞的功臣。冯保呢，不仅每次都冲在前台，而且还要独自背黑锅，居然也没有抱怨的表示。或许，在冯保看来，反正太监尤其是参与权力之争的太监，在人们心目中，也不是什么好人，虱子多了不怕痒，认了就认了吧！在张居正看来，冯保老兄称得上任劳任怨的铁哥们儿了。

运气不错，他们发动的政变居然成功了！那，到底最高权力由谁掌握呢？

我说过，张居正和李太后、太监冯保，三个都不是什么坦荡君子，是对权力、利益都有强烈欲望的人，却结成了“政治铁三角”，而且出人意料的，在张居正当国的十年时间里关系一直维持良好。这个现象打破了人治官场、威权社会的权力游戏规则，是极为罕见的。

实事求是说，在张居正当国期间，并没有出现冯保过分干预朝政、大肆破坏正常权力系统运作的现象。所以有专家就说，这是冯保值得肯定的一面。

这是为什么呢？权力到手，接下来就是分肥。这个一般的政治逻辑，在冯保、张居正和李太后之间，失灵了。

的确，在张居正当国的这十年间，中央的权力掌握在张居正手里，他是事实上的国家掌舵人。正如专家韦先生所说，国家的大政方针，只有张居正才能拍板定案。张居正的权力可以说是绝对的，他的统治手腕是残酷的，相信所有吹捧张居正的人，谁也不愿意摊上这么个领导。为了作个对比，这里不妨稍稍拐个弯儿，先看看张居正对其他人什么态度。

张居正对中央的高级领导干部，是没有什么情面可言的。当年他还是内阁里最后一名阁老的时候，首相李先生是个老好人，威信不高，受窝囊气不少。有一天他在张居正面前诉苦，说要这样的话，我还不如回家抱孙子呢！张居正一脸严肃，正色道："最好这样，还算有自知之明！"足见他实际上是很刻薄的人。

张居正当"一把手"的时候，副职都是他精心挑选的。常务副职吕先生，对他唯唯诺诺，他还是不满意、不放心。张居正生病请假（也可能是去和李太后颠鸾倒凤去了），人家常务就得主持工作啊，可是，张居正上班后，就得把他主持期间发的文件、作的批示重新审查，而且经常要收回重新起草；有一次还当面批评说，这样的文件，不怕部长们笑掉大牙吗？其他的副职，更是常常受到张居正的训斥。对待内阁的同僚尚且如此，对部长们和地方干部，张居正的态度就可想而知了。

要说，按照"宪法"，负言责的"议员"对张居正是有监督的权责的，也有些"议员"按照"宪法"的规定做了。可是，最后的结果，不是贬、就是撤，甚至体罚、干掉！对反对派，对知识分子，张居正始终是高压态势，镇压杀戮，毫不手软。甚至，张居正对名义上的最高领导人，也是管教者的身份，对他的言行举止指手画脚是家常便饭，当众训斥的事也有的。

可是，唯独对冯保，这个阴险的太监，张居正的态度，可以说是毕恭毕敬，巴结讨好，奴颜婢膝。这样说，毫不夸张。当然，按照"宪法"，政府领导干部，是不能随意结交太监的。所以，与这些人的交往，都是秘密状态；况且，这样不太光彩的事，当事人是不会对外夸耀的。我的意思是说，具体的细节，是很难在史料上查到的。在某某场合，张居正如何对冯保点头哈腰、如何替冯保点烟续茶（打个比方）、如何给冯保掀门帘引路等等，我是查不到的。

就有一条记载，已经很能够说明问题。

在张居正权势如日中天的时候，他的父亲去世了，围绕张居正要不要按照制度回家奔丧的问题，眼看要引起轩然大波。这个时候，一个小太监代表冯保到张居正家去慰问，张居正就强制那个小太监接受他的跪拜，边跪拜边说："此头寄上冯公公！"想想看，堂堂的国家最高实权人物，生拉硬拽，逼小太监接受他的跪拜，还低三下四地说把自己的脑袋交给一个大太监了！是不是很令人骇然？！

据我的考察，大体上说，张居正讨好巴结冯保，有四个方面的表现。一是投其所好，送红包很慷慨；二是对敢于对冯保为首的太监说三道四的"议员"，无情打击；三是对冯保胡作非为不仅不敢制止，还不顾体统，亲自上阵，为之摇旗呐喊；四是对冯保要求提拔的人，不顾物议，破格提携。

不妨举几个实例。

先说第一方面：送红包。

冯保是很贪婪的。张居正也是坦然笑纳馈赠和贿赂的。但是，最好的东西，张居正是不敢自己留着赏析的。当年严嵩被打倒，抄家抄出不少宝贝，据说后来这些宝贝一半以上都进了张居正的府邸。这可能有些夸张。不过，中央和地方的干部，军队的将帅，经常给张居正送礼倒是不可否认的。但有了好东西，张居正常常不得不忍痛割爱，给冯保送去。据说，有一次，张居正就给冯保送了价值数以万计的夜明珠两颗。绝对国宝级的《清明上河图》，原来在严嵩家里，抄家后，本应该入国库的，可是就落到了张居正的手里；张居正呢，又把它送给了冯保。想想看，一个最高实权人物，对一个太监，真够巴结的！说起来，我都替他脸红呢！

再说第二方面：打击敢于监督纠弹太监的"议员"。

前面说过，按照"宪法"和意识形态的精神，皇帝也是要接受"议员"监督的，其他的任何人当然都不能例外。正常情况下，"议员"对太监进行监督，政府是绝对支持的。毋宁说，"议员"监督太监，是政府求之不得的。可是，张居正是个例外，他绝对不允许"议员"监督太监。

话说在张居正和冯保勾结，发动政变罢黜极力压抑太监势力的高拱以后，太监们一时兴高采烈，有点扬眉吐气的味道了。当时的留都南京，一个叫张进的太监，是被派去监督南京守备司令的，经常喝酒，在禁地耍酒疯，而且追辱留都南京的“议员”。有个姓赵的“议员”看不下去了，就参了张进一本。要说，这样的事，张居正知道后应该是震怒才对。倘若反过来，是政府的干部做了追辱太监的事，张居正绝对会打发这个干部回家。可是，张居正不仅不去惩治那个太监张进，而是把赵“议员”谪贬了。后来，那个张进得寸进尺，在南京闹得实在不像话了，别人见赵“议员”因为履行自己的监督职责居然触怒了最高实权人物，就敢怒不敢言了；那个被谪贬的赵“议员”忍不住又参了一本，这次，张居正更加恼怒，居然说这个赵“议员”欺负皇帝年幼，“不道”！

一个“议员”依法履行职责，参劾违法太监，找不到别的理由惩处，就说他不讲政治，简直令人啼笑皆非。所以，有历史学家说，冯保因为有张居正的关系，根本就不用担心“言路”了。

应该看到，张居正这样做，是要冒很大的政治风险的。这样做，是完全颠倒黑白，与道义背道而驰的。人心是不服的。高压手段在你当权的时候或许是有用的，可是，谁能永远当权呢？况且，身为文官的总代表、代言人，本来是应该毅然决然保护坚持公理、坚持正义的“议员”的，为了太监而打击这样的“议员”，这个历史污点是抹不掉的。

精明过人的张居正，为了讨好冯保，连这些都不管不顾了，那只能说，他可能有不得已的苦衷。

该说第三个方面了。

张居正以堂堂的最高实权人物，不顾体统，亲自上阵，为冯保的胡作非为摇旗呐喊。

要说，太监也有他的可怜处。所谓不孝有三，无后为大，这是古训。太监注定要断子绝孙的，死后逢着忌日，恐怕连个烧纸的人也没有。因此，他们的心理就和普通人不同，行为也颇是怪异。生前揽权、贪财，故意欺负那些政府的干部等等，对他们来说是很常见的。而且有了权势，还往往喜欢建座寺庙，以为身后延续香火。冯保就是这样一个典型。

这个太监头子不仅大肆敛财，修建寺庙，还大兴土木，营建所谓的寿宫（也就是自掘坟墓）！更有甚者，全国各地建祠堂（活人的祠堂啊）！对此，按说张居正是有责任加以约束、劝阻的，或者，你出于哥们儿义气，睁只眼闭只眼，假装不知道，也就罢了，何必还为冯保摇旗呐喊呢？他居然给冯保的这些豪华建筑题词写记！写就写吧，还肉麻吹捧，称冯保为“公”！

过去，太监专权最盛的时候，政府的领导人中，谁叫太监一声“老公公”，已经被认为巴结了，很失身份了！可是，张居正居然称冯保为“公”，真是史所罕见！可骇可怪！称“公”就称“公”吧，张居正公然吹捧冯保，说国家“中外宁谧，官府清晏，盖公之力为多”！用现在的话说，就是政治安定、社会稳定，几大班子很和谐，冯保的功劳最大。听听，这成什么话了？！如果冯保“之力为多”是真的，那不是颂扬宦官干政吗？如果是假的，那不是纯粹的溜须拍马吗？叫人如何替张居正打掩护啊！所以，很多吹捧张居正的人回避了这些。

下面轮到说第四个方面了：对冯保要求安排的人，不顾物议，破格提携。

最典型的是对冯保的家奴徐爵的任用。记得我已经说过，在张居正伺机“篡党夺权”的时候，他已经巴结上了冯保，并让他的管家游七与冯保的私人秘书、也被认为是其干儿子的徐爵，结拜金兰。冯保和张居正相互勾结，游七和徐爵是主要管道。张居正大权在握，为了讨好冯保，就破格提拔徐爵当了锦衣卫同知指挥，署南镇抚。这个职位是十分显赫的，权力也是很大的。提拔太监身边的人到如此重要的位置，在宦官专权鼎盛时期，也无非如此。想像一下，看到这个局面，军队里的多少干部，一定会感慨万千，后悔没有给太监当“秘书”！巴不得给太监做干儿子！

但是，我估计也有不少人，因此而鄙夷张居正了。

还有一次，冯保要张居正安排一个人，张居正给办了，一位部长看不下去了，提出异议，结果，张居正就找借口把这位部长给撤职了。

好了，四个方面说完了。是不是能够得出结论呢？

请允许我再补充一点。

可能是我孤陋寡闻，反正，我还没有看到张居正批评冯保的任何记载；相反，却看到过冯保批评张居正的史料。当年张居正刚刚当国，还有点在嘉靖老皇帝时代的思维，喜欢给皇帝献祥瑞。于是，他就给李太后和万历小皇帝献上了白莲、白燕，结果被冯保一阵猛批，说你这样做，不是在诱导皇帝玩物丧志吗？这话倒没有错，不过说话者的身份不对——如果因为他说的对我们就认可，就等于认可宦官可以训斥政府首脑。如果是“议员”对张居正提出这样的批评，那才符合身份。当然，倘若真是“议员”说了这话，恐怕他的饭碗就保不住了。冯保批了张居正一顿，张居正还真的表示反省，悔过了呢！

我再提醒一句，张居正对高级领导干部，是从来不留情面的，对“议员”，是高压手段，对名义上的最高领导人，态度也很严厉。按照著名明清史专家韦先生的话说，张居正当国，整个就是“以君谀臣”的局面。就是说，皇帝还要讨好、逢迎张居正的。可是，皇帝的奴仆太监冯保，却不需要讨好张居正，相反，张居正却要处处讨好巴结冯保，整个就是卑躬屈膝的表现。真是可骇可怪啊！

张居正作为一个强势的最高实权人物，不顾体统，对太监卑躬屈膝，违背“宪法”，败坏风气，有失人格。他干吗要这样？

隐情和谜团的背后

不错，张居正得以当国柄政，冯保之力实多。换言之，倘若不是冯保，张居正会不会只是一个政坛上的匆匆过客，那种情况确实是大有可能的。因此，他对冯保充满感激，态度上表现得亲切甚至谦恭，或许可以理解的。又据一些专家说，张居正讨好冯保，也是他的一个“曲线救国”的权术，即安抚冯保，使之尽量不干预朝政，好让张居正放手用权。这些，或许都是有道理的。但是，能够站得住脚吗？

专制国家、人治官场，权力难道可以靠安抚就能够让渡的吗？绝对不是的！解释不通的嘛！那只能说，另有隐情！

如果说，张居正和冯保勾结，阴谋“篡党夺权”，那也是相互利用，成功以后的权力再分配势必要发生。

很明显，万历小皇帝年幼，他不可能亲自行使最高权力。那么，就会出现这样的几种可能性：一是李太后掌握最高权力，张居正和冯保都受李太后的支配，他们谁都没有拍板的权力；二是李太后在冯保的辅佐下，行使最高权力，那么张居正就只能唯唯诺诺，执行他们的决策；三是李太后在张居正的辅佐下，行使最高权力，那么，冯保为首的宦官势力就相应受到压抑；四是冯保行使最高权力，那么就是宦官专权，张居正只能是冯保的“马仔”；五是张居正行使最高权力，那么冯保就得老老实实服从领导。上述五种情况，历史上都出现过的。

然则，高拱去国后的权力格局，上述五种情形，都没有出现。勉强可以说，类似于第五种情形。那么，掌握最高权力的是张居正，他对冯保就没有必要那样讨好、巴结了吧？倘若是冯保掌握最高权力，这些都可以说得通。而事实是，张居正掌握着绝对权力。

那么，就有两个谜团需要解开了。第一，李太后为什么拱手把最高权力交到张居正的手里？而野心勃勃、权力欲极强的冯保，为什么也没有去和张居正瓜分“胜利果实”？可以肯定地说，仅靠张居正个人，是做不到这一点的。只能有一个解释，李太后约束了冯保（她对自己的亲儿子还那样约束，对冯保当然就更有可能）。

第二，掌握最高权力的张居正，为什么要对冯保表现得低三下四呢？仅仅是出于政治需要？一种权术？或许有道理。不过还是说不太通的。是的，安抚冯保，喂饱他，都可以说得通；但是，这个不需要国家的最高实权人物亲自出面去送礼、去讨好、去巴结吧？他睁一只眼、闭一只眼，或者暗示、授意就可以非常圆满地解决了嘛！什么是人治？什么是绝对权力？生杀予夺啊！贫人富人啊！仅仅是换取支持，不需要张居正把自己的声誉、节操都搭上吧？只有一个解释：张居正怕冯保。

也就是说，张居正有把柄掌握在冯保的手里。是的，也可以说，张居正权力的获得是不光彩的；他参与锻铸的试图灭高拱一族的惊天假案，是非常见不得人的。这些内幕，冯保最清楚，他可以不替张居正背黑锅，一股脑抖搂出来，让张居正阴险、虚伪的真面目暴露于光天化日之下。张居正当然是怕的。但是，别忘了，这些见不得人的卑鄙勾当，是他们共同策划的，不到万不得已，冯保何必去主动抖搂这些龌龊事？而且，瓜分胜利果实这样的顺理成章的事，冯保都因为李太后的约束不能做，和李太后有瓜葛的阴谋，他怎么敢随意抖搂出来呢？也就是说，对此，张居正不需要怕的。至少，不需要怕到处处讨好、巴结冯保，而不顾忌自己的身份、声誉的地步。这些，都是历史污点，张居正不可能不知道的。

顺便说说，岂止张居正怕冯保，就连国家最高领导人的万历皇帝，也怕冯保。他小时候怕冯保，或许情有可原，张居正已死、权力全部掌握在他手里的时候，还怕冯保，就难以理解了。也可以说，如果连皇帝也怕冯保，那么张居正怕冯保仅仅是出于权术的说法，就不能成立了。

其实，大谜团已经解开，这两个谜团也就不难解开了。

一切都是因为，李太后和张居正有奸情。而这个奸情，冯保知道。

还有一个间接的证据：对张居正的清算，是从清算冯保入手的。要知道，张居正的伪装还是起作用的，不少龌龊的事，舆论是记在冯保的账上的，而且冯保是太监，舆论、人心对他早就厌恶多多了。照理，与对张居正的清算相比，冯保是该受到更严厉惩罚的。但是，结果也仅仅相当于免职，让他到南京闲住。分析起来，也是万历皇帝害怕冯保反弹，把那些个暧昧的事情抖搂出来，那皇家的声誉，实在会损伤惨重的。

欲望和权力，本来就密不可分。欲望刺激人去获得更大的权力；获得了更大的权力，如果缺乏有效的监督制衡，就可能听从欲望的召唤，做出与身份地位不相称的事情来。不能忘记了无欲则刚的古训。反过来说，有了见不得人的勾当，就有了把柄，就有可能被人牵着鼻子走。国家最高实权人物在一个太监面前卑躬屈膝，实际上就是被人牵鼻子走的表现。

实际上，类似的事情，还真的时有发生，甚至今天还有。就是几年前，某省的一号人物，因为和一个发廊妹有了奸情，结果被这个发廊妹的男友所控制，成了他的“马仔”。如果不了解幕后的真相，若干年后，如果有人说那个一号人物在一个农民工面前如何低三下四，如何乖乖就范，谁会相信呢？就像现在，我们说国家的最高实权人物，对一个太监卑躬屈膝，乍一看，都觉得不可思议。

所以，有时候，性，就可能支配权力配置、权力格局的。所以，有时候，忽略了“性”这个上不得台面的因素，历史的真相是搞不清楚的，真实的历史可能反而被人怀疑其真实性了！

毕竟，历史事件的主角是人；毕竟，不受制衡的权力，会激发人性中恶的一面，使其肆意张扬！仅仅用政治标准、大而化之的概念去解读历史，忽视了人、人性，说不定反而会与历史的真相擦肩而过。

第5章 顺昌逆亡

干部的选拔任用

专制体制、人治官场，选拔任用干部，神秘莫测，玄机重重。当权者选用什么样的人，是官场乃至整个社会的风向标。从这个领导人所用的干部身上，可以判断出这个领导人的道德操守、对国家的责任感，进而可以判断出，他能带领国家走出多远。张居正是玩弄权术的高手，用干部尤其如此。从他选用的干部身上我们就能够断定，张居正这个人，不具备政治家的风范，他或许可以成功于一时一事，但是最终还是会不可避免地失败。一时一事的成功，虽然也是值得肯定的；但是，给人心、风气带来的伤害，可能远远超过所谓的一时一事的成功带来的效益。

感人的制度和实际用人是两回事

我中华文明古国，语言丰富，表达委婉，遣词造句都很有讲究的。比如，提拔干部、职务升降等等，就被称为“用人”。这里的“人”，当然不是一般的人，至少也得有点什么资格吧，比如在张居正生活的年代，至少也得是个举人，才谈得上是可供使用的“人”，换言之，才有资格被“用”。

这里的“用”，就更讲究。用人的用，是动词，使用的意思，是站在权力的角度说话的；人，是要有权的人用的；被用的人，在这里其实已经不是人，而是有权的人的工具了。

说文解字非我的专长，就不班门弄斧了吧。那就书归正传，说说张居正的用人，用现在的话说，用干部。当然，所谓用干部，不仅仅是提拔使用干部，还包括哪些人不能用、哪些人不能放在哪个位置用等等，整个就是公务员中政务官的全套管理，都包括在内啦！

不过，我还是忍不住再发几句感慨。也只能是发发感慨而已，也仅仅是发发感慨而已！我想说的是，要从纸面上看，我中华自古以来，用人制度——干部制度，足可谓健全。

就说张居正生活的时代吧，这个方面就很健全。用人的原则是有的：所谓德才兼备，选贤任能；用人的机构也有的：吏部赫然列于各部之首；用人的程序也有的：比如任用高级干部，要经过廷推，近似于我们现在说的“群众推荐”，组织圈定；用人的监督也有的：比如设立了权力很大的“议员”，不仅干部提拔过程需要征求他们的意见，而且他们可以（严格说是应该）随时随地对用人中的问题提出弹劾。其他诸如对干部的考核、监督、回避等等，从实体到程序、从权利到责任，制度规定都很明确，无懈可击，至公至美！

不瞒诸位说，看了明朝的选官用人的制度规定，我感动得差点就掉泪啦！

公平、公正，能够想到的，都想到了，像我辈读书还算可以的人，在这个时代，按照这些个规章制度，那说不定还能够混个部长、省长的干干呢！暗暗的，竟生出些许“我生也晚”的慨叹呢！

但是，不幸的是，制度和实际实在是天壤之别。这样一个事实谁能否认：所有的干部任用，都是密室进行的。换言之，老百姓是根本没有发言权的。所谓治者要征得被治者的同意，在我中华悠久文明的词典里，是查不到的。如此一来，除了干部任用资格——比如，非进士不入翰林、非翰林不入内阁——还勉强得到执行以外（买文凭的事情似乎还不曾发生，但是变相买文凭——比如张居正花钱雇人替他的儿子考进士——也不能说绝对没有），其他的一切制度，就不幸只能发挥两项功能了：给有权用人的人提供工具、披上合法外衣；堪可愚民，糊弄糊弄老百姓。

当然，提供工具、披上合法外衣，也不能说完全不对。有了职位，总要用干部；要用干部，总得有人提名，总得有个合法的管道。不管怎么说，反正制度规定是制度规定，在威权社会，人治官场，干部提拔，职务升降，实际上最终还是由有权的人说了算，其他人几乎束手无策，徒叹奈何！这是问题的实质所在！

那就要看掌握用人权的人是什么样的人了。这也是事实：在威权社会、人治官场，不同的执政者，因其个人的节操、风格之不同，对制度的执行也有差别。不能否认，有的高级领导干部，在选拔任用干部问题上比较注意，总体上说，在当时的条件下，允称公道。

比如张居正的恩师徐阶，在用人上虽然也较多考量的是自己的利益，但是大体上还把握了才干、声誉的标准，或许可以这样说：德才兼备的人他未必会用，但是他用的人基本上还算是德才兼备的，至少，在他选用的时候是德才兼备的。特别是被张居正勾结太监冯保推翻的前领导高拱，不仅对用人制度改革贡献很大，而且选拔任用干部是比较公道的，所以在他当国的短暂时期里，所用的干部，无论文官还是武将，多是才干出众，众望所归的人。

当然，叫我说，那些掌握用人大权的人，在用人上，好的和比较好的，是少数；差的和比较差的，是多数。倒不是哪个人故意想用小人、用坏蛋，是这个制度决定的。张居正是好的和比较好的呢？还是差的和比较差的呢？我说不准。非要说出个所以然的话，我也只能说，那要看用什么标准衡量了。用现代法治国家的标准？那显然不妥；用历史的标准？那要看和谁比了。和徐阶和高拱比，张居正是说不过去的；和严嵩比，张居正可能稍微要好些吧？也可能更差些？不太拿得准。因为严嵩在用干部问题上，权力远没有张居正大，他的意志未必都能贯彻，比起来就有点难度了。

其实，比不比的，已经没有太多意义了。咱也不是像美国人那样吃饱了没事儿干，给历任总统排排号，搞什么最好总统、最差总统。再说，对国家领导人评头论足，咱没有这个传统，也不习惯。关键是弄不好还要惹是生非，实在是危险啊！那还说这些干吗呀？况且，你还有那么多说不好、说不准，丢不丢人啊？何必还在这里喋喋不休呢？先别急。有一点我说得准的：我敢保证，张居正的用干部，是威权社会、人治官场用人的一个典型。

解剖一下，或许有点意义？说起来，按照“宪法”和政治体制，张居正作为内阁首相，其实是没有用人权的。“宪法”和法律明确规定，用干部，管理权在吏部，任命权在国家最高权力机构——皇帝。我得顺便说说：皇帝是个人，但是从政治学上说，他又是一个国家机构。

但是，别忘了，这不是法治国家，是威权国家，是人治。什么“宪法”？什么法律？那多半是对付老百姓的。用人、行政，当然是谁有权谁说了算。张居正是国家的最高实权人物，那他就掌握着用人权。只不过，程序上，或者说具体操作上稍微麻烦点，有时候要拐个弯，走个过场。仅此而已！

干部制度至公至美，那用干部的实际情况又如何呢？研究发现，张居正这个人在用干部问题上，表现得很虚伪，非常善于玩弄权术。

先看看他的公开标榜和事实的差距。张居正标榜说，自己用干部，一秉大公，“用天下贤者”。只要是德才兼备的人，“内不任爱憎之私，外不轻信毁誉之说”。我替张居正解释一下。他的意思是说，用干部，要用有能力的人，对于德才兼备的干部，在使用上，他不会凭个人的爱憎好恶，也不会轻信别人对这个人的闲言碎语。

听听，多感动人啊！事实又是怎么样呢？具体事例暂且不表（容后文专禀），这里只说说那个时代的人对他的一个评价。原话是这样说的：张居正当国，“好揽权而喜附己，所黜陟多由爱憎，左右用人又多通贿赂，于贤者若掷沙遗尘而莫之恤”。或许有偏见。但是不能不说这基本上是事实。不需要解释，诸位一定可以看明白的。

我只提醒一句，倘若你是一位正直有能力的才俊之士，满腹经纶，一腔报国热情，生活在张居正当国的年代，人家就是不用你，还压制、打击你，等你熬白了头，还是打杂的、听喝的小催办儿，或者干脆就随便找个理由，打发你回家卖红薯——这已经不错了。倘若你提意见、发牢骚，那结局就不堪设想了。而人品差、能力差、口碑坏，就是善于投机钻营溜须拍马的小人，却一路高升，趾高气扬。你怎么个感受？

张居正还此地无银三百两，公开宣称自他当政以来，公事公办，有事到办公室说，谁也不能找上门来跑官要官，以至于"朝房接受公谒，门巷间可罗雀"。还说，谁也不敢在他面前替人说提拔干部的事，潜台词都不行！所谓"无敢有以间语潜言入……耳者"。

事实又是怎么样呢？请诸位先看看《生活秘书的风光》这一部分，就可以自己得出结论的。我只说一句，人家那么多有身份的人，对一个生活秘书"争事以兄礼"，莫非是吃饱了撑的，纯属犯贱？到游七游秘书那里"猎美官者栉比"又是怎么回事？

这位以"一切付之于大公"相标榜的最高实权人物，还特别提到，他执政后，谆谆告诫有关部门，用干部"无问是谁亲故乡党"。而事实却是："九列公卿半系楚人"。什么意思呢？重要领导岗位，多数干部都是张居正的乡党！

看看吧，公开标榜的和实际做法，简直就是南辕北辙啊！当然，我今天敢这样说几百年前的领导，那个时候的的人如果这样说，后果就很严重了。所以他们公开场合只能说，张居正这个领导，真是英明伟大，比尧舜不差毫分，他用干部，做的比说的要好万倍！

至于张居正善用权术，已经是公认的事实。

不用说，这也是虚伪的具体表现，甚至比起说的一套做的一套，还更能说明一个高级领导干部的人品操守。张居正在用干部问题上，有话从来不直说，没有人能够琢磨透他的心思，也不知道他的话，哪句是真的，哪句是假的。官场中人，都像猜谜一样揣摩这个领导人的心思，琢磨他的某句话到底要表达个什么意思。在有的时候，他会说，用人是吏部和皇帝的事，我哪里好过问呢？有的时候，他又会说，这件事，你以为是吏部或者皇帝的意思吗？当然是我说了话才办成的。有的时候，要搞掉谁，要提拔谁，他根本不出面，而是授意给心腹之人操作。把人搞掉了，他回过头来会故作惊讶说，怎么这样呢？唉，都怨我，只顾忙了，没有时间过问，你先等等，我想办法，到时候给你安排合适的位置。有的时候，他发现某个干部不太听话，甚至发牢骚、提意见，他先不动声色，背后要人查查这个干部有没有经济问题；或者等到考核的时候，再找个什么理由炒他鱿鱼。有时候，身为最高实权人物，他还会捏造事实，挑拨离间。

老实说，我的文字表达能力还是可以的，但是这会儿就有些力不从心了，无论如何也描述不出张居正善用权术的个中三昧。或许，并不是我笨，而是权术这玩意儿，只能意会，难以言传吧。反正，张居正的同时代人，一个后来很有名气的焦先生就感慨说，在用干部问题上，“江陵有术”！

江陵是张居正的籍贯，那时候人们常常用籍贯代称有地位的人。其实后来也有这个习惯，比如袁世凯，就被称呼为“项城”。

权术，使得制度只起到为权势者任用亲信充当遮羞布、披上合法外衣的作用。结果是，干部制度和实际用干部，简直就是两回事啊！

柔顺竟成为用干部的最高标准

张居正这个人用干部，是不是听话、是不是好驾驭成为了最高标准。不符合柔顺这个标准的，对不起，你再有能力，也不能用。说得再直白些，张居正用干部，不喜欢用有能力的；反过来说，有能力的干部，在张居正眼里，政治上靠不住，遇到什么事情爱有自己的见解，对领导的话还要考虑对错，不能用的。

当然，你也可以举例子说，某某很有能力啊，张居正不是用了吗？我得承认，有的。但是，毋宁说，那是例外。就普遍现象来看，张居正只用恭顺听话的，基本上是能力平平的。

那问题就来了。倒不是说用能力平平的干部，误国害民；似乎还不至于如此严重。其实政府的工作，能力强不强的，也不是什么大不了的问题，没准儿因为他能力差些，还少给老百姓添麻烦、少干扰市场运作呢！关键是人品要正，处理事情要公，要有责任感。

那还有啥可说的呢？说不定人家张居正就是这样想的呢！可是，我不这么认为。问题出在，张居正喜欢用恭顺听话的人，这些人中，就少不了能力差、人品更差的佞人——也就是我们现在说的小人。为什么呢？想想看，所谓上有所好，下必甚焉。领导喜欢恭顺听话，必然就有人溜须拍马，那投机钻营者就可以大展身手啦！真真假假、假假真真，阿谀逢迎之风，必然大盛。要不，为什么干部中有人在和老婆做爱的时候，还要先颂扬张居正的丰功伟绩呢？

所以，张居正的同时代人说他在用干部问题上，“于佞者若嗜醴悦膻而莫之厌”。就是说，溜须拍马的小人，非常能够讨得领导的欢心，张居正对其不惜大用特用！还有的说法是，张居正用干部，简直就是“倚信佞幸”。其实意思都一样的。佞者成了领导的心肝宝贝，那不就是小人得势吗？小人得势，那官场的风气，人心士气，就可想而知了。

能力差，人品又坏，那这样的干部手里有了权，作威作福，扬眉吐气，他的下属、广大的老百姓，徒叹奈何，可真是倒霉透了！问题还在于，用窝囊废也好，用小人也罢，别人还得说好！谁要是不服气，就得给小鞋穿！张居正对于持不同意见的干部很不厚道，很不宽容，可谓心狠手辣，无情打击。

张居正这个人，从个人性格、作风上说，有胸襟狭窄、偏衷多忌的毛病；从他执政的指导思想上说，他认为只有自己才一贯正确，别人按照他的意见办就行了，因此要求统一思想、步调一致，不能有不同声音。所谓“好以己意见责望天下，欲令打成一片，不计异同”。

事实上，不要说统一思想本身实际上能不能做到还是个疑问，更为关键的还在于，张居正作为最高决策人，独裁者，就真的一贯正确？无可挑剔？事实上他的很多做法无论从法律上还是道义上说，都说不过去的，所以别人对他总还是有些意见的，有意见，总还是有人要说出来的。提意见的人，不可否认有敌视他的，但是也确实有非常善意的，他都一概视为挑战中央权威，选择对其无情打击。有些做法，简直令人发指了（具体实例容后再禀）。

对张居正有很高评价的清代著名历史学家谈迁很客气地说，张居正对于异议者“摧折过当”。短短四个字，饱含着多少正直之士的血和泪啊！不客气的说法也有，那就是，张居正这个人“包藏祸心，倾危同列，狗彘不食其余”！

可是，我也得说句公道话。我要说，张居正对不太听话的人无情打击，对有能力的人一味排挤，对善意的、提出建设性意见的干部不能宽容，或许还可以加上老是玩弄权术（一半算他头上？），是他自己要承担的责任，是要受到谴责的。除此之外，包括用干部只用听话的人，用干部凭自己的爱憎好恶，用干部用自己的老乡，也或许还可以加上玩弄权术的一半等等，那不该由他个人承担责任，是整个制度的问题。

简言之，威权统治、人治，造成的悲剧太多太多了，可是，你还不能简单说，那个导演悲剧的人，需要承担多少责任！这就是为什么我们不能不对威权统治、对人治充满警惕的原因所在。

精心选配的副手实际上都看走了眼

张居正这个人，是一位很有心计的人物。

在前政府时期，他是首相高拱的副手。这两个人是“三十年生死之交”，志同道合，联手把几个不合作的副职给搞掉了，政府里就只有高拱和张居正两个人了。开始他们合作不错，干出了些大事情，还计划干更大的事情。可是，后来，张居正不甘心当副手，跃跃欲试，其阴谋“篡党夺权”的野心毕露。高拱觉察到张居正在搞阴谋诡计，也想遏制一下，他认为，内阁只有他和张居正两个人，连一个见证者也没有，是有问题的，于是作为对张居正的防范措施，他就请求增加阁员。殊不知，张居正早和太监冯保勾结到了一起，里应外合，高拱的请求，拖着不批，后来说不过去了，才增补高仪入阁。这个高仪是个谨小慎微的人，深知张居正的阴险，整天提心吊胆，无所作为。这样，第一流的政治家高拱就被他的“金石之交”兼副手张居正玩于股掌之上了。

正副手的关系，确实是不太好处理的。

到了张居正和太监冯保阴谋发动政变，夺取了权力以后，高拱被逐，高仪连病带吓竟然死了。这样，内阁就剩下张居正一个人了。

古今中外的政府机构，一般说来，都是行政首长负责，但是副手也必不可少；或者仅仅作为备位，或者具体分管一些工作。张居正一个人唱独角戏，好是好，可是他也有顾虑的。顾虑何在呢？怕人说他独裁、专权。

其实，张居正是一贯主张独裁的，也是非常喜欢专权的。可以说，张居正当国的十年，就是他独裁和专权的十年。但是，张居正这样想可以，这样做也可以，这样说就不行了；他不能这样说——当他说要独裁的时候，也只能说皇帝应该独裁、皇权应该独裁而不能说他自己应该或者可以独裁。而且，张居正也绝对不允许别人说他独裁、专权的。可以说，这是张居正最忌讳的话题了。那他就不能授人以柄。

此话怎讲呢？请允许我稍微展开些。

话说明代开国之初，贫苦出身的朱元璋挺勤政，也挺有大破大立的劲头，独裁专制的没落思想在这个农民兼和尚出身的最高领导人那里，达到了顶峰。具体体现在，这个大独裁者搞了一次“政治体制改革”，废除了有千年以上历史的宰相制度。这样，皇帝就成了国家元首兼政府首脑，各部直接向皇帝负责。不过这次“政治体制改革”很不成功，甚至可以说后患无穷。这个话题不说了，反正发展到了明代的中期，仅仅是皇帝秘书兼顾问班子的内阁，逐渐向宰相机构过渡，内阁的首相，俨然就是宰相的角色了。

内阁，也称政府，按照不成文的“宪法”，一般是由三到五个左右或者更多的大学士组成，俗称阁老。其中首席大学士称为首相或者元辅，排在第二位的称次辅，其他称群辅。也就是说，内阁从其一出现起，就是由一群人组成的。

到了张居正当国，以首相兼顾命大臣身份执政，实际上其威权超过了过去的真宰相，而成为国家的最高实权人物。但是内阁只有张居正一个人，就不太符合“宪法”了，就容易让人说三道四了。那又何必呢？官场上，明显犯忌的事，不能不刻意避免。这个时候，刚刚掌握了最高权力的张居正，对此还是比较清醒的。

可是，历史的经验一再表明，副手往往会萌生取而代之之心。按照专家韦先生的话说，张居正“真切感到亲密的同僚，也往往会成为潜在的对手和致命的敌人”，就仿佛他对待他的前任高拱那样。所以，选配副手，需要慎之又慎。好在，张居正当国，用人权事实上操于他的手里，选配副手，他有决定权。

这倒符合现代法治国家的惯例——组阁权在内阁首相的手里。只不过，现代法治国家内阁首相组阁，要接受国会的监督，要禁得起无孔不入的媒体的全方位挑剔，还要考虑各方面力量平衡，有时候不得不任命他的竞争对手做副手，这样的事例很多的。

张居正“组阁”，就基本上没有这些牵制了。

但是，别以为专制社会权力的行使都是乱七八糟的，表面上看，它也是有制度的，甚至制度还是相当完备的，甚至也包括约束皇帝的制度。换言之，皇帝也要受到制度的制约——当然，他要耍赖谁也没有刚性的约束办法。然而，毕竟张居正不是皇帝，不是名正言顺的国家最高领导人，当然就不能不考虑制度的规定，受到制度的一些制约。

在用干部特别是主要领导干部方面，对张居正的制约来自两个方面：一个是资格上的，一个是程序上的。就资格来说，有不成文“宪法”：非进士不入翰林；非翰林不入内阁，这是最基本的。打个比方说，就仿佛不是大专以上学历，就没有当公务员资格的意思。当然，按照常规，阁僚还要从政府高级领导干部圈子里来选拔，要有资历和威望才行。那张居正想提拔他的“秘书”游七或者冯保的“秘书”徐爵入阁——只是举个例子——显然就是不可能的了。就程序来说，按照不成文“宪法”，是这样规定的：选拔高级领导干部，尤其是阁僚，需要——借用现在的一个说法——走“群众路线”。就是要中央中层以上干部和“议员”们共同开会讨论推荐人选，这就是所谓的“廷推”；推荐出若干名候选人，排序上达，由最高领导人——皇帝从中圈定。

当然，可以有例外，就是由皇帝特旨任命，张居正就是这样没有走正常程序就入阁的。不过，这样的情况往往会引起争论乃至抗议，所以一般不敢这样做；如果皇帝是一个小孩子，这样特旨任命重要干部，就更说不过去了。所以，张居正要选配副手，得走程序才行。

当然，也仅仅是走程序而已。因为，“群众推荐”，总不能漫无目的吧？像现在法治国家自由选举还要确定候选人呢，何况是威权国家用干部？所以“群众推荐”还是要有人把握方向，谁把握呢？自然是权势人物；某种程度上说，廷推结果是不是体现领导意图，是对这个领导人威信的一个检验。如果这个领导人很强势，那就不能允许七嘴八舌。所以，“廷推”有时候起点作用，但更多的时候恐怕也只是走程序而已。至于最高领导人的圈定，那在张居正当国的年代，是不会发生任何敢于违背张居正意志的事情的。也就是说，从明代干部选拔制度和政治体制上说，都是不利于张居正用人的；但是实际上用人权却完全掌握在张居正的手里。

那张居正选配的副手是些什么人呢？在张居正当国的十年间，内阁里先后给张居正当副手的，共有四个人，即吕调阳、张四维、马自强、申时行。

其中，张居正和吕调阳两人内阁维持三年时间；又增加张四维为阁僚，他们三人内阁又维持了三年；后吕调阳辞职，补充马自强、申时行入阁，形成四人新内阁；半年后马自强逝世，内阁即由张居正、张四维和申时行三人组成，直到张居正逝世，三人内阁维持了三年半左右。

这四个阁僚，都是经过张居正精心挑选的。按照明清史专家韦先生的话说，张居正“挑选同僚的首要条件是，柔顺听命而不敢顶忤，能对他本人保持忠忱”。而“张居正之所以精选这几个人作为助理，一是因为这几个人外表上似乎都无突出个性，亦无棱角锋芒；二因这几个人均由自己力荐引进，可以不虞反侧。”说白了，这几位老兄，从能力上说，都不是精明强干的人；从性格上说，都比较温顺柔弱。这就是张居正用高级干部的基本标准了。

先说吕调阳。这个吕阁老，给张居正当了六年副手，在四个副手中，干的时间最长。张居正之所以首选吕调阳，最主要的是因为这个人柔弱圆融，无楞无角。正史的说法是，张居正“以吕调阳弱”，荐之入阁。

据说，这位吕兄，外表温顺，不善言词，说话还有点口吃，外号“吕结巴”。不知道是因为怕露怯，还是生性如此，反正他整天不言不语，不喜不怒，谨慎、内向，给人以老实巴交的感觉。他和谁也不亲近，也从来不得罪谁；没有人说他能力强、贡献大；但是也没有人说他有什么毛病。用现在的话说，团结同志，服从领导，稳重可靠，是他的优点。

你别说，这样的人，还确实适合在官场混。到考核打票的时候，他绝对比那些天天拼命干活的人票数高。可不是咋的？人家吕先生，任他政坛怒涛汹，我自独坐钓鱼台。果然一路顺风，早就坐上了礼部尚书的宝座了。而礼部尚书，从来就是阁僚的后备位置。要是高拱当国，绝对不会提拔他入阁，但是张居正用干部自有他的标准，所以，吕调阳入阁也就顺理成章了。

张居正没有选错人——当然是按照他的标准，六年如一日，吕调阳对张居正恭恭敬敬，从来不敢说一个不字。即使这样，张居正还动不动就给他脸色看。张居正请假期间，吕调阳主持工作，他批示的文件，张居正回来上班后，就要求重新来过，还责备吕调阳说：“如此何以示远近部院大臣？”张居正回老家葬父，好几个月的时间，有什么重要事情，都要送到荆州去请示他，吕调阳在内阁也只能喝喝茶，看看报（邸报）。古人讽刺某高级领导干部无所作为，往往用“伴食宰相”讥讽之，而吕调阳者辈，索性就是“伴食于三千里外”，真是史所罕见。

六年啊！多不容易啊！吕调阳也是读书人中的佼佼者啊，中进士，点翰林，满腹诗书是肯定的。难道他没有自己的见解？难道他对张居正的所有举措都衷心拥护？不是的。据张居正和吕调阳同时代的见证人、张居正的同年、著名作家兼历史学家王世贞记载，吕阁老“恒怏怏不乐”。

但是人家吕阁老有涵养，就是不说，只是存在心底，“惟仰屋叹诧而已”。他更不反抗，或许只能以生病为由作出无声的抗议？反正这位吕阁老是经常生病的。后来，他实在受不了了，就连续十次打辞职报告，张居正就是不批准。十次请辞都不批，也没有改变他的决心，反正他不上班了，干脆卧床，说自己已经病了好久了，看看也不见好，占着位置干不了事，领导您于心何忍呢？就此又耗了近一年，才得以解脱。

据专家韦先生的说法，其实吕调阳有病是真，但是更多的是心病，是不愿意再和张居正共事了，实际上属于负气而去。不过，人家吕调阳可没有这么说，他什么也没有说，只强调是自己有病，不能工作，只有辞职。辞职后他也没有发牢骚，说怪话，还是不言不语的老样子。

如果从张居正的角度说，吕调阳是顾大局、讲政治的。所以张居正选对人了。但是吕调阳实际上对张居正是很有看法的，最后到了不愿意和他共事、宁愿辞职回家抱孙子的程度！

再说说张四维。张四维这个人的情况比吕调阳要复杂些。

小张阁老（相对张居正而言的）家里是做大生意的，属于晋商中的佼佼者之一；而他舅舅又是很有名气的将帅，与张居正关系很好，当年高拱和张居正将北边化干戈为玉帛的大动作，张四维和他的舅舅都是具体参与和实施者。所以，张居正早在高拱内阁时代就很器重张四维。实际上，张居正是以晚辈后生视之的。张四维本人也有些才气，同时也有商人的精明。他是不会亢直犯上的，也不会随便乱说话的。所以，从外表看，张四维还是很恭顺的。张居正正是由于以上两个方面的原因，才把张四维提拔到内阁做助手的。

那么，张居正选张四维，是选对了还是选错了呢？还不好说。我看，总体上是选对了。因为张居正当国期间，张四维确实对张居正"谨事之"，什么事情都不敢表态，只能唯张居正马首是瞻。张居正视张四维为晚辈属吏，稍有不如意，就申斥批评，不留情面，张四维也把自己摆在属吏晚辈的位置上，乖乖听呵，不敢稍有抗争。

但是，也不需要怀疑，张四维也有自己的见解的。比如，在张四维内心深处，就认为张居正整高拱是很不应该的，高拱是太委屈、太冤枉了，早晚要平反昭雪。他对张居正骄盈自用、专横跋扈也一定是很不以为然的。总的说，他和吕调阳一样，在内阁给张居正当副职四年，始终很压抑，即正史上所谓的"邑邑不得志"。

但是还张四维不像吕调阳那样能忍耐，就有点"积不能堪"，想搞点小动作，惹得张居正很恼怒，对张四维产生了厌恶情绪。如果不是张居正身体不行了，张四维会不会被张居正搞掉，还不好说。不过，总体说来，在张居正活着的时候，张四维还是很听话的属吏，当张居正的副手还是称职的。

那为什么还说选对选错不好说呢？是这样的：张居正死后，清算张居正的事，是作为首相的张四维具体主持的。而且，如果不是他不久后因为父亲去世而丁忧并随后也逝世了，那他是会给高拱平反昭雪的；一旦把张居正阴谋发动政变将高拱往死里整的真相都抖搂出来，那对张居正的追究估计还会更彻底些的。不管清算张居正是不是张四维主导的，反正他是不反对的；不管张四维在清算张居正过程中作用有多大，反正张居正的家人都把账记在了他的身上。这都是事实。

就是说，张居正的这个副手，对张居正也是很不以为然的，而且在他掌权的时候，参与了对张居正的清算！

现在，该说说申时行这个副手了。

读过黄仁宇先生写的《万历十五年》这本书的人，对申时行这个名字一定不会感到陌生。老实说，要我选择顶头上司，我愿意选择申时行这样的人，绝对不会选择张居正那样的人。但是，如果要申时行为国家掌舵，特别是在世风日下的年代，那他似乎又有点力不从心。

当然了，张居正提携他，本来就不是选拔接班人的。他没有料到自己会那么早死去，也没有想到申时行竟然成为他事实上的接班人。他是选拔助手的，这样看，申时行就比较符合他的标准了。

毫无疑问，申时行也是读书人中的佼佼者，要说他水平低、能力差，似乎也不公平。他之所以被张居正看重并提拔，首先是因为他有点文才，故正史上说他“以文字结知于（张）居正”。从他后来的表现看，此人从能力上说比较庸碌，性格比较温和、宽厚。这几点因素加起来，可能是张居正提拔他的原因所在。

请允许我替张居正他老人家说句话：申时行这个人，我看得准，选得对！哈哈！

我敢说，这绝对是张居正的心声。何以言之？在给张居正当副手的四年里，申时行很温顺，很听话，对张居正不敢稍有顶忤。但是，这有什么？吕调阳、张四维不也这样吗？是的。在这一点上，申时行和老吕、小张毫无二致，或许可以说有过之而无不及。那张居正怎么会发自内心大笑呢？

会大笑的，而且绝对是发自内心。因为，申时行不像老吕、小张这两位老兄，对张居正唯唯诺诺、忍气吞声，心里呢，却又堵得慌，不是怏怏不乐、仰屋长叹，就是有邑邑不得志之慨；而申时行呢，人家是心安理得接受张居正的驱使，甚至有点故意讨好卖乖。委曲求全和心甘情愿能一样吗？讨好卖乖和忍气吞声难道没有区别吗？别忘了，他们整天在一起办公，朝夕相处，彼此深藏内心的东西，不可能不让对方觉察到的。要不，张居正干吗对吕调阳很不客气，对张四维又常常训斥呢？而对申时行，张居正就不同了，正史的说法是“居正素昵时行”。

“素”和“昵”，这两个字，琢磨琢磨，味道就出来了。张居正一直都喜欢申时行。喜欢啊！而且一直喜欢！如果说，张居正对提拔张四维入阁很可能多少有点后悔的话，那他对提拔申时行入阁就应该是非常得意的了。

但是，实际上，申时行对张居正的为人以及执政手腕是很有看法的，甚至可以说是很反感的。只不过他不敢说、不愿意说罢了。这位申阁老，有点像张居正的老师徐阶，为人温和宽厚，能忍常人之不能忍，圆滑融通。到他当国的年代，其执政风格也很像徐阶，主张要实行宽大的朝政，开言路，布公道，代表文官队伍和皇帝进行暗中较劲等等。甚至，他的寿命也和徐阶差不多，都活了八十多岁。

为什么说申时行是张居正事实上的接班人呢？因为张居正死后，张四维接任首相，席不暇暖，就丁忧回籍了，随后也去世了。而申时行呢，接替张四维，连续当了八年多的首相。

那么，这位张居正亲自提拔、一向喜欢的副手，在当国以后是什么表现呢？

张居正一死，申时行就感叹，“肃杀之后，必有阳春”。说明他是对张居正时代很反感的。他当国后的宽大、温和与张居正的严酷、刻薄形成鲜明对照；与此同时，申时行也把张居正当国时推行的新政，基本上都腰斩或者阉割了。从这个角度说，他不是继承人，而绝对是张居正的反对派。

至于马自强，他在内阁才半年就去世了，是个匆匆过客。他为人很拘谨，也比较持正，张居正提拔他入阁，是在“夺情”风波发生后，声望受到严重损伤的情况下作出的选择。可能看重的，是他的拘谨，也有延揽名望人士的考虑（马自强比较持正，有名望）。

马自强这个人与老吕、小张和申时行多少有点不太一样。他不太甘心唯唯诺诺，也看不惯老吕、小张和申时行对张居正的俯首帖耳，他公开说：不能让子孙后代说我在内阁就是“伴食”！所以他很想发挥点作用，时常给张居正提建议，甚至对领导指示也敢争辩。不过张居正对马自强的建言，根本就置若罔闻，马自强也就只能“不能有为，守位而已”。是不是因为太压抑、太愤懑促成了他的死，说不清楚，反正他入阁半年就去世了。

要是在正常情况下，比如高拱、徐阶内阁，甚至严嵩内阁，马自强都可以算得上一个能合作、顾大局的助手了，主要领导应该很满意了。不幸的是，他是给张居正当助手，而他的同僚，老吕、小张和申时行，又是那样的表现，马自强就稍微显得另类了。当然，也仅仅是稍微而已。他是拘谨的人，不至于像高拱、张居正对待他们的领导那样，采取强势甚至欺辱的态度。即使这样，我估计对稍微有点另类的马自强，张居正还是不太高兴的。他入阁半年就死了，或许张居正不会为他感到惋惜吧！谁让他持正——敢提意见呢？还是有点书呆子气！

好了，张居正选配的副手都一一亮相了，看看这些政府大佬，衮衮诸公，也就知道张居正选配副手的标准了。再看看他们在张居正面前的表现，联系一下张居正身后他们的言行，那就更耐人寻味了。实际上，张居正的副手中，没有一个人对张居正是真心顺从的，甚至内心里，都对张居正的所作所为很反感。专家韦先生有段话，我抄到这里算了，反正我还算是他的学生，他也不会告我侵权的。

韦先生是这样说的：吕、张、马、申四人，都是张居正经过反复筛选考虑，然后提拔入阁，作为自己最重要的助理的。但事实表明，四人在政见上本来就与居正潜存着重大分歧；而且对于居正独揽大权，喜怒任性，颐指僚友若奴隶的作风，都隐藏着很大的反感……形似亲信，实为反侧！

琢磨一下，意味深长。威权社会，人治官场，真是很奇怪！公卿大佬、高级领导干部在上级领导面前竟如奴隶，而真正的奴隶——如游七游“秘书”者流，则让公卿将帅都要争相讨好巴结！官场中人，都要戴面具、巧伪装，明明是反对派，却可以精心装扮成忠心耿耿的门徒孝子！从言谈话语难以分辨真假，从行动也看不出来一个人的真实政见，领导需要什么样的人，就可以装扮成什么样的人。

人治官场最突出的特色，就是一个字：装！

大家都在装。主要领导在装：张居正不就是天天把选拔干部的标准说得冠冕堂皇吗，其实他竟然是因为吕调阳弱而提拔他当副职的！副职在装：恭恭敬敬、唯唯诺诺、忠心耿耿；其实内心不以为然，甚至厌恶之极！

这么一装，选拔干部，就不好办了。就仿佛是假面舞会，要找到你想找的人，是不是有点难度？领导选拔干部，反复筛选，再三观察，认为看准了，选对了，一手提拔起来了，可是，没准是——按照一句很有名的话说——睡在身边的赫鲁晓夫呢！

人治的官场，真真假假，假假真真，如同戏台！人治官场的干部，听其言、观其行，也都是靠不住，看不出真假的！人治官场，掌握用人权的领导，看着挺风光，其实也不容易啊，谁知道选中的人到底是不是真的可靠呢？他心里不可能不嘀嘀咕咕啊！所以，有的领导想清楚了，与其这样，干脆卖官算啦……

"组织部长"的选配是说你行你就行的典型

为了让现代的人们对古代的机构有点感性认识，有人就把吏部比作我们现在的组织部。也有的戏称现在的组织部为吏部。那我也借用一下这个比方，就把吏部尚书称为"组织部长"吧（当然，选用这个标题还有更重要的原因，容文内禀报各位）。

其实，从职能上说，吏部和现在的组织部还是有很大不同的，比如，吏部是管全国干部的任免的，直到最基层的政权，所有干部都是吏部直接管理的。再比如，吏部对干部的任免，作出决定后就直接报告给最高领导人——皇帝，报请皇帝核可就行了，不需要经过常委会什么的讨论了。就是说，吏部的地位和权力，似乎比现在的组织部要高、要大。不过，这个话题，我们不去讨论了，只要知道吏部是管全国干部的机构，而且在中央的六部中列为首位，也就可以了。

顺便多说一句，那个时候的"公务员"制度，和现代法治国家的公务员制度，有相似的地方——比如政务官（官）和事务官（吏）分得很清楚；也有恰恰相反的地方——比如政务官都是通过考试（科举）取得资格，而作为事务官的吏，则是聘任的，有点政府雇员的性质。而吏部，虽有个"吏"字，但却是管官的，不是管吏的。当然，在某种场合，官也可以称为吏，比如，可以称省的最高领导干部为封疆大吏。不过，官和吏，是不同的概念，不同的身份，这个丝毫不能混淆的。

既然吏部如此权重，那吏部尚书就相当显赫了。要不，吏部尚书咋就被称为"天官"呢！所谓"天官冢宰"是也。所以有时候也尊称其为"大冢宰"。

在张居正发动政变上台的时候，担任吏部尚书的"大冢宰"，是三朝元老杨博。

杨博这个人资历、威望，非张居正所能比。他中进士的时候，张居正还是四岁的孩童呢！他担任部级干部的时候，张居正还没有中进士呢。早在万历皇帝的爷爷嘉靖皇帝时期，杨博就担任过兵部尚书、吏部尚书。岂止如此，这个人很有操守，当年严嵩当国，张居正私下给严嵩捉刀代笔，大献殷勤；杨博却不买严嵩的账，常常抵制他。后来中央政府大佬们权力争斗，政潮汹涌，杨博挺然自立，始终未依附任何一方，也没有卷入是非纠缠。他往往以调停者的角色，善处于各方。

张居正对于杨博这样的人，是很不放心的，也绝对不会喜欢的。因为他“喜附己”，不允许游离势力存在的。更重要的是，张居正对杨博，有点怕。那是不是对前辈的敬畏之心？非也。因为，对张居正整高拱的阴谋，杨博知道的太多了。这样的人担任吏部尚书，张居正能放心吗？说得严重些，杨博担任吏部尚书，张居正犹如芒刺在背。

那怎么办呢？是啊，不好办的。你又抓不住他什么把柄，相反，你自己恰恰有把柄在人家手里攥着呢！想要杨博挪挪位置，看来还真不是件容易的事。所以，张居正刚刚坐上首相的宝座，就立即动手调整人事，六个部调整了四个，就是最关键的吏部和最不关键的工部，他没有动。估计这个时候，张居正心里有点堵得慌。会不会暗暗骂声“这老梆子”也未可知呢！

就在这个时候，杨博“病”了。他打了辞职报告，请求辞职回家。

还记得吗，在前篇即《精心选配的副手实际上都看走了眼》里，我曾经说过，内阁次辅吕调阳也是因为“病”了，接连打了十次辞职报告，经过一年多，张居正——当然是以皇帝的名义——也没有批准。这虽然是后来的事，但是也可做一对比。那杨博呢？他以同样的理由请求辞职，能批准吗？——还用说吗？张居正求之不得啊，肯定会批准的！是的，事实就是，杨博因为“病”了，打了一个辞职报告，张居正——当然是以皇帝兼他的乖学生的名义——当即就批准了。

杨博是病了吗？当然不是，或者说，主要不是。此话怎讲？按照专家韦先生的话说，杨部长“其疾主要不在健康，而是患有政治病”。再说得直白些，杨博不能、也不愿意和张居正共事了。

我得顺便说说，明代的时候，高级领导干部似乎不太恋栈，赖在台上不下来的人是有的，但是似乎不太多，主动提出辞职的事情，倒是挺不少。这和现代法治国家政务官经常辞职有点相像。这些提出辞职的人，有的，是因为有了丑闻；有的，是因为政见不和；有的，可能真的是健康原因吧。他们提出辞职，有的是被动的，有的是主动的；有的是按照惯例行事；反正提出辞职的事情，真的挺普遍，挺平常的。明代，至少是嘉靖、隆庆、万历三朝，在中央工作的每个高级领导干部，尤其是内阁的首相、六部的部长，没有提出过辞职的，大概一个也没有吧？当然，他们提出辞职，未必都是真心，得到批准的，相对也是少数。

这不，杨博就因为不能也不愿和张居正再共事，就提出辞职了。张居正正巴不得呢，当然很快就批准了。那就要选配一个新的吏部尚书了。

张居正是最高实权人物，他以皇帝的名义任命一个不就得了！是可以这样做，张居正也完全能够办得到的。但是，果真这样做了，立即就会引起一场风波。抗议的、讥讽的，都会有；风言风语一定少不了。张居正固然可以置之不理，但是新出炉的吏部尚书还怎么工作呢？可是，真的按照制度选拔吏部尚书，就必须"走群众路线"，经过"民主推荐"——廷推。那么，张居正想用的人，很可能选不到的。

所谓廷推，也就是中央政府中层以上干部和全体"议员"开会讨论，推荐出三名候选人，排序上报，由皇帝在这三个候选人中圈定一人。毫无疑问，如果是"走群众路线"，搞"民主推荐"，一定不会推荐出张居正已经私下选中的人的。因为，这个人，实在太出乎众人意料之外了。那怎么办呢？

两难。特旨任命，说不过去；"民主推荐"，想用的人难以纳入视野。不过，这个难题，难不倒权术高手张居正的。

张居正想出了一个办法：即不廷推、也不特旨任命，他搞了一个折中，要吏部提出三个候选人，报请皇帝从中圈定一人。说是吏部提名，这个时候，杨部长已经辞职，张居正也敢对吏部颐指气使了，所以，候选人名单，应该是张居正精心筹划出炉的。

此话怎讲？可以说，三个候选人，有两个是张居正所不太喜欢的，甚至还很反感的，而另一个候选人则相当出人意料，而这个人能够作为候选人报上去，恰恰是张居正的意图。

现在，就让我们看看三个候选人的情况。

三个候选人分别是：葛守礼，现任职务是都察院的掌院都御史，也就相当于监察院院长（"议长"）。朱衡，现任职务是工部尚书。张瀚，现任职务是留都南京的工部尚书。

先说说葛守礼。葛守礼这个人，也是老资格，和杨博是同年。什么意思？他中进士的时候，张居正还是四岁的孩童呢！他也是三朝元老。这个人的经历很丰富，他不仅在地方上干了很长时间，担任过省级的最高领导，而且除吏部外，在中央各部都任过职，阅历广、行政经验相当丰富。而且，经历、经验不说，老干部葛守礼，很廉洁，为官也很公正，素以廉明著称。所谓无欲则刚吧，反正葛守礼这个老干部，有点个性，处事有见地，不屑附和、迎合，不肯惟上。

上述情况，应该是人所共知的。还有一点，外人或许未必知道，那就是：

张居正想利用一个小混混儿闯宫事件广事株连，阴谋诛杀他的前任兼“生死之交”的高拱这件事，被葛守礼给识破了，张居正欺君大罪的证据，也被葛守礼掌握了。

张居正怎么可能会让这样的人，当他的“组织部长”呢？可是，老干部葛守礼有威望，广大干部拥护他，倘若吏部尚书的候选人中没有他，那别人就会说张居正在做手脚！所以，不得不把这个人纳入候选人名单中去。这是迫不得已的。

那么，朱衡又怎么样呢？——别提了，几个月前，张居正对中枢机构进行大改组，六个部换了四个，就是吏部杨博、工部朱衡没有换。张居正不是不想换，太想换了。可是，不好下手啊。现在，杨博很知趣，自己辞职回家了，工部尚书朱衡还厚着脸皮赖在台上不下来。直截了当说吧，朱衡，不是张居正喜欢的人。可是，与葛守礼差不多，朱部长的威望很高；而且，他这个位置，按照惯例，是“组织部长”当然的人选。

帝制时代的不成文“宪法”，也就是惯例，很多。比如用干部，为了体现公平，往往是采取“推磨”制度。一般说，不从副职提拔，而是按照排序“推磨”。比如吏部分四个司，排在第一的司长——郎中——出缺，排在其后的司长接任。部长一级大体也如此。不过，有时候，下一排序的领导是刚刚提拔上去的，就得顺延了。就现在的状况而言，其他四个部的部长都是张居正新选配的，按照顺序，也该轮到工部尚书朱衡了。这是惯例。不把他作为候选人推荐上去，别人同样会说张居正在捣鬼。

所以，葛守礼和朱衡，作为排在第一、二位的候选人，张居正选择他们，是不得已的；同时，也是为了堵住天下悠悠之口的。

第三位候选人张瀚是什么人呢？说到张瀚这个人，研究经济史的人大概不会太陌生吧？历史书上说到中国曾经有“资本主义萌芽”，就要举出例子，而所举的例子，多半就是来自张瀚所写的叫《松窗梦语》这本洋洋八卷的书。研究明代社会经济、商业贸易的学者，如果不是太浮躁而是踏踏实实做学问的话，那不可能没读过这本书的。不过，在张居正要选“组织部长”的时候，张瀚还没有写那本书，谁也没有想到他会因为这个而在几百年后在一定的学术圈子里成为名人。

不妨简单说说张瀚这个人的经历。

张瀚，字子文，是现在的杭州人。这个人和张居正一个属相，但是比张居正整整大一轮，进士及第比张居正早十二年。可能是没有张居正的脑子聪明，也可能是没有张居正的运气好，他进士及第后没有能够进入翰林院继续深造，而是被分配到留都南京的工部做主事（处长），后来又外放庐州、大名当了"一把手"。就在张居正庶吉士散馆后的第二年，北方的蒙古瓦剌俺答率兵包围首都，中央急令征调民兵入卫京师。张瀚在大名府做"一把手"相对来说是离首都比较近的了，响应中央号召也很及时，受到表扬，被提拔到陕西担任相当于常务副省长的职务，随后又被提拔担任了陕西省的"一把手"。半年后提拔到中央，担任大理寺卿。或许可以说，这个职务接近现在所说的最高法院院长？不过那个时候没有三权分立理念，大理寺级别不高，只相当于现在的国务院直属机构的地位。

不过别误会，乍看起来，似乎张瀚犯错误被降职了，不是的。那个时候中央和地方级别不对等的，根本没有"省部级"的概念。省里的"一把手"和部长、副部长乃至司长，都不好比的。

张瀚这个人可能挺会来事，当了大理寺的"一把手"不久，又升任刑部副部长，旋又调兵部当副部长，兼任漕运总督。后来广西发生了动乱，中央派兵弹压，张瀚就任最高指挥官，身份相当于是后来所说的两广总督。不过，这一次，张瀚似乎不太顺利，他和广西省的"一把手"闹不团结，相互拆台，导致动乱不仅没有平息，还愈演愈烈，并因此受到了相当于现在我们所说的停发工资、回家反省的处分。

我得说，张瀚这个人家里是很有钱的。当然我没有查到过他们家的存款单，之所以这么说，是基于两个因素：首先，张瀚家开有工厂，应该算是"萌芽资本家"吧！其次，他担任过漕运总督，估计也不少捞钱。提到张瀚家有钱，并不是说怕诸位为被停发工资的张瀚的生计担心，不是的。我的意思是说，不知道怎么回事，不久张瀚又被起用了，先是又做陕西省的"一把手"，随后就升任留都中央的副"议长"，并很快升任工部部长。张瀚就是以留都中央工部部长身份，被列入"组织部长"候选人名单的。

要说，中央的吏部尚书，是轮不到留都的工部尚书张瀚来当的。

这里，我还得展开说两句，说一下"留都"这个概念。不然，怎么两个工部尚书啊？朱衡一个，张瀚一个，不就乱了吗？

当年朱元璋的太子死得早，等朱元璋死的时候，是他的已故太子的儿子也就是朱元璋的长子长孙接的班，结果这位长子长孙很快又被他的四叔夺去了皇位。四叔后来把首都迁到了北京，但是为了表示对朱元璋的尊重，南京被称为留都，在那里仍然设立和首都一模一样的中央政府机构。可想而知，虽然名义上和北京的机构是一样的，实际上是闲衙冷差。如果谁被安排到留都任同样的职务，那一定是失宠了，或者犯错误了。张瀚是南京的工部尚书，和北京的工部尚书，不是一回事的。

按照排序，工部是排在最后的，何况，还是留都的工部？那张瀚出现在吏部尚书的候选人名单里，只能用"黑马"来表示了。如果走"群众路线"——廷推，根本不可能推到张瀚的头上的。显然，张居正就是想用张瀚当他的"组织部长"的。不然，怎么会有张瀚这匹"黑马"闯进候选人名单呢？如果张瀚不能被列进候选人名单，那想用他也就不好办了。

当然，按说，就是列进候选人名单，也还是轮不到张瀚的。毕竟，他是排在第三位的。按照常规，一个职位推荐三个候选人，然后排序上报，一般来说，排在第二、第三位的，实际上是"陪榜"，最后圈定的，往往是排第一的候选人。就是说，按照用干部的惯例，吏部尚书该是葛守礼来当的。

可是，张居正不愿意葛守礼这个老干部当他的"组织部长"，朱衡就更不能（另文述之），但又不得不把他们列入候选人名单。这又是个难题。那就做工作啊，领导要用谁，还能不事先做点工作吗？吏部上报的候选人考察材料，实际上已经按照张居正的意思，有所倾向了。说葛守礼是老干部，挺正的一个人，可惜年龄似乎偏大了些；朱衡这个人，要说资格是够的，人也不错，就是太固执，听不进别人的意见，毛病不少。等到要圈定最后人选的时候，张居正又当面告诉他的乖学生、九岁的万历小皇帝说，张瀚这干部不错，"品格甚高，文学政事兼长，实堪此任"。

按照张居正的介绍，张瀚这个干部，德才兼备，不仅政治上很过硬，而且理论水平很高（顺便说一句，过去说到文学，和现在文学的概念不同的，大体上相当于我们现在所说的理论素养），行政管理也是把好手。想想看，有的人，理论水平高，处理实际政务能力未必强；而有的人，处理实际政务能力强，理论水平往往有欠缺，而张瀚则是两者兼长。是不是人才难得？张居正还有一句话，很有水平，也很有分量。他是这样说的："出其不意，拔之于疏远之中，彼之图报，必当万倍于恒情矣。"

他的弦外之音是，提拔张瀚是有点出人意料，他现在的位置离皇帝是很疏远的，离吏部尚书的位置也是很遥远的，可是，正因为这样，皇帝提拔了他，他的感激就万倍于正常情况下坐上吏部尚书这个位置的人，那他一定会拼命报答皇恩的。张居正的这些话，实际上是为用张瀚作的辩解。他是说给小皇帝听的，更是说给舆论听的。当然，张居正心里清楚，张瀚心里明白，不是皇帝提拔了张瀚，是张居正破格提拔了张瀚；张瀚要报答的，不是皇帝，而是张居正。他的报答，一定会万倍于正常情况下按照常规当上了吏部尚书的人。

事实的确如此。我是说，张瀚拼命报答张居正，是事实；张居正对张瀚的评价，则未必是事实。那张瀚这个人到底怎么样呢？

有一个事实值得再强调一下：张瀚家里很有钱的，可能也比较大气吧，倘若真该花钱的时候。那么，张瀚是不是花钱在游七游“秘书”那里疏通，才纳入张居正的视野我不知道，要不，张居正怎么会想到远在南京的张瀚呢，这事姑且存疑。其他就不好说了，总体上说，张瀚这个人作为吏部尚书，似乎不太称职。

按照对张居正评价很高的专家韦先生的说法，张瀚“口碑甚坏”，并不是张居正所说的“品格甚高”；他根本没有处理人事工作的任何经历和经验，并不是张居正所说的“文学和政事兼长”。可是，说你行你就行（比如张瀚），说不行就不行（比如葛守礼），不服不行（比如葛守礼、朱衡和不断提出质疑的朝野人士）。结果是，人家张瀚，就是当上了吏部尚书。

而且，正如张居正所说，超常提拔，就是超常报答。从此，用人权牢牢控制在了张居正的手里，张瀚的角色，简直就是他的人事秘书了。所以，说他是张居正的“组织部长”是比较恰当的。这就是为什么我用了“‘组织部长’的选配”这个标题的主要原因。

可别小看了张居正的这一招高棋。这哪里是仅仅选配了一个对他来说满意的“组织部长”，通过吏部尚书的选任，他简直就是发布了一个宣言书，树立了一个导向，告诉那些想升官的人们，该如何做才能实现梦想。这件事隐含的寓意就是：要想升迁，必须讨好、依附张居正才行的；那些个有个性，不依附的人，你的能力、资历也好，声望和“群众基础”也罢，都白搭，没戏的！所以，官场上的风气开始发生变化，按照明史的说法：“瀚资望浅，忽见擢，举朝益趋事居正”。

难怪后来官场上逢迎讨好张居正，到了无以复加的地步，官员连和老婆做爱也要先歌颂张居正的丰功伟绩呢！也难怪到游“秘书”那里“猎美官者栉比”呢！

人治官场，提拔一个人，学问不小的；提拔一个管人的人，那就更有讲究了。张居正的手腕，确实很高的。也难怪官场中人，都不得不服。

不服不行的！

朱部长的下台说明不服确实不行

在选拔干部问题上，领导说了算，别人不服真的不行。这时有一位高级干部，似乎不太服。这个人就是工部尚书朱衡。

说到朱衡，现在知道的人不多了。不过说到他提拔过的那个人，大家或许都不陌生：这就是大名鼎鼎的海瑞啊！海瑞之所以能够从一个举人出身担任知县、户部的六品主事，就是朱衡的功劳。正是朱衡发现了海瑞这个人才，不断推荐、保举，海瑞才得以被破格任用。也许可以这样说，如果不是遇到朱衡这样的领导，海瑞或许就只能沉于下僚、默默无闻、怀着满腹的怨怒和不甘寂然离世。从这个角度说，朱衡就是海瑞的伯乐。没有朱衡，就没有我们现在知道的海瑞。

从朱衡所欣赏的人就可以看出这个人是怎么样的品格了。显然，朱衡这样的干部，很不符合张居正的胃口。而朱部长呢，对张居正也有点不服气。

那就没辙了，他就得卷铺盖，回家！现在，我们就来看看，张居正是因为什么原因、以什么方式让不服气的朱部长卷铺盖回家的。

先多说两句。

那个时候，中央才六个部，部长六人，叫尚书；副部长每部二人共十二人（高拱改革，兵部多设了一个副部长，所以一个时期是十三人），叫侍郎。如果按照体制，六部归最高领导人的皇帝直接领导，内阁不是六部的上级机关，也无权直接指挥六部的。所以部长们的地位很高的。

但是，威权国家，人治官场，制度和实际是不一样的。张居正当国，不要说部长，就是内阁的同僚，他也视为属吏，指挥若奴隶的。这个，我们已经讲过，不再赘述。至于用干部的权力，那从“宪法”和体制上说，属于吏部和皇帝，张居正是无从干预的。还是那句话，人治啊！所以，用干部的权力，实际上控制在张居正的手里。但是，由于“宪法”和体制的限制，他要提拔谁或者赶走谁，不能那么直接，要有点技巧的。

好了，现在该说朱部长的事了。我在《“组织部长”的选配》里已经说到过，张居正刚上台，立即就动手调整中枢人事，六个部换了四个，后来吏部尚书杨博也辞职了，就剩下工部尚书朱衡了。那就是说，他是前政府时期用的干部。

要说，张居正也是前政府的“二把手”，而且发言权很大，用干部，高拱基本上是尊重他的意见的。用朱衡，他当时如果不同意，也未必办得成的。可以说，朱衡绝对不是高拱的私党，和高拱个人关系，也谈不上密切，甚至还经常给高拱出难题。所以，张居正对朱部长是不是满意，要不要换他，和这个没有关系的。

实际上，朱衡是合适的工部尚书。为什么这么说呢？因为，朱部长是知识化、专业化的干部；是从基层一步步干上来的干部。知识化在那个时候不是问题，不是进士，不可能当部长的。学历货真价实。朱部长中进士的时候，张居正才七岁。而专业化就很难得。

工部相对来说，属于专业性较强的政府机关。而朱衡，是著名的或者说一流的水利专家。那个时候所谓工程建设，水利工程是最主要的，管理水利工程建设，也是工部最重要的职责。水利专家担任工部尚书，名副其实的专业化。

不仅如此，朱衡行政经验很丰富。他熟悉方方面面的工作，对基层也很了解。他中进士后，就被分配到最基层的县任职，后来到州，又提拔到省，民政、学政，都干过。从地方，又调到中央工作，在刑部、礼部担任过副部长，最后到工部当部长。

朱衡朱部长这个人也很有操守。他很正直，也敢说话。朱衡在担任工部尚书后，对隆庆皇帝要求上的、供皇家享用的工程项目，也就是名副其实的"一把手"工程，公开抵制不办。所以专家韦先生说他是"勇于任事，敢于直言的正派大臣"。

应该说，朱衡完全称得上是德才兼备的干部。要说朱衡这个人，人才难得，我看一点也不过分。这，也正是当年高拱选朱衡来主政工部的原因所在。但是，现任的领导不是高拱，他有自己的一套用人标准。那此时事情就不好说了。

正史上是这样说的：朱衡"性强直，遇事不挠，不为张居正所喜"。我擅自改改，如果这样说：朱衡"性柔弱，遇事依违，为张居正所喜"。那就一切没问题了。可惜，这是假设的。既然朱部长很强势，又很耿直，那他就不那么乖乖听张居正的指挥了。

还有一件事，让张居正耿耿于怀。

不久前，他和冯保密谋策划的欲置高拱于死地的惊天假案、冤案，受到不少人的抵制，其中朱衡就跳出来表示过怀疑，还给特别法庭的首席大法官朱帅说，不能罗织，更不能株连，不然承担不了历史责任的！那张居正能高兴吗？

政见上，朱部长也与张居正有分歧。他不同意张居正急于推行新政，主张不能操切，要慢慢来。

如此看来，朱部长和国家最高实权人物，几乎是事事不合拍了。张居正能不想赶他下台吗？可是，他不好下手。

但是，忍耐毕竟也是有限度的。有一天，张居正这个城府很深、一向不露声色的最高实权人物，终于忍不住向他的同乡兼幕僚李先生露出了心里话："朱镇山老奸，笼络台省，谁能测其隐者？"张居正的话，分量很重的。意思是说，姓朱的这个老东西，真是老奸巨猾，不听招呼倒还罢了，居然还笼络"议员"，真是居心叵测，这个老东西，意欲何为啊？是不是要"篡党夺权"啊？！

我不敢肯定张居正说这话，仅仅是发出一个不能容忍朱衡再干下去的信号，还是他真的怀疑朱部长在密谋夺他的权——他这样干过，就容易怀疑别人也这样干。不管怎么说，张居正这样的表示，就是发出了要拿下朱部长的信号。张居正这话可能是在家里说的。他的私人"生活秘书"游七听到以后（也可能是授意他跑腿的），就找到他的哥们儿（干部们对游"秘书"争事以兄礼啊，他的哥们儿少不了的）、内阁的文字秘书乔先生，让他跑腿去办。

估计，事先也商量过查查朱衡经济上或者生活作风上是不是有问题，也没有查出个所以然。为什么呢，所谓无欲则刚，朱衡敢那样直言，那样强势，他要是不干净，恐怕是做不到的。反之是不是成立，请学者研究。

那就用另一个常规手段："议员"弹劾。乔秘书连夜找到"议员"——担任"给事中"的蔡先生，要他出面弹劾朱部长。蔡"议员"一听，凛然正色道："劾人媚人，岂丈夫事？！"给乔秘书碰了个大钉子！

"哼哼！"乔秘书冷笑了一声，"你不干，自然有人干！我看你以后想干，未必干得成了呢！"——要交代明白：乔秘书的这句话，是我根据事实推测的。

乔秘书于是又找到林"议员"，林"议员"受宠若惊，欣然受命，当即写就了参折。真是难为这个替领导分忧的林"议员"了，他能当即写出弹劾"提案"，确实有培养前途。想想看啊，朱部长要是有什么问题，早就干不到今天了，那要弹劾他，列举出理由或者说"罪状"来，容易吗？可人家林"议员"就有这个聪明才智！

当年张居正的打手曹"议员"弹劾高拱，不就是以高拱在皇帝生病的时候，与人商量工作，居然有笑容为理由，推论说高拱大不忠吗？而正是这个曹"议员"，在张居正当国后立即就得到提拔，说明这样的干部，有培养前途的。

林"议员"也得努力不是吗？于是，林"议员"的"提案"也类似曹"议员"，不过更多了些个人推断。他弹劾说：朱衡这个人，“外为疆直，中实刚愎”，因此不适宜再干下去了。就是说，根据推测，朱衡这个人，看起来挺正直，其实内心里是一个刚愎自用的人。就好像他是朱衡肚里的蛔虫，知道“内”里是什么样的。

按照惯例，受到“议员”弹劾的政务官，不管弹劾得对错，也不管国家元首什么态度，为了给国家元首处理起来提供方便（就仿佛现代法治国家，首相要改组，内阁成员都照例请求辞职，以方便重新组阁一样），照例要先打辞职报告的。朱衡受到弹劾，也递上了辞职报告。

同样是惯例，国家元首绝大多数情况下是要慰留的。像这样莫名其妙的参折，以猜测一个高级领导干部“内心”什么样子作为“罪证”，实在令人匪夷所思。所以，照常规，慰留被参劾的对象，是顺理成章的。但是，这次，没有慰留，而是照准。

朱部长就此下台了。

顺便再交代一句：那个对朱部长提出弹劾的林“议员”，可能是犯了错误或者什么原因，本来照例要外放的，但因为立了这个大功，吏部立即收到指示，不仅不能外放，还要提拔，果然他很快得到了一个很重要的岗位，愉快履新；而那个说“为了献媚领导而弹劾领导不喜欢的人，岂是男子汉大丈夫所当为”的蔡“议员”，立马收拾行李，外放四川做闲差了去了。

对心腹的提携保护和翻脸抛弃都如此决绝

朱部长不够幸运，遇到了张居正这个人掌握最高权力，他只能灰溜溜下台回家；而张部长很幸运，出人意料地就捞到了一个肥缺。

看看，一个德才兼缺、口碑甚坏的人，张居正要用，偏偏就说这个人德才兼备、人才难得！能够用这样的干部，是国家的幸事！而一个真正德才兼备、人才难得、威望很高的干部，张居正偏偏就是看不上，施展手段把他赶下台。真是说你行你就行，不行也行；说不行就不行，行也不行！而且，不服不行啊！

那么，有权的领导为什么要这样啊？实际上，无论理由多么冠冕堂皇，背后都是个人私利在起作用。说白了，有权的领导不是傻瓜，他不惜让人背后指指点点逆人心舆情而行事，就是为了个人私利！不信，看看张居正是如何对待吏部张部长的，就明白了。

前面说过，吏部张部长作为政坛“黑马”，被张居正选中，出人意料。张瀚能够出人意料获得肥缺高位，当然应该是很幸运的了。他在吏部尚书位置上的整整四年中，始终受到最高实权人物张居正的全力维护，也应该是幸运的吧？但是，我觉得其实张部长这个官，当得挺窝囊的。

首先，张瀚坐上吏部尚书的宝座，正因为出人意料，或者说大家认为他得到了不该属于他的位置，广大干部群众不敢表达对张居正的不满，就把矛头指向张瀚，议论纷纷，说三道四，所以，总的说，张部长在干部群众中挺没有威信，也很没有面子。其次，也是最关键的，张瀚根本就不称职的！张部长掌管吏部，勉为其难了！

上述两个因素加在一起来看，那张部长的日子，其实并不怎么好过。诸位想一想啊，张部长没有毛病，人家还看不顺眼呢，何况他能力差、水平低，根本就不称职，那还不整天让人家挑毛病啊？是的，张居正对言路是堵塞得很厉害的。“议员”们害怕他的铁腕儿，一般不敢轻易批评他；但是，对张居正本人独断专行大家已经是忍耐再忍耐了，对张部长这样的干部，总不能也不让别人提意见吧？

据正史的记载，张瀚当了吏部尚书以后，“进退大臣，率奉居正指；即出己意，舆论多不协”。瞧瞧，张部长这个官当得，够格不够格啊？窝囊不窝囊啊！

这里，我得顺便稍微多说两句。

吏部尚书，是很敏感的一个位置，有很多讲究的。也就是说，有不少规矩，也可以看作是不成文“宪法”。比如，吏部尚书是独立行事的，一般不和外界接触，即使是内阁首相，他也不交往的。严嵩当国的时候，一个叫李默的吏部尚书，有一次严嵩特意登门拜访他，说想就考核干部（即所谓京察）的事情，跟他谈点想法；李部长根本就不见。他让下人告诉严嵩说，干部的事情，是吏部的事，内阁就不必操心了！还说，按照规矩，吏部尚书是不能轻易与高级干部交往的，现在正处于考核干部的关键时期，按规矩就更不能接触高级干部了。就这样，严嵩竟然吃了“闭门羹”！瞧人家这个吏部尚书当的，牛气不牛气？

可是，张瀚呢？他哪里有什么用人权呢？高级干部都是张居正叫用谁用谁，他等因奉此罢了；剩下的小萝卜头儿呢，他自己拿主意用用吧，又因为能力水平有限，得不到认可，搞得大家意见挺多，指责声不断！

还别说，那个时候，"议员"确实很厉害的。别看他们才七品，可是，绝大多数高级干部都怕他们的。他们很挑剔的——也是，他们不挑剔，就完不成任务，就要被问责的。于是，"议员"们睁大眼睛，紧盯着那些高级干部，看能不能抓住什么小辫子。张瀚张部长这个人，本来就根本不适合当"组织部长"，业务不熟悉，管理无经验，难免成为"议员"们的靶子。

这不，张部长刚刚上任不太久，就被弹劾了一次。

这是万历二年发生的事情。这一年，中央出台一个政策，要把各部的主事，一律调任御史——即我所谓的"议员"。估计是张居正上台后搞了一次大清洗，那些所有弹劾过太监冯保和张居正的"议员"，以及曾经为高拱说过公道话的"议员"，统统拿下了，"议员"的编制严重不足，就采取这个办法补充一下。

顺便说说：主事和御史，起始级别都是正七品，小官。一般来说，三年一度的科举考试，考中进士的，少量考取庶吉士进翰林院继续深造，其他的就要分配工作。名次靠前的，留京；留京的进士，首选是当"议员"（御史），其次是分到各部当主事（或许可以把主事比作现在中央部委的处长吧）。还有的就分配当司务、中书等等。当然，主事，也有从更下一级（比如司务）提拔上来的，干的时间长或者自身带级别的，也可以是六品的。比如海瑞，调中央工作就是六品主事。

主事转任御史，虽然是平级，但是一般认为是重用。就仿佛现在的县长和县委书记都是正县级，但是县长当了书记，还是有提拔的意思。那么，主事转任"议员"，本来是办好事啊。可是，不知道是张瀚经验不足还是处理问题的能力有限，抑或是另外的原因吧，我说不好，反正就惹得"议员"对他提出了弹劾。说一个姓侯的主事，刚刚就任主事不到一个月，就转任御史，是不是太快了？正常吗？搞得张部长很狼狈。

还有一件事，是这样的：山东有一个小干部，受到了弹劾，对他的处分是"调简"。什么意思呢？举例子说吧，一个大县、富县的副县长因为有点错误，给他平级调动，到一个小县、穷县当副县长，就可以说是"调简"。结果山东这个受到调简处分的干部，给平级调到了广东；还有一个广西的小干部，在干部考核中属于不称职（那时候叫不及格），就给调到了江西。不用说，这样的事情逃不过"议员"们的眼睛，弹劾也就接踵而至了。"议员"王先生在弹劾"提案”中质问张部长说，难道广东简于山东？江西简于广西？这不纯粹属于任性胡来吗！因此，他明确要求张部长鞠躬下台。

我相信，办这些小事，未必是张居正的意思。可能正因为不是张居正的意思，“议员”们才大做文章，不依不饶呢！

那时候，弹劾干部的文件，是要登报纸（邸报）的，王“议员”的弹劾“提案”一公布，南北两京的“议员”们，纷纷响应，对张部长的弹劾，到了群起而攻之的程度。张部长无奈，只得乖乖递上了辞职报告。

诸位如果看过《朱部长的下台》就知道了，朱衡朱部长，因为有一个林“议员”弹劾他“表面不错，‘内心’可能有问题”，不得不递了辞呈，张居正立马准了。那这次呢？弹劾张部长的人，更多，而且还不是推论，有事实根据的。难道张部长就因此下台了吗？——那我还写他干吗呢？重复来重复去，人可不必的。张部长是要下台，但是，不是现在。

不错，张部长灰头土脸，垂头丧气，他确实是递了辞呈；可是，张居正不批的。张居正不仅不批，还亲自出面，替张部长说话了。听了这位最高实权人物的话，简直能让你背过气去！张居正理直气壮地说，张瀚是皇帝御笔亲点的吏部尚书，我也为皇帝能够获得这样一个堪当此任的合适人选而贺！

弦外之音听出来了吧？张居正的意思是说，你们大家都说张部长不称职，可是我看他是最合适、最称职的部长啦！能够选上这样一位部长掌管吏部，值得庆贺啊！难道你们认为皇帝选人选错了？难道你们想要与皇帝和我过不去吗？先用大帽子压人，定了调以后，张居正接着说，不错，“议员”们说的那些事情，是存在；可是，那些是司长们迂腐不达事理，导致的小小的失误，怎么能算在张部长头上呢？况且，这样区区小事，你们就抓住不放，群起而攻之，使得张部长才不得展、志不得抒，不能报答组织上的关怀，居心何在？

张居正话锋一转，说，我都听说了，有那么一两个人，因为觊觎吏部尚书的位置，没有得到，就造谣惑众，在南北两京挑拨是非，居心叵测！所以，我也不是一味维护张部长，我是为了维护——借用现在的话说——安定团结的大好局面才不得不出面说话的。

这又是上纲上线的话！张居正要表达的意思很清楚，用现在的话来表示，就是说，发生对张部长群起而攻之这样的事情，是有政治背景的，背后有人策划、指使，为了维护安定团结的大好局面，我不得不站出来说话。要站在政治高度看这件事，不能理解为是我张居正不分青红皂白一味维护张部长。

看看，用干部，真的就是领导说你行你就行啊！

提拔张瀚的时候，因为过于出乎意料，大家都很惊诧，张居正就说，这个人德才兼备，是最合适的人选。可是，实践证明这个人德才兼缺，根本就不称职，广大干部议论纷纷，“议员”们抓住他的失误依法弹劾他，要他下台；张居正却出面强硬表态说，实践证明选这个人选对了！这个人就是最称职的部长，能够选到这样一个人当部长是国家的福气！我认为值得庆幸！

大家都说这个人是窝囊废，可是领导就偏要说他是精英；大家都说这个人是缺德无能，可是领导偏要说他是德才兼备。领导这么说了，别人也就没有办法了！

岂止如此啊！对于领导说行的，那些敢说不行的人，还得要付出代价的！朱衡朱部长的下台，就是在张居正说这些话以后不久发生的。因为张居正怀疑是朱部长在背后捣鬼，所以非赶他下台不可！

要说，按照张居正的逻辑，既然是朱部长因为不服气而背后捣鬼，那些弹劾张瀚张部长的“议员”，就是受人利用，批评警告一下也就算了，何况，他们是依法履行职责，而且也不是捏造栽赃，应该不再追究了吧？可是，事情却不是这样。张居正不能容忍和他不保持一致！在这位最高实权人物看来，这些人，至少政治上是有问题的，不可靠的。所以，带头弹劾张部长的“议员”们，都被张居正以各种理由打发到外地找凉快的地方待着去了。

据专家韦庆远先生的说法，在某件事情发生前的四年里，“张居正一直对于口碑甚坏的张瀚，采取了坚决支持和保护的态度”。原因很简单：那是因为张部长“在张居正的权力天平上，承当着一枚轻重就手、指挥如意的砝码角色”。这就是张居正何以全力维护张部长的原因所在了。

该是张部长的幸运还是不幸呢？我说不好，只有张部长本人最清楚。不过，我推测，开始，张部长一定是觉得自己很幸运；渐渐地，他又觉得不太幸运，甚至，在他的内心，或许已经充满了哀怨。

终于，一件事情发生了。

万历五年秋，张居正的亲爹——这个老封翁挺招摇的——去世了。按照“宪法”，张居正是应该回家奔丧的。张居正的内心想法是不回家奔丧，继续在北京上班，但是表面上，他又三番五次提出要回家奔丧。

这件事立即在两京广大干部中引起了轩然大波。这场风波，对每个干部，都是一次严峻考验。张居正平时听到的颂扬太多了，现在，是考验每个干部是不是政治上可靠、是不是真心拥护他的时候了。

问题是，张居正表态说，无论如何，他是要回家奔丧的；但是他内心的想法是，无论如何，他是不离开北京一步的。善于揣摩的干部，当然就会表态“反对”张居正公开表示的要回家奔丧的决定；不明就里的干部，还觉得应该帮助张居正实现心愿，支持他回家奔丧！毕竟，“宪法”有规定，人情世故、伦理道德，都要求亲爹死了，作为儿子应该回家奔丧。况且张居正本人也再三表示坚决要回家奔丧的。所以，一时赞成张居正回家奔丧的意见，占了多数。

可是，实际上张居正是绝对不想回家奔丧的。这就麻烦了。领导遇到麻烦，最需要“马仔”们帮忙化解了。平时都是领导照顾“马仔”，关键时刻，该“马仔”们上啦！不用说，广大干部中最有影响力的，莫过于吏部部长了。可是，张瀚张部长，这个张居正一手提拔、全力维护的“马仔”，在这个时候，却沉默了。

这已经很使张居正失望了。张瀚在这个关键时刻没有冲锋陷阵为张居正摇旗呐喊，他能不失望吗？于是，张居正让人给张部长递了条子，告诉他，这回你要“反对”领导一次，出面和他“作对”，表态不同意张居正回家奔丧。

张瀚拒绝上这样的表态书。是张瀚的道德底线不允许他作出这样违心的举动？是他看到反对派的力量十分强大，他看不准，拿捏不好？还是他内心的哀怨促使他下定的决心？或许，三者兼而有之？总之，在张居正看来，张瀚显然没有经受住考验。在张瀚的内心，是不是有“反正老子不伺候了！爱咋咋地吧”的想法呢？很可能有的。张居正怒不可遏！

这时，又有像林“议员”那样有培养前途的“议员”出马弹劾张部长了。张居正唆使给事中王道成、御史谢思启弹劾，张瀚最终辞归故里。

当然，他的理由不是张部长不挽留张居正，也不是说他在风波面前没有经受考验，更不说他本来就不称职，而是“借他事”提交了一份弹劾“提案”。这次，张居正当然不会再维护张部长了，因为，这些“议员”都是根据张居正的“示意”行事的。参折一上去，立即就批了下来，“勒令”张部长卷铺盖回家！

有专家感叹说，张瀚是张居正的自已人啊，就因为不表态，就遭立即撤职，不容片刻缓！张居正要拔擢和抛弃一个高级干部，竟然如此私心自用，如此决绝！真是令人骇然瞪目！韦先生评价说，“此即可见张居正性格中专断骄纵的另一侧面；亦可看到两张关系……因顺逆而改易爱憎。”

张部长的上台和下台，简直可以说，就是上演了一出“说你行你就行不行也行；说不行就不行行也不行；不服不行”的官场活剧！

权术，在对名流的任用上表现得淋漓尽致

如何对待知名人士，是考验一个高级领导干部执政能力的重要标尺。一般说来，当权者对名流基本上是礼貌周全的，大体上以笼络怀柔为上策。那么，张居正是如何处理这个问题的呢？值得说说。也应该说说。

当然，不同时代的名流，名堂不同。比如，现在的名流，尤以歌星、影星、球星为最；而在张居正生活的时代，这是不可能的。总体上说，帝制时代的名流，基本上还是文人——著作家。这里，我要隆重推出的，就是张居正时代一个知识分子的代表人物、当时的文坛领袖——王世贞。

现在，说到王世贞这个人，很多人都不知道了。但是，说到《金瓶梅》这本书，估计读书人都不会不知道。尽管看法未必一致，但是绝大多数考证者似乎都倾向于，王世贞就是《金瓶梅》一书的作者。这个，我们就不考证了。

说起来，王世贞是张居正的同年。同年相当于现在说的同学吧，反正就是一起中进士的意思，在那个时代，是很重要的一个社会关系了。不过，人家张居正考选了庶吉士，王世贞没有被选中。论学历，那他不如他的年兄张居正的高。王世贞也不是什么自由职业者，他也是官场中人，要说他担任的职务，与知识分子不沾边儿的，倒是人家张居正，当的基本上都是与知识分子沾边儿的官。

请看：张居正在二十出头中进士以后，又考入翰林院做庶吉士，散馆——也就是毕业——后，留在翰林院当“史官”（编修），还当过翰林院的院长（掌院学士）；当过最高学府——国子监的副校长（司业）；当过两任皇帝的老师；当过礼部（主管文化、教育、意识形态）的副部长。王世贞的职务，则主要从事“公、检、法”方面的工作为主。

但是，历史上，没有人说张居正是知识分子，他的身份是当权者；而王世贞则被称为知识分子的代表。

知识分子或者说文人这个概念，不太好界定。那个时代，官场中人，哪个不是文人呢？绝大多数都是进士出身啊！诗词歌赋，谁不会写几篇？况且，帝制时代的中国，除了晚清，基本上没有像现代民主国家自由职业者的生存空间，办报馆、开出版社，或者自己办大学，当律师等等，可能性不大。所以，文人，也往往又是官员。说起来，大家都是文人，也都是官员，分不太清楚的。

奇怪的是，当权的文人，往往又会成为迫害文人的急先锋。所以，有一个词叫“反智”。

反智，是学者余英时先生的发明。简而言之，就是轻视鄙视乃至敌视代表“智性”的知识分子，认为知识分子是废物、是不安定因素。据余先生的研究，明代，是反智比较典型的一个时代。而张居正当国时期，把反智风潮推向了高峰。诸如杀害思想家、迫害知识分子代表、禁毁书院、禁锢学生思想等等，很多例子。

可能有人还会发出质疑的。严嵩、张居正不是知识分子？他们是读书人出身，考中进士，又考选为庶吉士，谁能够超过他们的学历啊？那个时代，哪个高级领导干部不是货真价实的进士出身啊？那他们不是知识分子，谁还是知识分子啊？学而优则仕嘛，反之，未仕者就是学习差，那他们还能够称为知识分子？这确实有点不好解释清楚。

按照政治学或者其他什么学的定义，知识分子似乎和学历没有直接关系，至少，学历甚至学问不是判定一个人是不是知识分子的标准。中国传统社会，分工不发达，读书人出路不多，当官是最主要的职业了。所以你说存在一个独立的知识分子阶层，像现代法治国家的媒体、大学、研究机构的从业者以及律师等等，我看不是事实。那怎么定义呢？也有的说，对政府或者执政者持批评立场、至少是挑剔立场的文化人，就属于知识分子吧。我们国情不同，这个定义太苛刻了，不妨简单点，是不是可以这样说：具有独立人格的有学问和智性的人，不管他从事什么职业，我们就叫他知识分子吧。要害是独立人格，独立的立场。

好了，这个问题就不继续讨论了。

不管怎么说吧，反正王世贞的名气，在很长一个时期，比张居正大。当王世贞和张居正同年中进士以后，一个被分派到刑部当主事（可以认为相当于现在的处长吧）；一个则到翰林院做庶吉士。可是，他们的兴趣和他们的身份，却恰恰相反。

张居正在翰林院读书学习，却对实务感兴趣，经常提着酒壶去拜访来北京出差的地方领导和派驻地方的有关机构负责人，向他们了解实务；而身为国家最高司法机构的一名“处长”，王世贞则整天热衷于聚会结社、诗赋唱和，当然，文人墨客在一起，也难免要议论时政。

有一个时期，王世贞和张居正可能有点同病相怜。他们的职务，都是近十年没有升迁。或许王世贞之原地踏步是因为“不务正业”，所以他还有点自我安慰，按照他自己的话说，即所谓“有以自乐”也；而张居正就有点沉不住气了。结果，两个人走了不同的道路。

王世贞自嘲也好、无奈也罢，他至少是有名气的。当时，他组织的社团，影响很大，作为文坛领袖的王世贞，已经成为名流。到了什么程度呢？据正史的记载，“一时士大夫及山人、词客、衲子、羽流，莫不奔走门下。”就仿佛张居正当国后公卿士大夫奔走于他的“生活秘书”游七的门下一般！

王世贞的名气大，追随者多，权威性高。正史还记载说，如果谁的文章有幸受到王世贞的“片言褒赏，声价骤起”！

有一个例子。当年李时珍写好了《本草纲目》，就从湖北老家不辞辛苦跑到太仓去拜访王世贞，恳请他写个序言什么的，表示一下肯定的意思。王世贞接受了，却整整压了八年。

有意思的是，许多崇拜王世贞的文人墨客常常发出质疑说，王大人乃当代宗师，当那个小鸟官干吗啊？王世贞听了，哈哈一笑，对九年不提升越发不在意了，也就更加自负了。

其实，不是人家当权的人不想提拔王世贞。有迹象表明，领导实际上是非常想提拔王世贞的。当时是严嵩当国。严嵩这个人虽然被贴上了奸臣的标签，但是不能否认，严嵩还是有点雅量、雅趣的，他很清楚地知道后生可畏的道理，三番五次想接纳王世贞，经常叫他的独生子严世蕃约王世贞吃饭，有点近乎讨好他的意思了。可是，王世贞不仅不买严嵩父子的账，严世藩想求他写篇寿文什么的，都被断然拒绝。不惟如此，王世贞还公然和当局对着干，给严嵩下不来台。

张居正就不同了。这位自视甚高、深有城府的年轻人，十年没有升迁，就很郁闷了。于是，他私下里讨好严嵩，替他捉刀代笔，卖了些力气。当然，他也暗地里和自己的老师、严嵩的政敌徐阶一起，策划推倒严嵩父子。这个时候，王世贞和张居正的角色就有变化了。

王世贞本质上说，与其说是个文官，不如说是个文人；而张居正则是典型的文官了。说白了，他们都是文人，但是，一个本质上说是官，一个本质上说是知识分子。于是，相应的，王世贞和张居正的命运就开始发生不同的变化了。当张居正入阁拜相的时候，王世贞连在家闲居的日子也过不安稳的。

这个不难理解。才子、名流王世贞一而再再而三给执政当局过不去，当权者就给他过不去，结果王世贞因为父亲的缘故，受到牵连，于是他就吃不了兜着走了。

三十年河东、三十年河西，当权的人总要换的。严嵩父子倒台后，徐阶当国，拨乱反正，王世贞的同年张居正入阁了；而王世贞连在家闲居也不能，他不得不到处奔走，要求政府给他父亲平反昭雪（具体什么情况不说了），也顺便给他自己跑跑下一步工作的事儿。

已经入阁的张居正，虽然在内阁属于“末相”，但是他毕竟是王世贞的同年，所以王世贞也求到了他的门下，写信、送礼，也挺讲究的——知识分子也是人，有时候也得随大流啊！张居正很客气，给王世贞回信，劝他不要太张扬，要学会韬光养晦，要谨言慎行，要努力自爱，总会有机会的。这是张居正的经验之谈。这说明这个时候，张居正和王世贞是可以多多少少说说心里话的，相互关系基本上还属于私人性质的同年之谊。

那好了，后来张居正当国了，用人权掌握在他手里了，已经离开官场十多年的王世贞你用不用呢？我的分析，张居正用不用王世贞，他自己是很矛盾的。用，不符合张居正用干部的标准，他不可能放心。不用，王世贞的名气和影响很大，况且，又有同年之谊（当时叫年谊），而且曾经有言在先，说有机会，他会给王世贞说话的；现在是他张居正说话算数的时候了，他不替王世贞安排点工作，似乎说不过去。

当然，这个难题对在用干部问题上善于玩权术的张居正来说，算不得什么。于是，张居正决定还是要给王世贞安排一下。笼络人才，用有名气的人，对张居正本人的威信，是有利的。但是，给王世贞安排到哪里、安排什么样的职务，就很有讲究了。

张居正“用”王世贞这个问题上，把握了三个关键：第一是远离首都，让他没有办法发挥聚集势力、代表舆论的作用；第二，不能发挥王世贞的特长，要让他干自己不想干的差使。第三，也是最高明的，就是还不能让外界甚至王世贞本人说出什么话来，要给人留下一个张居正特别重用王世贞的印象！

要说，这三点之间是有矛盾的。想想看：让王世贞离开首都，还要让他干他不想干的差使，那他能高兴吗？怎么可能还会觉得是被重用呢？是的。这就是张居正的高明之处了。他让王世贞到自己的家乡任职。

王世贞真是有苦难言。想想看，给你安排工作了，又是最高实权人物的家乡，你还想怎么样呢？自己人才会这样安排的嘛！那只能写诗了，把满腹的无奈、牢骚，倾注到诗句里。然后，磨磨蹭蹭，拖拖拉拉，好久还没有去上任。

张居正礼貌周全，他给王世贞写了封信，说这个安排是个过渡，你不要意气用事，快去上任吧，我心里有数的。想想看，人家领导对你够可以了，不仅给你平反、恢复了工作，还安排你到自己的家乡做官，当你是自己人看了呀！而且私下还明确说了，领导心里早考虑好了，这只是过渡一下而已。

王世贞哑巴吃黄连，有苦难言。是啊，这哪里是王世贞的意愿呢？他作为文坛领袖，离开首都这个文化中心，去地方做一个司法官，内心一百个不高兴呢！问题是，这不高兴你还不能表露出来，不然，会不会让人家说自己不识抬举呢？所以，他告诉朋友说，去湖广担任按察使（司法工作），“殊不得已”，但是又“无辞以对”，只能这样了。

甫一交手，王世贞先失一着。实际上，他已经被张居正玩弄于股掌之上了。

对于王世贞的迫不得已又无辞以对，张居正不可能不知道。所以等王世贞一到任，他又写信说，我这样安排，是给你增加资历，很快，我会找机会把你调回中央工作的。王世贞似乎得到了安慰，挺感激。

知识分子嘛，所谓为知己者死，既然人家这样与自己“推心置腹”，那就只能乖乖干吧！同时，他也没有忘记讨好张居正——知识分子啊，有时候很矛盾的，我们就不要挑剔他了吧——在张居正父亲七十寿辰的时候，还为之专门写了文章（后来张居正母亲七十大寿，王世贞也这样做了）。

严嵩如果地下有知，那要羡慕死张居正了。可是，随后的情况，就有点复杂化了。

在仅仅在一年时间里，王世贞的职务就变动了三次。在张居正家乡担任按察使三个月，就被提拔了，不过更偏远了些——广西，到广西还没有五个月，张居正履行诺言，给王世贞调回了北京，但也才刚刚半年，就又给他调走了，再次安排到张居正的家乡，担任一个副省级行政区——郧阳的“一把手”。这个地方地遍千里，攘接数省，流民群居，复岭万重。

张居正为什么频繁调动王世贞的工作？似乎是为了让王世贞产生错觉，确实在给他增加资历，但张居正的真实目的，其实是让王世贞没有机会聚集他的“狐朋狗党”形成气候。王世贞是不是知道张居正的用心，我说不好，反正他确实有点有苦难言。

那么给王世贞安排到郧阳当“一把手”，又是什么意思呢？因为张居正说过，要王世贞到地方增加资历，就是为了好给他在中央安排合适的工作；那既然已经回到中央了，干吗又要他到地方啊？

我只能推测。估计王世贞在北京半年，又犯了老毛病，快形成气候了，一帮文人墨客聚集起来，开始对时政指手画脚了。那好，你不是高明吗，让你到一个复杂的地方，看看你如何处理政务。

我为什么这么推测呢，因为有过这样的例子。当年有一个在刑部工作的名流，给张居正提意见，说省里的体制应该是什么样，现在这个样子，容易形成专权，违背“宪法”的；张居正听了，就偏偏让他到地方任他所说的职务，“以难之，使之作法自敝也”。

王世贞这时似乎开始明白过来了，张居正在用一个画饼调着他的胃口，实际上已经把他玩弄于股掌之上了。于是他打了一个报告，辞职！

这个时候，王世贞想辞职，张居正当然不会同意的。但如果到了张居正忍无可忍的时候，即使王世贞想干下去，也是不可能的了。不过，现在这只名贵的老鼠还不能死，需要它活着。因为，猫，还没有和它玩够呢。

王世贞作为当时文坛领袖——顺便说说，那个时候所谓文坛，与今天的文坛概念不一样的，似乎可以理解为思想、文化领域的总称，这么说吧，王世贞作为国中闻人，对他的同年、国家最高实权人物张居正，要说是很讨好的了，也算顺从了。他毕竟因为忤逆当权者而吃过大亏，现在好不容易又回到官场，为了他理想的位置——比如翰林院院长或者国子监校长，王世贞也在尽力克制乃至压抑自己，以适应官场、适应领导。所以在一个时期里，王世贞作为知识分子代表的角色，在退化。

张居正对王世贞表面看也是礼貌周全的。王世贞在复出的一年内职务就达到了三品，步入高级领导干部的行列，当然是张居正的作用。其实就品级来说，王世贞的三品级别，已经远远超过了他梦寐以求的职位——翰林院院长（五品，相差五级）的级别。

可是，一年内调来调去，除去路途，基本上是环境还没有熟悉，就又调走了。而且，王世贞梦寐以求的职位，哪怕是留都南京的翰林院院长，张居正也不愿意给他，这就让王世贞很不理解了。所以，当王世贞从中央又被调往地方担任“一把手”的时候，他虽然在张居正的劝慰下去了，但还是很不高兴。到任不久，正好是考核干部——京察，按例“自陈”，相当于现在的书面述职吧，在这个述职报告里，王世贞说自己能力不足以担当这个职务，也不称职，便请求辞职。

要说起来呢，那时候的高级领导干部都比较谦虚，反正“自陈”的时候一般都说自己不称职，多半都会提出要让贤，但是王世贞显然不是谦虚，他是实在不想干这个活啦。张居正日理万机，但是他似乎很重视王世贞的，于是还是拨冗专门给他写信——估计如果有电话，他们应该是热线联系的，信中说年兄干吗疑神疑鬼啊，没有人议论你，弹劾你，你好好干吧，我早给你交过底儿的，年兄别着急，沉住气。这一次，王世贞半信半疑，但还是咬着牙，坚持干了下去。

据说——当然是专家的说法——王世贞干得还算不错，有些政绩。纠弹贪污腐败的干部啊，发现一些军事人才啊（他也兼理军政的），清理屯田啊，等等，还建了图书馆，供读书人借阅。但是，他干得很不舒心，似乎到了忍耐的极限。也可能他逐渐觉察到，自己的同年兼国家最高实权人物实际上是在玩弄他，所以，王世贞不再那么顺从了，他开始露出自己作为书生的本来面目了。

在王世贞履新还不到半年，在他管辖的江陵县，就发生了一起学生闹事的群体性事件（另文专述）。

老实说，在研究这起群体性事件的时候，我始终有个疑团，搞不明白张居正的小舅子何以策划、指挥这样一起群体性事件，与当地政府为难。因为正是张居正当国后，刚刚特意发布了禁令，严令学生不得“出入衙门陈说民情，议论官员贤否”，违者，还有严厉的惩罚措施。而他的小舅子居然带头冲击最高实权人物家乡的政府、当众辱伤县领导，意欲何为呢？

估计，王世贞也有这样的疑惑。他不管三七二十一，对带头闹事的几个骨干分子，予以严肃处理。但是，王世贞心里也在琢磨，为什么会这样呢？会不会是张居正故意导演的呢？最后王世贞断定，这件事正是张居正在背后授意、操纵的，是故意给他出难题。

王世贞的推测是不是准确，我说不好，不过，如果说张居正以此来考验王世贞是不是可靠、是不是顺从他，倒是颇有可信度。

到了这次群体性事件发生，王世贞也渐渐明白了，原来张居正表面上对他挺好，背后却在整他。他不管是不是张居正的小舅子都要严肃处理的决定，实际上是在已经有了这样的判断后作出的。王世贞心里明白，他处理张居正的小舅子，就是要和最高实权人物拉开距离的宣示了。那一定会惹恼这个心胸狭窄的最高实权人物的，很可能受到报复。

既然这样，那索性就别再压抑自己了，说说心里话吧！于是，紧接着，王世贞就借一个机会，给皇帝上了一道奏疏，说现在的问题很多，原因何在？乃“臣道太盛”也！王世贞的言外之意是说，现在的问题出在张居正专权上，惹得天怒人怨啦。他又给在中央工作的个别领导写信，说现在张居正这样喜欢逢迎、喜欢谄媚，不是国家之福啊！

当然，王世贞的话，不像我在这里翻译、转述得这样直露，很含蓄，也不可能点张居正的名字。这里给诸位交代一下，以免误导——给领导提意见都直来直去，那哪里行啊！

当然，只要说了领导不爱听的话，特别是领导最忌讳的话，含蓄也是不行的！也是要予以敲打甚至惩罚的！

不过，张居正对王世贞的惩罚，做得更含蓄。

一个善于玩弄权术的人，在干部问题上，对于自己过去的同学、现在的隐形反对派，尤其又涉及到在知识分子里威信很高的知名人士，张居正不会表现出那么直来直去、快意恩仇的样子的。他没有像对待“组织部长”张瀚那样，瞬间翻脸不认人，毫不顾忌情面，而是采取了迂回战术。

得罪了国家最高实权人物以后，似乎没有立即招来报复。张居正没有直接勒令王世贞滚回家去，虽然他心里一定是这么想的，可能私下里——比如在自己的书房和李幼滋李参谋聊天的时候——也会这么说。但是，这么做，尤其是对一个当代名流，那不是张居正的风格。

于是，王世贞接到了调令，他的职务又变化了：留都南京的监察院副院长。

按照体制，巡抚一职，都照例兼任中央监察院副院长的职衔，王世贞担任郧阳巡抚，他也有这个职衔。现在免了他的本职，又平级调动到留都担任原来就有的职衔，显然是贬抑的意思了。但是表面上，你还说不出什么，平级调动，由地方到中央了（谁敢说南京的机构不是中央机构呢），还要怎么样啊？同时，张居正的信也不失时机地到了。

请允许我把张居正信里的意思，用现在的语言转述一下吧：元美——王世贞的字——年兄（实际上张居正比王世贞大一岁，不过尊称兄是习惯，不是张居正太忙有笔误），郧阳很偏僻，不是年兄大展宏图、发挥大才的地方。还是到中央工作的好。可是我问过了，现在首都的各个部门都没有空位置，只好请年兄委屈一下，先到留都过渡、等待一下吧。

王世贞当然不那么相信同年兼最高实权人物的话了，不过他很自负，也可能认为张居正还会投鼠忌器，顾忌他的声望，不得不给他应有的位置的。所以，尽管他毫不隐讳地说，新职务是“鸡肋”，但还是去上任了。

其实，什么“鸡肋”，还是书呆子的眼光！这不过是个缓冲，以免给人以张居正报复王世贞的印象。可不是吗，等到王世贞一到南京，位子还没有坐热，迎接他的，就是劈头盖脸的弹劾了。

王世贞既然是知识分子本色，那他应该是比较清高的；他经常以批评官场中的种种陋习、腐败现象为己任，估计他自己也会注意廉洁从政的。那么，以什么理由弹劾王世贞呢？中央吏部这个时候还是张瀚张部长主政，他是张居正夹袋中人，当然对张居正的心思很了解的。稍加部署，弹劾者就找到借口了，他们对王世贞首先提出纠察，说王世贞在巡抚任上“荐举涉滥”！

顺便说说，当时地方是没有用人权的，但是有了空缺，地方的“一把手”可以按照程序荐举。王世贞作为巡抚，有这个权力或者说义务，那他一定也推荐过干部。好了，现在说他涉嫌滥荐，这不是百口莫辩了吗？怎么处理呢？反正是不是真的滥荐，也不查证了，查证又怎么样，标准在哪里啊？谁说了算啊？那当然是吏部说了算。现在，既然吏部说王世贞有这个问题，那么就该以此追究责任了。结果，就给了王世贞一个“夺俸”的处分！就是白干活，不发工资了。

王世贞是名流啊，这不是给他难堪吗？甚至算得上是羞辱。你不是爱指点江山吗？你不是爱讥讽时政吗？可是，你撒泡尿照照，自己是什么德性啊？紧接着，王世贞所在的留都，有一个杨“议员”，索性就弹劾王世贞“大节已亏”！想想看，失了大节的人，还有什么话语权啊？很快，王世贞被勒令回家，听候别用。

不过，张居正还是挺“热心”的，他又给王世贞写了信，作了自我批评。张居正信的大意是：“年兄才高名大，嫉妒年兄的人很多啊，议论纷起，我压也压不住啊。一味压别人不让议论年兄，那别人是不是会说我专权啊？所以没有办法，迫不得已，只能请年兄先回家等等，平息舆论。当然，我也承认，这样打发年兄回家，我是有蔽贤之罪的！”甚至最后，张居正还没有忘记给王世贞一个画饼。他以日常生活中的场景打了个比方，安慰王世贞说，“旧毡涤雪，以需大畀焉”，待平息了舆论，“旋当复公”。

其实，这样的许诺，纯粹就是个诱饵，始终掌握在张居正手里的一个诱饵，调着王世贞的胃口，让他不至于像对待其他当权者那样，对自己不留情面，指手画脚、说三道四。王世贞是不是相信张居正的话了呢？我看他一度还是半信半疑，至少留有一丝希望。他受到这样的排挤，也确实很苦恼，很压抑，很沮丧，甚至说感到世间万事都毫无意义，竟然跑到一个朋友女儿的道观里修道去了；但是他始终没有像对待严嵩和高拱那样，聚集舆论力量，对时局抨击讽刺不遗余力，而是近乎沉默，并且保持了和张居正的年谊，时常还有书信来往。

可怜的书呆子！

王世贞以为很快张居正还会给他机会。

是啊，张居正说的是“旋”啊，这个词应该是很快、随即的意思啊！可是，谁知道，张居正这个“旋”的概念，竟然是七年——如果张居正七年后还活着，那王世贞还要悬在那里！中间是有人提出过“复”王世贞，张居正居然授意几个夹袋中的“议员”，对王世贞又是一番猛烈攻击。结果，终张居正当国的年代，王世贞再也没有机会复出了。直到张居正去世以后，王世贞才又重新回到官场。

张居正对待这个名流的手腕，确实是很高超的。

请允许我议论几句。先要交代清楚：为了节省精力，不重复劳动，我吸收了研究王世贞的专家孙卫国先生的一些研究成果，其中凡加引号者，即为孙先生的原话。

先说说王世贞或者说知识分子吧。

在威权统治下，其实所谓知识分子，我看大半是具有双重性格的。比如王世贞，“一方面无法摆脱出仕的诱惑”——整个社会价值观就如此啊，个别人想摆脱也确实不容易的，所以总想方设法争取机会，包括不惜亲近权贵，保持与权贵的交往；另一方面，“又不愿意失去文人的独立性”，也就不会“屈膝侍奉、俯首帖耳，时常保持着议论时政的习惯，而这是当权者所忌讳而难以容忍的”。

专制社会里，“作为‘智性’代表的士人和文人，注定只能是一种受支配的力量，处于被控制的地位，无法获得独立的个性，而追求自由的空间，往往会带来人生的挫折。”王世贞的仕途之路说明，在威权社会、人治官场，追求独立自由，无异于自找苦吃，寻求人生的挫折！

再说两句张居正或者威权社会的当权者吧。

张居正是文人出身，但是他代表的是专制权力。专制权力的权威是不容许挑战的。“张居正对于敌对势力的处罚固然是毫不手软，而也不允许游离势力存在。”他“不仅在政治权力上至高无上，而且要控制全国的舆论……实行专制独裁，正是张居正‘反智’的集中表现”。

张居正对待王世贞的做法，“正是专制时代下，‘反智’的正常表现，不在乎‘智识阶层’才干如何，只要忤逆当权者，就会成为排挤和迫害的对象”。

所以，在威权统治下，居然出现了满腹经纶的文人当权者是“反智”的急先锋这样一个乍看起来令人不可思议的奇特现象。

如此用干部，谁人欢乐谁人愁

看过上面的介绍，诸位应该有印象了：张居正这个人用干部，说得挺漂亮，实际不怎么样。用干部完全是凭个人好恶，以是不是对他个人顺从听话、是不是好驾驭为最高标准。对于正直和有能力的人，已经在台上的往往打压，没有在台上的，则视而不见，弃置不用。而且，张居正很虚伪，他是不会直接出面说哪个干部要撤职，哪个干部要提拔的。从法定程序上，提拔和搞掉任何一个干部，似乎都和张居正没有任何关系。

确实是这样的。如若不信，再看看这么几个人（例子实在太多，不能一一列举）。

李部长算是一个典型。

这个李部长，叫李幼滋，是张居正的同乡，也是他的幕僚。那不用说，这是要用的人。这个人的人品、操守怎么样呢？说实话，不怎么样。挺虚伪的一个人。背地里一套，场面上一套。比如，张居正父亲去世，要不要丁忧，争论很大，这个李幼滋背后和张居正密谋如何能不回家而继续上班，在外边场面上却故意说，我看张居正不妨考虑丁忧，然后怎么办再研究。这么说吧，广大干部对李幼滋的评价不高，议论不少。

那能力、政绩如何啊？据研究张居正的专家韦先生的考证，“终居正当权的十年，李幼滋并没有任何事功可记，仅仅以清客地位追随居正左右”。正史的说法是，张居正说什么，他就“树党援引”。这就是他的主要工作、主要贡献了。

这个人人品、能力、政绩不怎么样，官却升得挺快，张居正刚刚上台，在半年时间内，就连续三次提拔李幼滋的职务，给他安排了一个相当于现在的国务院直属机构的“一把手”位置。后来，又提拔他担任户部侍郎、工部尚书。

当然，这一切，都是按照程序，由吏部操作、名义上的国家最高领导人皇帝批准的。想一想，李幼滋的那些前辈、同年是不是会气死？可是，气死是没有人偿命的。况且，李幼滋嘛，毕竟还算个人物，给国家最高实权人物出谋划策，总要犒赏啊！那就算了，别要求太高了吧，马马虎虎说得过去就行啦！

再看看曹“议员”，正直之士的鼻子立马得气歪！

说到这个曹“议员”，可以毫不夸张地说，是个人品很坏、心术不正的小人。为什么这么说呢？作为“议员”，监督政府高级干部是他的本分。但是，如果充当打手，诬陷好人，那人品就有问题了；如果再深文周纳，无限上纲，那就应该属于很坏的范畴了。而曹“议员”就是这么一个人。

当年，冯保和张居正勾结到一起，阴谋“篡党夺权”的时候，张居正是隐身幕后的，太监冯保是冲在一线的，当时形成的是政府和太监的对立局面。“议员”们多半是倾向于压抑宦官势力的。可是，这个曹“议员”却充当了太监冯保的打手，出面弹劾首相高拱。高拱是个第一流的政治家，操守、能力无可挑剔，还非常廉洁，家徒四壁，亲友中更没有借他的地位以权谋私的，就是说，他没有什么把柄可抓；而且高拱是隆庆皇帝的老师，皇帝对他的依赖和尊崇到了无以复加的地步。况且，他是和太监势力斗，是维护“宪法”的，是正义的。要弹劾高拱，实在找不到借口。

曹“议员”很厉害，他说，皇帝生病了，高拱和别人研究工作的时候，我看见他笑了，这什么意思啊？由此推论，高拱不忠！诸如此类，一下子罗列了高拱的“十大不忠”。

隆庆皇帝对这个曹“议员”很生气，朝野也都觉得这样的人太不像样子了。不能这样罗织、诬陷人啊！于是，隆庆皇帝下令解除了他的“议员”职务，调到外地工作。当时，这样的情形叫“谪”或者“贬谪”。但是，曹“议员”的宝押对了！太监冯保和张居正政变成功了。那就得给曹前“议员”以犒赏了。

张居正一上台，立即把曹前“议员”从谪所召回，并且“不次越级拔擢，先后任……江西巡抚”。相当于现在的省委书记兼省长。而那些因维护“宪法”、维护正义而弹劾过太监冯保的“议员”们，无论人品能力，无论说的是不是对的，在张居正刚刚上台十七天后即开展的大规模干部考核——京察——中，都被清洗殆尽。

和这些被清洗的“议员”们同病相怜的，还有吏部的第一副部长（左侍郎）魏学曾。

可以说，魏学曾是个人品、操守、能力、胆识都出类拔萃的优秀干部。史有“慷慨有大臣风”的评价。

这位魏副部长，曾经给前首相高拱在吏部当过助手，对高拱很了解、很敬佩。太监冯保和张居正密谋勾结要整高拱，魏副部长就公开警告张居正说，听说你和太监冯保关系很密切？请注意，不能和太监搅和到一起的。高拱被冯保和张居正赶下台后，魏副部长给张居正写信，质问他，皇帝才九岁，刚刚登基才六天，解除首席顾命大臣高拱职务的命令，是不是出自皇帝的本意？后来他还组织人，要到张居正家里请愿。

那，这样的干部，还能用吗？如果是现代法治国家，竞争对手还要用呢，何况仅仅是提出善意的、建设性反对意见的干部。如果是徐阶抑或高拱，或许会用这样的干部；但是，张居正绝对不会用。他没有这样的胸襟。在大局已定的情况下，魏学曾敢坚持公理，维护正义，仗义执言，那他也属于无欲则刚一类的人物。换言之，他也没有什么把柄可抓。但张居正腾出手，立即给魏学曾轮了岗，调任留都南京的监察院副院长。

估计张居正可能说过，不能这样便宜了魏学曾之类的话，所以，他被调任后，立即就有进一步的行动跟进了。不是有曹“议员”之类的人物吗，他们对付没有把柄的人，是有经验有办法的。于是，宗“议员”就编了一套借口，弹劾魏副院长了。魏学曾还没有到单位上班，要他回家等候处理的命令就发下来了。魏副部长就此结束了仕途生涯。

而且，从表面上看，“议员”们依法监督、依法提出弹劾，国家元首虚怀若谷，顺应舆情，依法予以批准，这事真的和张居正没有关系的啊！

还有两个人也值得一提。一个是赵前部长、一个是海瑞。

前部长赵锦，是平反的老干部。

当年严嵩当国，赵锦弹劾严嵩不遗余力，被找茬给抓起来了，遭受了严刑拷打，受了大罪。但是他不服软，后来被发配万里之遥。张居正的老师徐阶当国时，平反冤假错案，拨乱反正，赵锦才回到中央，担任刑部尚书。这个人名气很大，官场的人不用说了，引车卖浆者流都佩服他，知道他是“直臣”“铮铮铁汉”。

但到了张居正当国，当然这样的老干部就不符合他的胃口了。

本来张居正碍于赵锦的名气，也试探着能不能用用他；谁知道这个老干部还是耿直的脾气，没有接受教训，有什么说什么，不给张居正面子。国家最高实权人物于是就找个闲差，打算让赵前部长养老算了。可是，这个平反老干部，以为已经拨乱反正了，那还不能实事求是、畅所欲言吗？所以常常议论时局。

正史说：赵前部长议论政治的话，“语稍稍闻江陵（张居正），江陵衔公（赵锦），阴令所厚劾公，公遂致仕”。看看吧，这么一位德高望重的老干部，就因为对时局发了点议论，传到了最高实权人物耳朵里一点，这位最高实权人物就不能容忍了，授意他的打手弹劾这个老干部，打发他回家养老了。

而海瑞的情况，还要特殊些。

海瑞是名人，是直臣，也是廉臣，这是家喻户晓的。不过，官场的人都知道，海瑞这个类型的干部，在群众中有威信，可是不太讨领导欢心，甚至同事也未必喜欢。张居正上台的时候，海瑞赋闲在家好几年了。而且据说当年海瑞被罢职，在中央很有发言权的张居正也起了主要作用。

一般说，新朝开始，都会把以前弃置不用的名臣用起来，显示新气象。可是，海瑞写了不少信，托了不少人，和张居正沟通，结果终张居正执政的十年间，一直没有给海瑞安排职务，让他在家以卖"红薯"（当然，真卖的不是红薯，是文字）为生。直到张居正去世，海瑞进入迟暮之年，才重新出山。

看看，张居正用干部，正像正史说的，真是"扬人如掖，摧人如掷"，实在太过分了，当时就引起了很多议论和不满，后人也多有批评。评价张居正是"巨人""伟人"的专家韦先生就议论说，张居正这样用干部，"理所当然受到有识之士的非议，亦是难以掩饰的自我暴露。"他还说，张居正对敢于抗拒其意旨的官员的清洗贬谪，确实有过分之处；而对个别善于谄媚之人则特加重用，由此，使一部分怀德者退位，有能者丧气，而个别佞幸者则得以久窃高位。

这样的干部政策、干部路线，是不行的，是要承担历史责任的。张居正身后遭到清算，与他的干部政策，不能不说有很大关系。

其实，这些丧气、退位的怀德者、有能者的遭遇，还算好的，毕竟，他们还没有受到皮肉之苦，没有丢掉性命。敢于给张居正提意见而又切中要害的人，就没有这么"幸运"了，等待他们的，是铁与血！

这要另题交代了。

第6章

人治巅峰

以整顿为基调的十年新政

张居正被称为改革家，但实际上他的施政基本上是以整顿为基调的。他所有的努力，立足点不是改革，而是整饬纪律，恢复祖制的活力。作为权术高手，也是实干家，张居正能够化被动为主动，变制约因素为可利用的资源，完全靠个人的努力，推动帝国锈迹斑斑的国家机器运转起来。在政治领域，他不遗余力地钻体制的空子，甚至可以说是在不断地破坏体制——不这样就不可能有张居正的独裁出现；而在经济领域，他又不遗余力地想把已成具文的祖制恢复起来，使其能够发挥作用。通过破坏此制度来恢复彼制度，绕开国家机器的正式管道、通过个人的努力来强力推动国家机器的运转，使得他实际上陷入了难以自拔的怪圈。通过破坏体制来推动体制运转，张居正的理政，是人治的典型，他把人治推向了巅峰。

大改革还是大整顿?

张居正不是皇帝，甚至也不能说是宰相。用通俗的话说，张居正没有当过国家的“一把手”。他的角色，从“宪法”上说，就是国家最高领导人的顾问。但是，事实上，张居正却是国家最高实权人物，他为我中华掌舵长达十年。

而且，张居正掌权的十年，是国家政局稳定的十年。有许多数字表明，张居正执政期间，是国朝少有的国库盈余的时代。仅仅是这一点，就很了不得！因此，无论如何，张居正的功劳是不容抹杀的。

我们中国人，对领导的要求非常低。只要不胡作非为，执行让老百姓自愿卖命的政策——老百姓愿意卖命，你让他卖，愿意到哪里卖就到哪里卖，就足矣！即使领导人生活上胡作非为，但是工作上还比较勤奋、比较有责任感，那就算是不错的领导了。像朱元璋的那些不肖子孙，不是荒唐透顶——比如正德皇帝，就是懒惰庸碌——比如隆庆皇帝，根本就是烂泥巴糊不上墙，却忝登龙位，君临天下，自相授受！什么办法呢？这就是“历史的选择”，是正统，是合法，急死人也没谁偿命！

所以，好不容易出了张居正这样的人事实上领导国家，对老百姓来说，算是烧高香啦！

或许正因为如此吧，后世子孙对张居正的评价，很高。比如，梁启超就说张居正是明代唯一的政治家，中国历史上六大改革家之一！著名明清史专家韦庆远先生，也认为张居正执政十年，是大改革的十年。

我不完全这么认为。依我说，张居正执政的十年，是以整顿为基调的。我认为，最准确的说法，是新政，是对高拱开创的新政的部分继承和延续。其实，严格说也不是什么新政，无非是带领各级干部兢兢业业工作，不像过去那些领导人胡作非为罢了。当然，大家可能会有不同看法，甚至指责我贬低张居正。那就用事实说话吧。

按照韦先生的说法，张居正当政十年，进行了“大改革”。他列举的“大改革”的内容是：一、整饬吏治，调整人事任免，以之作为进行改革的突破口。二、在全国范围内重新丈量土地，推行一条鞭法，作为均平赋役，解决社会经济和民生问题的基础。三、进一步巩固边防，保持北疆安宁，肃清东南“倭寇”的侵扰，戡平内地的反抗活动。四、大力整顿司法纪律，反对法弛刑轻，坚持违法必究，刑期无刑。五、全面整顿驿运，革除积弊，保持信息灵通，指挥便捷。六、大力修行水利，消除水灾，保证作为国家财政命脉的漕运畅通和民生安泰。七、为“整顿士风，统一舆情”，削减科举录取名额和学生人数，查禁书院和讲学。

仔细分析一下，以上七个方面，是大改革吗？除了第二方面，其他基本上属于整顿的范畴吧？整饬吏治，调整人事任免，几乎是任何一个新上台的领导人都会做的，不说属于正常的工作，至多也只是整顿吧？

在这个问题上，被张居正推翻的前任、身兼吏部尚书的高拱，有大思路、真措施，已经着手进行整顿、改革，成效非常显著。比如，高拱以“公开”作为防止用人腐败的重要撒手锏，在推荐的程序、参与人员上，都打破常规，开了先例。又比如，有鉴于科举制度的某些弊端，体现在用干部上，就是只重进士出身，针对这一点高拱提出，提拔干部要重政绩，不能只论出身，举人同样也可以提拔，并着手设计有关的制度。当时，张居正也极力赞成。

张居正并没有完全继承高拱的改革方向，更多的是从巩固他的地位、权力的角度，对人事进行调整，高拱改革方面的措施，基本上被张居正抛弃了。

进一步巩固边防，保持北疆安宁，肃清东南“倭寇”的侵扰，戡平内地的反抗活动。这，不也是任何一个政权必然要做的吗？这个方面，特别是在北部边防问题上，高拱以超一流的政治家的眼光、胸怀、胆识，高超的政治手腕，开创了新局面，实现了一百多年来都没有实现的和平，以贸易取代了战火。为此，高拱确实进行了军事体制上的改革，这是与“祖制”格格不入的，是大胆而符合需要的改革。

张居正在高拱取得的成果的基础上，享受了和平“红利”，继承了高拱的北方战略。如果硬把进一步巩固边防等说成是张居正的大改革，恐怕太勉强了，说得不客气些，这些内容，恐怕和改革扯不上边吧？甚至可以说，在这个方面，张居正也是有重大历史污点的，他彻底改变了高拱对西南少数民族的政策，采取铁血手段，大开杀戒，欠下了累累血债！

大力整顿司法纪律，反对法弛刑轻，坚持违法必究，刑期无刑。其实这是传统的治乱世用重典的典型表现而已。至多属于整顿的范畴。而且张居正发明了每个省分配死刑指标的做法，要求地方当局必须完成指标，否则就追究责任。这在当时就引起了不少议论，到现在我们也不能说这个做法是好的或者说是符合当时实际需要的，因此，怎么可以说是改革呢？

全面整顿驿运，革除积弊，保持信息灵通，指挥便捷。这个方面，固然花了张居正不少精力，成效也很显著，但是，也还是整顿的范畴，他只是把朱元璋时期制定的、被束之高阁的制度恢复起来。如果说成是大改革，未免牵强。

大力修行水利，消除水灾，保证作为国家财政命脉的漕运畅通和民生安泰。首先，这也是任何一个政权都会做的，只是重视程度、做多做少、实际效果的不同。难道修水利、消水灾、畅漕运，做了这样的事情，就可以说是改革？实际上，在这个问题上，张居正恰恰是没有继承高拱的成果，从而没有跨出新的一步。而这一步可能带来的历史影响，本来必将是十分深远的。所以，这恰恰是他应该受到批评的一个重要方面。

事情是这样的：漕运，是中央高度重视——不能不重视的大问题。影响漕运的最大问题是黄河的泛滥。每年都要投入大量的人力物力，消耗巨额经费，来疏通漕运，但即便这样，水道仍然不能保证畅通。这是历代政府非常头痛的问题。高拱极力主张开海运，就是利用近海运送漕粮。可是，开海运，就和闭关锁国的基本国策相抵触了。张居正就是这么认为的。就是因为这个理由，张居正在和高拱合作共事、彼此还比较融洽的时候，就对高拱的开海运、开放海外贸易主张暗自抵制，他上台后，更是背弃了高拱的政策，重新执行起闭关锁国的所谓国策。

韦先生自己也承认，“当时，开海通洋贸易已成为时代的要求。如果（像高拱所主张和推行的那样）允许大批船队定期从海上来往南北，客观上必然大有助于东南各省对海外贸易线的向北延伸，不但有利于国内沿海的物质交流，也极有可能促进对外贸易的发展。居正断然饬禁，显然是悖乎时代发展潮流的。”他还说，“如果高拱仍在位任首辅，是绝对不可能做出这样的政策决定的。”

发展，就是这样被政治强人给延误的。奇怪的是，今天，我们却在不吝笔墨地颂扬他对国家的贡献，而忽略了这样至关重要的“细节”，原谅了误国者的责任！若他不推翻高拱，他那些所谓的贡献，就是不值一提的，国家跨上一个新的发展阶段都是有可能的！既然张居正断然关闭了徐徐打开的国门；又不允许海运，他就不得不仍然像以往的历代政权那样，在传统的泥潭里挣扎，投入大量精力来搞漕运，就是必然的了。如此看来，这哪里和大改革挂得上呢？相比于被他推翻的前任的思路和做法，应该说，张居正是倒退了，而且是大大倒退了！

再说最后一点：为“整顿士风，统一舆情”，削减科举录取名额和学生人数，查禁书院和讲学。应该说，这倒是张居正执政时期有突出特点的一个方面，但是，总体上说，这个政策是应该受到谴责的！

过去，历史上也有过对学风、学政的整顿，但一般多停留在口头上，效果不彰。张居正的特点是，目的明确、措施严厉，不仅说了，而且做到了。像张居正这样的读书人出身的文官首领（皇帝另当别论），为了实行独裁，统一思想，打击自由言论，从而采取查禁、焚毁书院，禁止集会讲学，大力削减学生名额的极端措施的领导人，可以说是绝无仅有的。如果这个方面也可以叫改革的话，那不如说“文字狱”更具有“改革”的味道！

所以，张居正的所谓大改革的七个方面，可以说，六个方面不应该列入改革的范畴；有的，甚至连整顿也称不上。实事求是讲，兴修水利，巩固边防，乱世用重典等等，任何政权都要做的，做得多少而已；做到做不到而已。张居正有手腕，有能力，他做到了或者部分做到了。无疑，这是应该肯定的；但是不能因此就说是大改革啊！至于统一思想，查禁书院，那根本就是对时代潮流的反动，更不能算改革了。

因此，对张居正执政时期的施政，尽管其中有一些重大问题，是倒退，在误国，应该谴责。但是，总体上说，有奋发向上、振作有为的基本特点，其基本方略和手段是整顿。为了区别于以往混乱、萎靡的施政情况，称其为新政，也还说得过去。

改革家还是实用的保守主义者？

听到张居正的政治面目是保守主义者这个说法，我相信不少人会大跌眼镜的。保守主义，在国人的观念里，似乎是一个贬义词。说某人保守，那就是落后、顽固的同义语！

保守和保守主义不能简单划等号。保守主义应该是一种政治主张或者说得更玄乎些，是一种政治哲学。在西方政治学和政治现实中，保守主义者用不着羞羞答答，有的还以此作为自己的党名，比如，英国的保守党即是。

抛开现代的一些内涵，保守主义的本质是一种强调既有价值或现状的政治哲学。简单说，比较推崇和坚守传统价值，似乎就可以认为属于保守主义者。保守主义思想家说："人类社会有时是根深蒂固而体制健全的；为了达成某种意识形态的计划而随意修改之和形塑之将会造成无法预料的灾难。"

我说张居正的政治面目是保守主义的，意思是说，他推崇祖制，即朱元璋创立的一系列制度，痛心于这些制度的废弛，并且致力于恢复这些制度。张居正曾发自内心说，他"每思本朝立国规模，章程法度，尽善尽美，远过汉、唐……今不必复有纷更，惟仰法我高皇帝（朱元璋）……"这段话，是典型的保守主义宣言！当然，对祖制，张居正采取的是为我所用的实用主义态度，不利于巩固他的地位和权力的祖制，他会忽略不计。所以，再严格些说，张居正是实用主义的保守主义者。

朱东润先生在他的《张居正大传》里说，在张居正看来，国家的问题，一切的一切，"只是纪纲不振，所以，他入手的方略就是整饬纪纲"。还说，"居正平时常说遵循祖宗成宪"。事实上，张居正从来也不标榜改革。改制、变法、兴革这些在那个时代属于表达改革意思的词句，在张居正那里出现得不多。恰恰相反，他所孜孜以求的，是恢复祖制——朱元璋制定的、逐渐废弛的制度。在推翻高拱以后，张居正说，高拱什么事都不遵循祖制，要不把他赶下台，国家非乱套不可。而他本人则在不同时期不同场合反复标榜，他执政，无他，遵祖制！也就是遵守所谓的"祖宗成宪"。他回击别人的攻击，从来是说，我执政就是按照祖制办事。

更有意思的是，张居正还以皇帝的名义，严厉禁止提出改革的建议。请看，万历四年、张居正执政第五个年头，他以皇帝名义下的一道圣旨："内外诸司，凡事一遵祖宗成宪，毋得妄生意见，条陈更改，反滋弊端。违者定以变乱成法论！"用现在的话说，他的意思就是祖宗的留下的规章制度都很好了，关键是执行问题；所以谁都不准提出改革的建议，否则要以违犯宪法、破坏稳定治罪！

当然，张居正也说过要变法，他是这样说的："法不可以轻变也，亦不可以苟因也。"他解释说，如果苟且因循，就有颓废、萎靡不振的危险；但是倘若轻变，就有无序的祸患。而且从他表达的语序、用词来看，是把"轻变"放在更加危险的地位的。这显然是一个保守主义者的论调。

有人会说，张居正之所以把祖制挂在嘴上，实际上是为减少改革的阻力，不得不如此，是策略上的考虑，这正是他的高明之处。或许这个说法有一定道理。不过，从张居正给朋友的私人信函里也可以看出，张居正是真心这么想的。他认为朱元璋考虑得很全面了，后世按照他的设计做就行了；国家的规章制度已经很多了，问题是制度得不到执行。所以他执政以后，一切的着眼点和注意力都集中在，如何能够把祖制执行下去。

张居正还对变法的言论批驳说，“法之不行也，人不力也，不议人而议法何益？”还说，“天下之事，不难于立法，而难于法之必行”。

如果我们稍微研究一下被张居正和太监冯保相互勾结而推翻的高拱，就可以清楚看出，实际上，倘若是高拱具有张居正所处的地位、所有的权力，那他会真正推行大改革。

张居正和高拱，都是实干家，是务实的领导人。但是，高拱同时又是思想家。高拱不仅是一位能干的有谋略的政治家，而且也是一位博学精虑的思想家。那么，作为思想家的高拱，他的主张是什么呢？韦先生说，高拱的主导思想是，“主张变制，坚持通过变法以求治。”

高拱有一句话，说：“法以时迁，则更法以趋时。”用现代的话说，就是与时俱进！在被张居正取代前的短暂时期里，作为执政者的高拱，不仅有变法——即我们今天所说的改革的系统思考和论述，而且大刀阔斧地在推进变法。可惜的是，历史没有给他足够的时间。

如果高拱继续执政，那么，他会致力于改革，其中最重要的，可能是对闭关锁国政策的大调整，开放对外贸易，在这方面会有大举措。另外，高拱一定会对干部选拔任用制度，继续进行较大的调整、改革。还有，鉴于高拱对主流意识形态——宋明理学，公开地、旗帜鲜明地持批判态度，他不会像张居正那样，在意识形态和文化上，采取专制主义的高压态度。而且，毫无疑问，高拱会实行在他执政的短暂时期里提出的“厚农资商”政策，继续其已经实行的鼓励、支持工商业发展的改革，包括货币政策的改革。

高拱是真正的改革派，而张居正基本上属于整顿派。历史上从来说高拱和张居正没有政见分歧，其实是误解。两个人有政见上的分歧，分歧的根本之处就在这里：是整顿还是改革，是小改还是大改。

或许还会有人说，张居正推行了一条鞭法，那不是改革吗？仅凭这一点，他也完全称得上是改革家吧？也许可以这么说。但是，事情也未必这么简单。关于此，我要问一句，海瑞是不是改革家呢？可能结论会有很大分歧。

实际上，海瑞早在张居正执政前，就在他担任“一把手”的江南一带大范围地丈量土地，推行一条鞭法。可是，说海瑞是改革家的人不多。所以，不能仅仅因为推行了什么新的制度，就可以称某人为改革家。关键要看他执政的理念和主导思想。事实上，张居正和海瑞，都推崇朱元璋时代的制度，把恢复祖宗法度的功能，作为自己的神圣使命。不同的是，海瑞是理想主义者，张居正是实用主义者；海瑞以身作则，从我做起，而张居正要求别人遵守祖宗法纪，自己可以而且应该是例外。

综上所述，我认为，与高拱相比，张居正是整顿派。他的新政，是以整顿为基调的。在整顿方面，张居正是成功的。确实，人治社会、专制国家，条条框框订得其实很多，很冠冕堂皇的；最大的问题是说一套做一套。谁能够促进按照那些制度办事，就已经很不错了。张居正就是这样的一个强势人物。

那为什么梁启超等都强调张居正是改革家呢？别忘了，中国不是言论自由的国家，有时候，为了现实的目的，要借助历史上的一些人和事来表达，借古喻今。况且，他对张居正在体制性腐败成那样的氛围里，在整个官场推诿扯皮不思进取的背景下，能够做成事情，是很钦佩的。所以难免对他推崇备至了。

还有一点也要提及：梁启超不是历史专家，是政论家。据说毛泽东对梁启超很有研究，说他“写政论往往态度不严肃……他好纵论中外古今，但往往似是而非。他自己也承认有时是信口开河”。这至少可以说明，不能认为名人说是怎么回事就是怎么回事。历史的本来面目，到底是什么样子，最好要我们自己去思考，去发现。

坐享了高拱遗下的和平“红利”

和边防的少数民族达成和平，开放贸易，这是高拱事实上（他只是内阁的“二把手”）掌握全局以后不到一年的时间内，以大气魄、高胆识、精谋略，做成的一件影响深远的大事。张居正当时作为高拱的助手，是此政策积极的支持者和参与者。不过，和平的“红利”，高拱基本上没有能够分享。不久，他就被张居正推翻了。

张居正执政以后，继承了高拱在这个方面的既定政策，精心而具体地指导新形势下的北部边防，巩固了和平。应该说，张居正对实现和平有贡献，对巩固和平有功劳。但是，他享受的和平“红利”，超过了他的贡献。

为什么这么说呢？高拱被推翻以后，张居正和他的心腹人物对外散布说，处理把汉那吉，是张居正的功劳，高拱其实没有做什么。这个就不说了，意思不大。更重要的是，张居正执政十年，最大的功劳是使国库充盈。这当然很不容易。不过，试想，倘若没有高拱奠定的这个和平的基础，每年投入北部边防的经费还是像过去那样多，那么国库是不是真的能够充盈起来，还是值得怀疑的。

张居正生活的时代，和平达成之前，国库支出中，北部边防一直是大头。所谓“府库空而国计拙，田野耗而民不支”，皆因供应北部边防，“是其大者”。这是户部给隆庆皇帝的汇报说的。

按照张居正自己在辅佐高拱处理该事时的分析，说达成和平，防务费用可以大大节省，即减少直接的费用三成以上，而且还可以腾出精力屯田，“可省行粮数十百万”。后来的事实证明，因和平达成，不用兵革，“岁省费十三”，即百分之三十，同时节约征调费百万。这是什么概念呢？过去，北部防务开支最高的年份，岁费是二百多万。大家算一算就知道了。

另外，由于达成和平后开放贸易，地方增加了许多收入，过去的荒凉、凄惨之地，变得一片繁荣！

还有一点，张居正执政的十年，是国防相对比较稳定的十年。也就是说，是一个和平的环境。这对张居正推行新政，进行大整顿，是非常有利的。不能不说，在高拱主持下达成的封贡、互市目标，是形成张居正执政后基本上是一个和平、稳定的局面的关键和基础。

当然，为了巩固边防和平和国内的稳定，张居正也是花费了不少心血的。作为读书人出身的文官，张居正颇有军事指挥的将帅之才，他差不多履行了最高统帅的职责。尤其是，张居正对军事将领的使用，与政权系统的干部不同，很注重才干能力，很注意培养、保护。像戚继光和李成梁，都是张居正的心腹爱将，他对他们的培养爱护，仿佛是门生、子弟。简单说吧，在处理国防这个问题上，张居正是有很大功劳的。

不过，也应该说，张居正对西南少数民族的政策，是比较坏的。早在高拱和张居正合作共事的时候，张居正和高拱在这个问题上就有分歧，甚至发生过矛盾。

高拱对少数民族政策主张，是力主安抚，提高教育水平，引导人心向上，甚至——用现在的观点来看——以多少带有地方自治色彩这样的战略，来解决问题。所以，他积极推动该地区提拔、培养本省人才，在两广郡县中扩大学校学生员额，扩大科举招收数额，甚至说这几个地方可以不受中央下达的名额的限制，目的是引导民风向上。他的施政基调是用温和的、正面引导的办法处理矛盾。张居正则是一味主张屠杀。稍有风吹草动，他就命令屠杀！而且明确指示可以不问向背，斩草除根！

有一次，张居正写信给前方的将领，要他大开杀戒，高拱当即予以制止。事后查明，高拱的判断是对的，那根本不是叛乱，是误会。最后通过安抚，妥善处理了发生的事件。对下面的指示竟然被“一把手”给收回了，这使自视甚高的张居正觉得非常没有面子，对高拱很不满。可能也产生了当副职到底不如当正职的感慨，于是更坚定了他密谋推翻高拱的决心。

高拱被推翻以后，张居正掌握全权，他不再顾忌，在处理西南少数民族的问题上，用韦先生的话说，“张居正颇有嗜杀倾向”。韦先生又说，“隆庆时期和万历初期，相继发生的对壮、瑶、都掌蛮等少数民族的过火屠戮，张居正是负有一定责任的。”

两项“改革”值得玩味

我的看法已经说过，张居正是整顿派，或者说他执政时期的施政是大整顿；也可以换个角度说，张居正是以恢复祖制的功能为职志的。但是，这并不是说，张居正没有改革。

考成法和条鞭法，可以算是改革。这两项改革，颇值得玩味。

先说考成法。考成法是张居正治国理政的撒手锏。简而言之，从行政管理的技术层面看，考成法就是层层节制，事有稽核。这对于强化责任、便于考核、提高行政效率，很有效果，算得上是一种改革或者说制度创新。

不过，应该说，这里面也有巩固个人权力、控制言路的考量。我的意思是说，从政治发展的角度看，考成法是有问题的。

如果说帝制时代的中国，从政治发展的角度说，政治上的文明成果有什么最值得肯定或者说继承的话，那恐怕非言官制度莫属了。对此，孙中山先生作过很系统的阐述，他创立的五权分立的政治学说，就是基于这样的认识。而言官制度在明代，最为发达、最为典型。

明帝国以皇帝昏庸荒唐出名，也以言官的厉害闻名。

言路，一向被视为政治是否清明的晴雨表。所谓言路，主要就是言官表达意见的渠道是不是畅通。从制度上保证开言路的，就是言官直接向国家元首负责，是皇家的“议员”，专门对付政府和政府高级干部，使得政策举措符合舆情，个人操守不至有亏。当然，他们有时候也对国家元首很不客气。在体制设计上，言官制度运用的是小大相维的原则，即以小制大，言官机构独立于行政机构之外，不受行政机构的节制。

可是，张居正的考成法，从体制上把“议员”置于内阁的节制之下；从效果上基本消除了“议员”对政府的监督职能。因此，从政治发展的角度说，这是政治上的倒退。所以，张居正的这个考成法一出台，立即就引起了很大的争议。

反对考成法的人，张居正处理起来很简单，就用考成法把他给打发掉！

后来，干部、“议员”都不敢公开反对了，但是内心不太服气，许多人因此对张居正始终不能谅解。张居正为此，也苦恼过。

从实际效果看，考成法是张居正新政中争议最大的焦点问题，但又是十年执政的有力工具，对推行他的新政，作用非常大！

再说说条鞭法。对于条鞭法，也就是我们所说的一条鞭法，学过历史的人，几乎都听说过。说到张居正，就会和一条鞭法联系起来。似乎张居正的新政，或者说改革，最主要的，就是一条鞭法。

一条鞭法确实是中国赋税制度的一次重大变革。具体的内容，我就不多说了，比较繁琐，也挺枯燥。研究一条鞭法的专家梁方仲先生说，实行一条鞭法，田赋的缴纳才以银子为主，这打破了二三千年来的实物田赋制度。反正我们不是研究经济社会发展问题的，对一条鞭法，只要了解到这里，我看也就可以了。

有人会说，既然一条鞭法是重大变革，仅此一条，就能够确立张居正改革家的地位啊！是的，可以这样说吧。但是，我要说的是，实际上，在张居正的新政中，一条鞭法占的位置并不重要。

我的这个说法，乍一听，不大容易理解。这么说吧，一条鞭法，不是张居正的发明，早就试行过了。张居正开始对这个东西似乎兴趣不大、热情不高，所以直到他去世前才正式在全国推行。研究一条鞭法的专家梁先生在遣词造句上很严谨，按照他的说法，开始施行一条鞭法，是“我国明代嘉靖万历年间”。嘉靖年间，张居正出生、科举、入仕，到隆庆年间入阁，隆庆六年中开始执政。显然，一条鞭法在他执政前，就已经开始施行了。

实际上，在张居正还是五岁孩童的时候，当时内阁里有一位很有影响的人物，就提出改革田赋制度，推行一条鞭法了。当时也有“议员”和地方官响应，并且在局部试行。此后，广东、浙江两省，一条鞭法普遍施行。后来，当国的徐阶——张居正的恩师，因为自身利益的考量，坚决反对施行一条鞭法，阻碍了推行的速度和广度。著名的清官海瑞在徐阶下台后，到徐阶的家乡当“一把手”，就大刀阔斧清丈土地、施行一条鞭法。而当时高拱已经被徐阶排挤辞职回家，内阁里的当国者，都是徐阶的学生和追随者——李春芳、张居正、殷世儋，所以海瑞的努力也以失败而告终。

张居正执政后，地方施行一条鞭法的积极性依然很高，不少地方都在搞。不知道是不是受到恩师徐阶的影响，反正，在执政后较长的一段时间里，张居正并没有在全国推行一条鞭法的想法，甚至，对一些地方自发搞的，他还不大高兴。总的看来，似乎张居正接受了这样的一个观点，即：一条鞭法在南方实行可以，在北方不适合搞。

所以，在张居正执政的第五个年头，他提出了两个同意试行一条鞭法的前提：一是在南方试行；二是必须由得力干部主持。这是张居正在写给家乡湖广省的“一把手”的信里说的。他说：“一条编之法，近亦有称其不便者。然仆（我）以为行法贵在人，又贵在地。此法在南方颇便，既与民宜，因之可也。但须得良有司行之矣。”

从这封信里，我们似乎可以解读出这样的信号：第一，张居正对推行一条鞭法兴趣不大、热情不高，所以他一上来先说，你说一条鞭法不错，但最近也有人说不好；第二，他认为在南方可以搞；第三，有点被动同意的意思，所以用了“因之可也”的话，就是说，因袭以前的做法搞搞看也可以吧！第四，他认为南方也未必都可以搞，要有得力干部主持的地方才行。

到了张居正执政的第六个年头，他依然是这个态度。而且是用皇帝的名义，以皇皇圣旨表达出来的，说推行一条鞭法，必须因地所宜，“不许一例强行”。

此后，鉴于不少地方干部对推行一条鞭法热情挺高，吏部的杨副部长给张居正写信，要求他加强干预，并且点了几个地方的名字。张居正接到这封信以后，给杨副部长回信说，我已经拟旨，准备再发文件（圣旨），重申要因地制宜，“不必强行”；至于你信中点到的那些地方，你告诉这些省里的领导，文件马上就要下了，要贯彻执行这个文件，不要再搞了（原文是“尊奉近旨罢之”）。

或许是这个时候干部队伍里，对推行一条鞭法争论比较大吧，张居正又一次以皇帝的名义下令说：“条鞭之法，前旨听从民便，原未欲一概通行，不必再议！”

如果联系到张居正的执政风格，他要认准的事情，想办的事情，绝对不会是这样的态度和表现的。因此是不是可以这样说，倘若张居正对推行一条鞭法感兴趣、热情高，那么他不会一而再再而三作出这样的指示。与其说他是站在支持一方，压制反对者的声音，不如说他更多的是站在反对者的立场上，抑制推行一条鞭法者的积极性。至少，张居正是摇摆在两者之间的。

想想看，张居正执政十年，在最后才下令推行的一项制度，在张居正的治国生涯中，被说成占得位置很重要，作用很大，是不是有点夸张？更为重要的是，说到张居正的功过是非，虽然认识很不一致，但是有一点是大家都认可的，那就是，张居正有富国强兵的远大抱负，也有这个本事；他执政以后，扭转了国库空虚的局面，使得原来空空如也的国库变得充盈起来。那这是不是因为推行了一条鞭法啊？也不是的，这和一条鞭法没有直接关系。因为，国库充盈，在张居正当国后的第三年，就已经实现了。而这个时候，离一条鞭法在全国的推行，还早着呢！

当然，也应该说，一条鞭法能够在全国推行，这也是很大的功劳了。尽管张居正对推行一条鞭法曾经摇摆、犹豫甚至有事实上压制的举动，但是也不应该由此抹杀张居正在这个方面的功劳。

老套路新招数

治国先治官。张居正的新政，也是从这里入手的。这是老套路。但是，非常管用！

说起来，吏治，在历朝历代，都是个大难题。治国先治吏，居然成为古训。顺便说说，这里的吏，是官的意思。本来，国民花钱养着那么多干部，是要他们为老百姓服务的，结果，却是变成事实上的老百姓为他们服务了；本来，执政当局是管理公共事务的，结果，管理自身就成为一道难题。为什么呢？

我们中国人，历来很本分。比如，国人中很少有人提出这样的问题：我们为什么需要政府？我们为什么要花钱养政府？在国人的心目中，政府似乎是必需的，统治者似乎是天然就存在的。还有不少人，根本就没有老百姓花钱养政府这个概念，甚至还以为是政府在养老百姓呢！甚至对此感恩戴德，叩头作揖！这个话题不展开讨论了。

或许正因为我们中国的老百姓太顺从了，所以官场中人就很放肆了。他们干什么、怎么干，也不需要老百姓同意，所以也不必考虑老百姓的感受——当然，他们口头上可不会这么说，冠冕堂皇天花乱坠的说辞能让人潸然泪下呢！当然，他们对老百姓可以放肆，对上级就毕恭毕敬了。有个说法，说官不如妓，官不如奴，说的就是官员们在比自己大的官面前的表现。所以，人治的官场，弥漫着腐化和逢迎的氛围。如果这个政权已经有些年头了，那官场还会在腐化的同时，显得疲惫、拖沓，效率低下。

正因为已经在腐化氛围里浸淫，那些对小团体乃至干部个人有利的事就抢，反之就推；不花钱该办的事也不办，花了钱不能办的事也可以办成。推诿扯皮与争名夺利并存，不作为和乱作为共伴。这样一来，中国的最高领导层，管理老百姓易，管理自身可就难啦！管理自身就成为一道难题。

张居正上台，要行新政，第一道难题，也同样是吏治。

那么，张居正当国后，官场的情形是什么样子呢？用张居正自己的话说，是虚文矫饰、剥下奉上、奔走趋承、征发期会、苟且草率。

过去的高级干部，都是进士出身，写文件特别讲究对仗、排比。所以有时候，为了形式，损害了实质。至少，让后世子孙看起来有点费劲。按照我的理解，张居正这些话的大意是说，官场中人，形式主义严重，弄虚作假成风；对下盘剥，对上逢迎；做官不是靠能力人品而是靠跑关系，当官的整天忙于跑官要官；工作不讲效果效益，统计数字报上来就算完成任务等等。也有人概括说，当时的官场，一是冗，二是贪，三是姑息萎靡，官官相护。

大明帝国的官场，有一点还算好的，那就是，经常有忧国忧民的人对形势作出很不美妙的分析，提出的问题往往也有些夸张，近乎耸人听闻。比如，说到冗，其实，那个时候全国所有的干部，总共才二万四千人。说多，实际上不能算多。一个县才一个县处级领导，而且一旦不担任领导就是名副其实的平民，说多，实在不足信。但是，张居正所说的情形，大抵是符合实际情况的。

那么张居正整饬的措施是什么呢？

有人说，张居正上台的第十七天就进行京察——类似于我们今天所说的干部考核，当然比现在的考核要厉害很多，每次京察就相当于民主国家内阁重组——是整饬吏治的措施之一。其实不是那么回事。张居正上台后迫不及待地进行京察，是一次大清洗，不是按照德才兼备的标准，而是以人划线的，是很不道德的做法。怎么能够和整饬吏治联系到一起呢？况且，新政府成立，近乎改朝换代，人事调整是必然的，硬说是整饬吏治，实在勉强了。

依我说，张居正的整饬吏治，主要就是他发明的考成法。这是张居正的创制。因此，我认为，张居正上台，套路是老套路，不过确实是有新招数。

考成法说起来很复杂。按照我的理解，有两个方面的要义。

第一，从行政管理上说，核心是层层节制，各项任务有专责、有期限、有监督。第二，从政治体制的层面说，有提高内阁地位、强化内阁职能的意义。

不管怎么说，有了考成法，从体制上说，内阁可以名正言顺控制“议员”；“议员”可以有理有据严密监督六部。从机制上说，任何事情，一旦决策做出，从交办、到完成，都有程序规定、时限要求和问责办法。这样，沉湎于吃喝玩乐、贪污腐化的官场，突然之间，就被迫要干事，而且务必要干成事了。

除此而外，张居正的整饬吏治，就是制定了有关的纪律规定。比如，规定提拔干部，一律不准高级领导个人说了算，若高级领导干部专擅，则斩！如果是高级领导干部的亲属，除非是皇帝点名下令，否则一律不能进入干部队伍，违者斩！又比如，各地方、各部门干部有编制数，若超过编制数增加干部，决定增加和被增加的干部，各杖一百！再比如，凡是有关部门的干部，不得在现住所所在地方购买田宅，违者，笞五十，免职，所买田宅没收！

需要指出的是，这些规定看起来挺严厉，实际上差不多是一纸空文。因为，真正破坏制度的，恰恰是制定制度的决策者。比如，张居正用干部，从来是顺我者昌、逆我者亡！高级干部的选用，都是他一个人说了算的。不过，客观地说，张居正推行了考成法，又清洗了政敌的班底，选用听话的干部，总体上说，差不多做到了令行禁止。这是很不容易的。

毕竟，大明帝国这架国家机器，经过二百年的风风雨雨，已经锈迹斑斑，推动其正常甚至高效运转起来，实在是奇迹了！

不过，还要说一句，张居正的整饬吏治，一时之效是有的，但是，不可能从根本上解决问题。因为，他在整饬吏治的同时，也在不遗余力地带头扰乱吏治！他选拔干部的私心自用；他自已和身边工作人员、亲属，带头卖官、以权谋私；他作风日益骄盈，日益喜欢吹吹拍拍，那么，吏治怎么会清明？官场风气，还能够好？

简言之，张居正是人治的典型。人治是不可能从根本上解决吏治问题的。

没有新意但颇有成效的富国策

直到现在，许多人之所以对张居正推崇备至，很大程度上是因为张居正当国后，通过努力，扭转了国库空虚的局面，由入不敷出，到大大盈余。可以说，张居正能够富国。也就是说，他做到了让国家——具体说是国库——富起来。事实摆在这，别人也就不好说什么了。换句话说，张居正最大的功劳，就是富国。

那么，张居正的富国之策是什么？他怎么做到的呢？或许有人说，通过改革啊！但这似乎不符合历史事实。前面说过，张居正的新政，基调是整顿，不是改革。属于改革性质的一条鞭法，也是在他去世前才在全国推行的。也就是说，在张居正执政的前九年里，并没有经济改革的措施出台，而改革措施出台不久，张居正就去世了。

显然，富国的奥秘，不是因为一条鞭法这样的改革措施。所以，总体上或者宏观上说，张居正的富国策，还是整顿。

这里，我得顺便说说这样一个观点：国富，并不等于民富，有时候还可能相反。根据我的观察，民主体制下，国富必然民富，或者说，国富必然建立在民富的基础上，甚至民很富而国（政府）颇穷；在专制国家则不尽然。有的专制国家，表面上看，国家可能很强盛，老百姓却苦哈哈的，只能勒紧裤腰带过日子。道理很简单。专制国家，干什么事情，不需要征求老百姓同意。如果当局不择手段搜刮民脂民膏，集中到一起，用于豢养军队和警察，用于军备竞赛，表面上看，国家还是很强大的，领导人的腰杆挺硬，派头挺足；可是，老百姓的肚子挺饿，面色挺灰。

那些狭隘的爱国主义者——其实是愚民政策的牺牲品，不分青红皂白，看到能够使国家表面强大的领导人就崇拜，是很可怜的！我的观点是，不能认为，凡是能够富国的人，就值得肯定，就说是伟人。归根结底，能不能富民，才是衡量一个领导人是不是伟人的最基本标尺。道理也很简单。国家的强大如果不能给老百姓带来富足的生活，那强大不强大，意义何在？甚至，国家的强大是建立在搜刮民脂民膏的基础上的，那就更成问题了。所以，绝对不能一听到一个领导人使得国库收入增加了多少，就觉得这个人挺好。

张居正是富国的功臣。这一点，毫无疑问。不过，他是不是富民，我不敢肯定。那要看他的富国之策到底是什么了。张居正的说法是不加赋而国库足。从这个口号看，不错的。如果就是通过一味增加老百姓税负的办法从而增加国家的收入，未必是办了好事。不增加老百姓税负就能够增加国家的收入，虽然不能简单说就是上策，但是至少是高明的政策，也是很不容易办到的事情。这一点，张居正多多少少办到了。

也应该说，张居正为天下理财，确实非常辛苦，呕心沥血，殚精竭虑，可谓勤勉敬业。

有的专家说，张居正理财，增加国库收入，首先就是开源节流。我认为，这个说法不完全准确。

节流，具体说是削减冗费，确是事实。张居正提倡勤俭。从皇帝到各级政权机关、各部门，都被迫压缩了开支。有这样一个例子，小皇帝让张居正看他的衣袍是什么颜色，结果张居正没有说对。为什么呢？因为原来的颜色褪色了！张居正于是说，既然这种衣料爱褪色，那就少做几件。还有，过元宵节，张居正把宫内的灯都减少了。控制开支，就到了这个程度！所以，节流，他是实实在在做了不少工作的，效果也是比较明显的。

但开源，却未必。开源，顾名思义是开辟新的税源。也就是说，不是培植新兴产业，就是对过去忽视的行当课税。不然怎么能叫开源呢？可是，张居正当国，这个方面并没有什么进展。

被张居正推翻的高拱，是坚定主张对外开放的。如果按照高拱的治国方略，那贸易税就应该是典型的开源，因对外开放还可能带动新产业的发展，又会增加税源。可是，张居正是闭关锁国政策的执行者，他执政后把所有和开放有关的政策措施都停掉了。

高拱对发展工商业倾注了极大的热情。帝制时代，像高拱那样对工商业进行过那么细心的调查研究、倾注过那么大热情的执政者，可能绝无仅有。可惜，他被张居正推翻了，很多事情没有来得及做。张居正对工商业并没有执行新的抑制政策，但是他对促进工商业发展，也并没有太大的兴趣，更没有发行实质的政策措施。也就是说，张居正和别的领导人面对的税源都是一样的。所以，民国时期写出《张居正大传》的朱东润先生说，张居正除了整理田赋以外，在当时的环境下，还有什么方法可以增加国库的收入，弥补岁入、岁出的巨大差额呢？那么，说张居正开源，不知所谓何来？

依我看，张居正的富国要领，还是整顿。所谓整顿，就是严明纪律，该征收的必须征收到位。张居正自己就说："方今言理财者，其说纷纷，皆未知设法以督完正供之为便也。"就是说，想方设法完成国家规定的税额，才是最为重要的。韦先生也说，张居正并非有鬼输神运之功，"关键在于敢于严申纪律，大行赏罚以贯彻法令。"

张居正上台后，调整人事。清除异己的同时，就着手整顿财经纪律。他宣布：如果规定的赋税没有足额征收并上缴国库，省级的一把手——巡抚和负责监察的巡按御史听纠，府、县一把手听调。而且基本上说到做到，真的撤了若干个巡抚、府县领导的官。用朱东润先生的话说，事态变得很严重了。所以，地方领导都不敢怠慢了，为了乌纱帽，千方百计也要完成税收任务。

这就是奥秘所在。

要说，张居正也不是一点也没有做开源的工作。他以铁腕整顿税收的各个环节，还在后期推动丈量土地。整顿税收环节，关键是促使有关干部守法杜弊，打击贪腐、惩治姑息，采取了不少动作，得罪了不少人。清丈土地，张居正更是花费了大量心血。

所谓欲清其源，先正其田。过去的执政当局也做过不少这种清丈土地的工作。张居正在执政的后期，在部分地方试点的基础上，开始将之在全国铺开。应该说，清丈土地，对老百姓是有利的，而对各级官员和富豪权贵就未必了。所以张居正得罪的人也不少。但是他态度很坚决，按照张居正自己的话说，就是任凭"谤议四起"，他"终不为动，任之愈力"！虽然这和真正意义上的开源还有距离，但是毕竟，把以往偷逃税收的人、土地给清理出来，是会增加税收的。

应该说，张居正的富国策，完全是传统的，并没有任何新意。简单说，就是他基本上做到了该收的税收上来。可以说，这是人治短暂成功的范例。

当然，既然是人治，是传统的做法，在这个过程中，出现一些问题也就不可避免。当时，就有很多人提出，地方的领导为了帽子，损招很多，老百姓苦不堪言啊！比如清丈土地，本来应该以查清底数为目的。但是，在张居正的指导思想上，实际上有清丈乃是为了追求溢额，要求清理出更多的纳税耕地的意图。上有所好，下必甚焉。于是，层层加码，弄虚作假，虚报冒报，只能增加老百姓的负担。

朱东润先生说，从书生的立场上看，张居正的这个做法只觉得操切。韦先生也说，在这个问题上，张居正是有欠缺的。但不管怎么说，通过严明纪律，该征的税都足额征缴了，于是，国库收入增加了。

开支控制住了，收入又增加了，国库就盈余了。

顺便说说，此前，由于高拱高瞻远瞩、运筹帷幄，已基本解决了长期困扰大明帝国的北部边防问题，化干戈为玉帛，国家因此减少了大量开支。总体上说，张居正当国的十年，没有大的战事，是和平的局面。而以往国库空虚，很大程度上是军费开支过多造成的。因此，在这样的背景下，张居正时代的国库，确实是充盈的。

但到底老百姓是不是也同时富了呢？我说不清楚。

我并不是苛求前人，因为他没有发展资本主义，就说他保守。但是，我们可以把张居正的政策和被他推翻的领导人的政策比较，这不能算是苛求吧？如果按照高拱的政策，一是对外贸易，二是大力发展工商业，那么富国强兵应该是有希望的；而且这样的富国强兵，不仅必然建立在老百姓富足的基础上，而且很可能会催生出一个新局面。从这个角度说，张居正和高拱，应该高下立判了吧？

人治和制度的两难选择

人治国家，并不是没有制度。人治官场的领导人，其实也反复强调制度的重要性，也连篇累牍地制定了不少制度。但问题是，人治国家，许许多多的制度，靠不住。

威权国家、人治官场有一个很普遍的现象，就是制度挺多，挺严，挺能让老百姓感动，可就是执行不下去。大大小小的干部，也知道有制度，可是谁也不当回事儿，不当回事儿也没什么事儿，长期如此，制度也就那么回事儿了。

我们中国有句话，叫制久而弊生。

这里，就有一个例子。大家都知道，大明帝国的开国之君朱元璋出身贫寒，挺能体谅民间疾苦的。他也很勤政，兢兢业业地干，定了不少制度。其中，就有一个驿递制度。

那个时候，没有飞机、火车、轿车，也没有电报、电话，什么手机、呼机、传真机，一个也没有。大一统的中华帝国，地大物博，幅员辽阔，中央要掌握全国的情况，指挥全国的军、政；地方要请示汇报；干部要出差检查工作，相互调动等等，靠什么渠道呢？靠的就是驿站。

张居正时代，全国的驿站，就有 1036 处。有了驿站，就得有经费、编制；什么人、在什么情况下可以使用驿站，朱元璋都做出了明确规定。说起来，朱元璋的规定不错，也很严密。更重要的是，谁要是不遵守制度，朱元璋这老兄还真下手收拾他。

当时，就有这么一件事：朱元璋的女婿，也就是驸马爷，利用驿道，运送茶叶贩卖，让人给举报了。朱元璋大怒，把这个女婿给杀了。还有一个地位很高的开国功臣，以为自己打江山功劳大，挺牛气，就不把制度当回事儿，结果也受到严肃处理。按说，朱元璋的制度定得不错，执行也可以，违反者受到的惩罚也够严厉了，那就不该发生什么问题了。

可惜啊，根本就不是那么回事儿！别的时候什么样子，不说了；反正到了张居正执政的时候，驿递制度，已经混乱不堪了。最主要的是，大大小小的干部，也不管是不是公务，都要使用驿道；因为公务应该使用的，就很不平衡，很理直气壮，超标准、高待遇问题突出。

大家都要使用驿道，而且都要超标准享用马匹食宿，那就得多花钱啊！驿站的经费本来有限，而且还不能及时足额拨付，如此一来，哪里够开销呢？有条件的地方，就想方设法创收，比如，让老板们利用驿道运送货物，等等，驿递制度简直就不成样子啦！

张居正当国，奋起振作，要恢复祖制，执行制度。其中，除了整理田赋、整饬吏治外，整顿驿递，也是很重要的一项内容。整顿驿递，阻力不小，工作量很大。但是，张居正有信心、有魄力、有手腕，效果不错。张居正的具体做法，就不具体说了，反正和朱元璋的做法差不多，按照张居正自己在私人信函里的话说，整顿就是要“尽复祖宗之旧”。

值得一提的有两点。一是张居正搞了实名制。干部因公务需要使用驿道的，在领取堪合也就是弛驿凭证的时候，都要登记自己的名字、职务等一系列信息，以便监督。这样，他就不能把特权给自己的亲属、朋友用了。第二点，不管是作秀也好、表率也罢，张居正的儿子回乡参加科举考试、他的弟弟在京病逝后送柩归葬，都特意声明不使用驿道；地方领导为了讨好张居正发给他们堪合，也被退回去了，还受到张居正的严厉批评。“为政必贵身先嘛，你这样做，不是让我违纪吗？”张居正义正辞严地说。

经过张居正大力整顿，特别是对违反制度的一批干部的严肃处理，一时间还真的见成效了：国家花的钱比以前少了，运转却比以前通畅了。这当然是张居正的功劳。他为此花的心血不少，得罪的人也很多。不容易！

可是，也仅仅是很短的时间，最多超不过十年，驿递制度又是一团糟了！不说比整顿前更差，可至少不能说比整顿前要好。到了这个时候，即使是又出了一个非常负责任的领导人，也只能看在眼里，急在心里，近乎束手无策，也就只能听之任之了。

那么，为什么会这样呢？权大于法之故也！人治国家，必然是特权国家。有权的人和他们的亲属子女，总是要追求自身利益最大化，必然破坏制度。破坏制度而又很少会受到惩罚，渐渐的，制度也就失灵了。

反辅为主的奥秘

前面已经说过，按照“宪法”——成文的和不成文的——规定和法定的政治体制，张居正的地位、职务，实际上是辅佐的角色。可是，事实上他的权力却是绝对的，事实上实现了他梦寐以求的独裁！而且这个独裁者不是别人，是作为臣子的张居正！

我看，在大明帝国，除了开国之君朱元璋，还找不到哪个皇帝比张居正的权力更大、受到的制约更少。儒家意识形态是反对独裁的，政治制度的设计也是不允许皇帝独裁的。当然，作为大臣，那就更不用说了。可是，张居正做到了。从这一点上看，张居正是很了不得的一个人。

不是“宪法”赋予张居正的权力，也不是体制上给他提供了基本条件，都没有。恰恰相反，“宪法”和体制，都是不允许他掌握并行使如此大的权力的。举个简单的不太恰当的例子：一个人是单位的副职，依法是“一把手”的助手，助手有什么权力呢？没有决策权的，只能是建议权。可是，他就能够做到单位的事情，一个人说了算，不管是用干部，还是花钱都得这个人点头才可以。你说，这个人是不是很了不得呢？体制上和法律上，是不允许他这样做的，他居然做到了。

客观上说，张居正刚刚上台的时候，小皇帝确实还小。这是一个客观条件。除此之外，他就没有更多的便利了。那么，张居正有什么办法呢？换言之，他能够独裁的奥秘在哪里呢？

根据我的研究，有这么几个方面。

第一点，张居正把皇帝他妈搞定了。

张居正外表儒雅、俊朗，很讲究穿戴，当时也就是四十多岁的年纪，沉稳老练，满腹经纶，应该是很有魅力的一个男人。

农民工的女儿、偷情成正果的李香儿，挺喜欢他的。仅从公开的表示也可以看出，李太后喜欢张居正，到了正常人所难以理解、正常的道理难以说通的程度。女人嘛，一旦真的喜欢上一个人，那是很有牺牲精神的。结果，她拼命压服自己的皇帝儿子，非要他听命于张居正不可，甚至在公开的公文里，明确写下了，皇帝到三十岁后才能够掌权的文字。

这一招很厉害，也很关键。直到张居正去世，那个已经成人的皇帝，也只能诚惶诚恐般听命于张居正。

第二点，张居正巧妙地把劣势转化为了优势。

按照“宪法”和体制，张居正是辅佐的角色，是参谋的职能。这当然是他的劣势。但是，他却巧妙地利用了这一点，把它转化成了优势。和第一点相联系，张居正事实上掌握了皇帝的权力。但是他又不是皇帝，对皇帝的一系列约束机制，张居正就可以巧妙摆脱了。

在传统政治制度的设计上，约束皇帝最主要的机制，是宰辅。比如在唐代，皇帝发布任何命令，如果宰相不副署，就不被承认。武则天称帝时代，有一个有名的大臣就公开说，不经凤台鸾阁，何谓诏旨？就是说，不经过宰相机构的副署，是违法的，那就不是诏书、圣旨，而是废纸一张！从这一点上看，传统的政治体制，有点像现代的内阁制国家。到了大明帝国，朱元璋想独裁，把政治体制给改了，可是后来慢慢的，这种制度还是在事实上恢复了。内阁虽然不是宰相机构，却差不多有点那个意思了。

现在的情况是，张居正身兼二任，少了一个最大的制约。

不仅如此，在正常情况下，内阁作为文官的代表，对于所有对皇帝提意见的干部，是要设法保护的。现在好了，惩罚干部，都是张居正的决策，他看不上的、得罪他的，就以皇帝的名义惩罚，官员中也没有了领头的出面保护了，那些个敢言直谏的“议员”和其他干部，真是叫天天不应，叫地地不灵了。

第三点，张居正认了“黑老大”，做到里应外合，天衣无缝了。

历朝历代，宦官干政是大忌。正义力量本来与宦官应该势不两立。可是，张居正不同。他甘心情愿认冯保为老大，对他毕恭毕敬，甚至可以说卑躬屈膝。因为这样做既违法又不道德，不能公开，只能是地下活动，所以是“黑老大”。这个“黑老大”在内，张居正在外，里应外合，如此一来，凡是他们两个想办的事情，很方便就办到了。当然，这其中，也包括办了不少好事。

第四点，张居正设计出了一套严密控制干部的制度。

核心就是考成法。这个考成法，表面看是提高行政效率的，实际上是体制上变革，通过考成法，把“议员”牢牢控制住了，通过“议员”，把中央各部门控制住了。这一点，任何皇帝也没有做到过。翻开历史，“议员”给皇帝提意见、弹劾首相的事情，简直是家常便饭啊！很多时候，皇帝迫于“议员”的压力，想干的事情不敢干；不想干的事情也不得不干。而张居正执政，“议员”都很乖，他几乎可以不考虑这个因素了。

第五点，张居正靠任用亲信控制施政。

重要岗位的干部，几乎所有的“议员”，都是张居正精心挑选的。听话的，用！不听话的，炒鱿鱼！

第六点，张居正有独特的指挥方法。

张居正指挥施政，主要不是靠公文，而是靠写私人信函。公文太格式化，太形式主义。而且张居正不能以内阁的名义或者首相的名义发公文、指挥地方和部门的。他就靠写信，纳公事于私谊，实实在在，有啥说啥。由于这些干部，包括军事将领，大多是张居正所信用的，也就不讲究什么法律程序了，只要知道这是张居正的意图，他们就照着干了。

有了上述六点，张居正执政，几乎是六六大顺了。

所以，张居正干成了别人干不成的大事，也干了别人不敢干的坏事。作为传统社会的一个读书人，张居正是成功的！作为传统社会的一个男人，张居正也是成功的！到现在还有那么多人吹捧他，张居正真是太成功了！

可以说，张居正登上了权力的巅峰，也登上了人治的巅峰。

第7章 权令智昏

绝对权力下的忘乎所以

人云：利令智昏。殊不知，权力，也能够让人昏昏然！而且其概率可能还会更大些！绝对权力，基本上像毒品、春药一般，让其享用者难以自拔。张居正深谙韬光养晦的秘诀，深有城府；他也是非常聪明、非常有心计的人。但是，他掌握绝对权力以后，许多事情的处理，就不那么理智了。走出前人的误区，又陷入新的迷途。为了掩盖意气用事铸成的错误，会继续犯更大、更幼稚的错误。确实很奇怪，连引车卖浆者流都觉得很幼稚、很不明智的举措，堂堂的国家领导人竟然作为很庄严很神圣的事维护、推动不遗余力。敢于提出异议的，还会受到严厉打压！无他，权令智昏也！不暇自哀而人哀之！

没有不敢迈的坎儿

政治强人之所以是强人，很大程度上是他们敢冒天下之大不韪。无论是谁，政治强人总要面对各种各样的制度、至少是教化风俗的羁绊。换句话说，摆在领导人面前的，总会有一些难以逾越的坎儿。有的人，什么样的坎儿都敢迈过，而且能够迈过！那他就是名副其实的政治强人。

比如说，美国的总统，不管他年龄多大、威望多高，连任一次以后，他非卷铺盖走人不可！这道坎儿，他绝对不敢迈过的！俄罗斯也有同样的宪法规定，可是人家普京，就有办法绕过这道坎儿，牢牢把握着治国的权力，继续当这个大国的掌舵人！不一样就是不一样。国家领导人遇到的坎儿可能未必相同，但实质都差不多：人人都说，这下没招儿了，只能这样了；可是，强势领导人却不这么认为，他相信可以迈过、能够迈过这道坎儿。这不，张居正遇到的这道坎儿，甚至比美国和俄罗斯的总统遇到的，还要难迈！

怎么回事呢？事情是这样的。万历五年九月，张居正他爹去世了。或许有人会说，这算啥事啊？小题大做了吧？！别急，很快就会知道了，这道坎儿，敢迈的人，绝无仅有。诸位谁敢说你就敢迈，那真可以说是张居正再世了！

话说那个时候通讯不发达，老爷子咽气十多天了，讣告才送到张居正的手里。接到讣闻，估计张居正很是烦恼。我说烦恼，而没有用悲痛这个词，是经过斟酌的。张居正已经十九年没有见到他的父亲了，他和乃父之间，生疏了，或许，还有点怨气存在心里。

应该是二十多年前的事了。张居正因为一时看不到升迁的希望，同时也有避祸的考量，曾经回家隐居了几年。他的父亲，连续参加科举，是考了二十多年始终连举人也没有考取的老秀才，看到自己的儿子中进士、点翰林，不好好往上爬，却跑回老家隐居，很不满意，没少给张居正脸色看。张居正一方面忍受不住乃父的奚落，另一方面看到其师徐阶渐渐站稳了脚跟，就硬着头皮回到北京复职。十九年过去了，张居正再也没有回家；他的父亲也舍不得家乡的优哉游哉，美女姬妾，一直也没有到首都转转。所以他们父子，十九年不曾谋面。

消息倒是经常通的。不过，多半是些要张居正以权谋私的要求。父以子贵，张居正或许开始还不太情愿，有点无奈；慢慢地就习以为常；再后来，可能就成为他光宗耀祖的一种方式了。所以谁要批评他这一点，他就火冒三丈，严厉报复。比如刘台，就是一例（后述）。或许，张居正可能内心里认为，他已经以他人难以比拟的特殊方式尽了孝道，可以心安理得了。总之，要说张居正和他爹的感情有多深，那是不真实的。因此，他接到父亲的讣闻，或许会有遗憾，但不会太悲痛，更多的，应该是烦恼。

是的，烦恼。亲爹死了，麻烦事就来了。为什么呢？因为"宪法"规定，父母去世，儿子要丁忧。

关于这个丁忧制度，我们现代已经没有了，所以有必要简单说几句。

按照孔圣人的说法，孩子在三岁前，离不开父母的怀抱。那么，父母去世，作为儿子，也要守制三年。这以后，特别是明代，作为制度，就明文规定了，父母去世，儿子在外做官，应该立即辞官，回家守孝三年（实际计算出来是二十七个月即可），此谓之"丁忧"。守孝到期，再复职做官，谓之"起复"。如果遇到特殊情况，比如战争爆发什么的，将帅势必不能回家尽孝，那皇帝就可以命令他继续为国效劳，不准丁忧；考虑到这个决定不近人情，所以称为"夺情"。

不过，开始，制度有漏洞，就有人钻空子。有些人，宁愿不要死爹死妈，也要权力，所以，居然出现了父母去世他隐匿不报，继续上班的怪事。看过《秦香莲》这个戏的人，或许可以回忆一下，陈世美共有三宗罪，其中就有一宗，是父母去世，他隐匿不报，身在朝中穿红衣。于是，为了防止有人钻空子，后来干脆就又明确规定，父母去世隐匿不报的，严厉处罚；而且对文官，一律不得"夺情"。换言之，凡是文官，父母去世，必须丁忧。

这是法律规定。就是说，丁忧，是祖制，是法条。

意识形态的和人情的因素，也得交代几句的。为什么作出这样的规定呢？其实不仅仅是人情，更多的是统治的需要。历代的执政当局都讲孝道，明代尤甚。从朱元璋起，就号称以孝治天下。因为在当权者看来，一个人连父母都不孝，何谈"忠"呢？家、国一体，国就是一个大家庭，皇帝就是君父。不孝父母者，很难指望他忠于君父。推而广之，那他对自己的上司也就不会忠诚，这样的话，集权专制统治如何进行得下去呢？所以，孝道是很重要的，是判定一个人道德节操的一个最主要的指标。

意识形态的观念，长期灌输下来，大家都挺接受。一个人，连父母都不孝，那他对朋友会有信用吗？更有甚者，还会质问一声，那他还是人吗？也就是说，整个社会，从人情上说，也不允许父母去世，儿子却像什么事情也没有发生，照常上班。

可见，无论是法律上、意识形态上还是人情世故上，丁忧，是唯一的选择。

可是，张居正不想丁忧。他舍不得放弃权力，一天也不想放弃！那怎么办呢？想想看，张居正能不烦恼吗？

张居正是国家最高实权人物，无论是好事还是坏事，他都敢做敢为，说他敢冒天下之大不韪，我认为一点也不过分。不过，每次遇到什么反对的声音，他都会理直气壮地说，我是按照祖制或者说祖宗法度办事的，我问心无愧！也对。祖制听起来挺吓人，其实很模糊。祖宗说的话、做的规定多了，而且相互之间也有矛盾，谁都能找到有利于自己的依据，为我所用。何况，对名教圣训、意识形态的解释，一向都是谁有权势谁说的就是对的。可是，丁忧这件事，祖宗法度规定太明确，容不得你随意解释，没有什么余地；而且，人情世故，张居正也不是不明白，他可能也想像到了，不丁忧，一定会遇到强大的阻力。

然则，丁忧，就意味着至少要暂时放弃权力，想到此，张居正的脑海里，一定会出现过若干个可怕的场面。是的，张居正有点害怕。他是权力崇拜者，他所畏惧的，也只有权力。而且，张居正是心胸狭窄、报复心极强的人，那就不免会以己度人。他心里很清楚，他为了个人的私欲也好，为了推行新政也罢，得罪了太多的人，不该杀的杀了、不该关的关了、不该贬的贬了……如果权力掌握到别人手里，那他们会不会像他对待别人那样对待他自己呢？

顺便说说，不少高官恋栈，赖在台上不下来，普通人非常不理解；其实很好理解，他内心充满了对失去权力后的恐惧。

也有不少人从积极的角度或者说正面去理解，说张居正不愿意丁忧，是不想看到自己推行的新政夭折；况且，他还有大量工作要做。从我们已经探讨过的张居正的用人原则来看，他自己也应该很清楚，那些他所用的人，多半是恭顺有余而能力不足的，根本指望不上的。在张居正看来，所谓国一日不可无君，用到他张居正身上，倒是很合适。

当然，事实不完全是这样的。比他有能力有操守有改革开放意识的人，现成的就有，比如高拱。倘若张居正真的丁忧，按照那个时代的惯例，高拱复职也不是没有一点可能。而这，恰恰是张居正所不愿意看到的。张居正为了新政才不想丁忧的说法虽然是目前多数专家的看法，但是我认为这至多是一个次要的因素，甚至是可以忽略不计的因素（理由容后再禀）。

权力崇拜者不愿意失去权力，以己度人，便更担心失去权力后可能遭到的报复。这是张居正接到乃父的讣闻后，之所以烦恼的真正原因，也是他不愿意遵守“宪法”、顺应舆情丁忧的根本原因。《明通鉴》说法是：“自以握权久，恐一旦去，他人且谋己。”我认为这个说法是符合实际的。

事实上，张居正病入膏肓以后，体力精力难以支撑了，可是直到死他也没有放弃权力，根本的原因也在这里。

可是，眼下，难题摆在面前了，怎么办呢？那就得想办法了。这个时候，让张居正感到唯一能够帮他迈过这道坎儿的，只能是大太监冯保了。

不错，张居正是国家最高实权人物，但是他不是名正言顺的国家最高领导人。所以要办一些大事情，还得绕个弯子，而这个时候，“黑老大”、太监冯保的支持，就很关键了。他们一个在外面，一个在内里，所谓里应外合，双簧戏一演，小皇帝和他妈，就被玩于股掌之上了。

顺便解释一句，我说太监冯保是张居正的“黑老大”，不是随便说说的。首先说这个“黑”字，乃是因为，张居正和冯保的关系，是不符合体制和“宪法”的，相反，可以说是违法的秘密的地下关系，所以是“黑”；“老大”呢？是因为，张居正在这个国家，谁都不怕，唯独怕冯保，他对谁——包括最高领导人——都可以趾高气扬，甚至颐指气使，唯独对冯保，低三下四、卑躬屈膝，就像黑社会的小兄弟对老大。

当然，冯保对张居正也挺够意思，有点老大的侠义劲头。所以，当张居正遇到仅仅靠他个人的手腕难以化解的麻烦事的时候，他想到的只能是这样一个人——“黑老大”冯保。

事不宜迟，张居正轻车熟路，密会太监冯保。在此之前，乃父去世的消息，被他严密封锁着，除了他的家人，首都还没有任何人知道。

张居正见到冯保，屏退左右，“扑通”一声，就给这个野心家、大太监跪下了。当然，这是我的猜测，没有看到任何记载。为什么我会说张居正会给冯保下跪呢？因为张居正来找冯保，是报丧的，他是“孝子”，见到人要下跪，也顺便表现出他对失去父亲的悲痛劲儿。况且，他是求冯保帮他度过这个大坎儿的，何不顺水推舟，就坡下驴，巴结一下“黑老大”呢？此外，这些还仅仅是推测，还有实例可以佐证的。一会儿诸位就可以看到张居正强迫冯保的吊丧代表接受他的跪拜的场景。张居正能够给冯保的马仔儿下跪，而且是强拉硬扯非要跪拜不可，那么我说他给冯保下跪，还需要怀疑吗？

冯保看到这个场景，一定也被吓了一跳，直到张居正哭着说“家父……”，才明白过来。当然，接下来，免不得一番劝慰，连忙把小老弟扶起让座。

我估计，他们的对话，除了寒暄性质的，诸如节哀顺变啦等等，实质性的，会有这样的几句。

“按制，居正要丁忧……”张居正说。

“这个……”冯保猛一听，还没有什么主意。

“公公，您老人家看，居正该怎样？”张居正用请示的语气追问，这个追问，其实就传达出他不想丁忧的意思了。否则，根本不需要问该怎样的。而且，很明显，张居正也不能直截了当说，我不想丁忧。毕竟，这样的话说出口，在一般人的心目中，差不多就等于说“我不是人”了！

“相公的意思呢？”冯保一定会反问，兹事体大，他不能说话太武断吧，况且毕竟是在堂堂的顾命大臣、当朝首相面前。

“公公，居正唯公公之命是从。”张居正的态度很谦恭。因丧父而“悲伤”中的人嘛，说话一般是会谦恭的，甚至是凄凄哀哀的。他这句话的意思，是想让冯保说，不能丁忧。

“居正查得，遇到这样的事体，有三条路可走，”张居正满腹诗书，得表现出来，先说方案，再请冯保拍板，所以他不等冯保说话，就主动说，“丁忧或者，夺情！”——估计张居正说“丁忧”是一带而过，而特意把“夺情”说得很郑重，所以我使用这样的句读。

“喔……这不是只有两个法子吗？”冯保边思考边问，“相公不说三条路吗？”

“是的，三条路。夺情，又可分为两种：一种是彻底的办法，人根本不离开，就宣布夺情；一种是人回家奔丧，宣布夺情，不守制即赶回来。”

“有故事吗？”冯保问。

那个时候的“故事”，就相当于我们现在说的先例，或者说相当于英国这些不成文法国家的判例。援引故事，是那个时代处理重大问题最基本的方法。

“居正查得，宣宗朝有两位、宪宗朝有一位，”张居正明白“黑老大”的意思，是说夺情有没有先例，于是，就把刚刚查到的——估计接到讣闻就急急忙忙查资料了——具体情形详详细细说了一遍，然后又补充说，“不过，英宗朝已有明令，不许夺情。”

冯保琢磨了一会儿，还是拿不定主意，试探说，“要不，相公先回家奔丧，然后夺情？”我这样推测，是因为冯保这个人不是变态狂，他还有点正常的人性；估计他对孝道也是挺赞成的，后来他给自己造墓建祠，也是出于想死后有点香火的考虑，说明他挺在乎这个的。让他说出亲爹死了不回家奔丧的话，有点违心。违心话、违心事他不在乎，可是要看对谁了，对自己的小老弟，不能太虚伪了。

况且，我之所以推测冯保会这样说，还有很重要的原因：因为张居正举出的三个例子，都是这样做的：先回家奔丧，再夺情回朝上班。当然，冯保这样说，已经冒了很大风险了，因为虽然勉强援引了故事，还是不能回避夺情禁令问题。

张居正沉吟良久，鼓足勇气说：“倘若居正回家奔丧，恐未必能够回来。”他欲言又止，神秘莫测的目光，让冯保感到不寒而栗。

“居正以为，”这会儿张居正可能已经很镇定了，语气一定也很严肃，“回不回家奔丧，都一样是夺情，反正就是夺情。无非有人叽叽喳喳而已。既然回家奔丧再回来是夺情，也会叽叽喳喳；不回家奔丧，也是夺情，无非还是叽叽喳喳，那是不是……”

如果是一个叫何心隐的大思想家听了张居正的话，或许会表示赞同，因为他最反对这套纲常伦理了。不过后来张居正还是把他杀了，因为，反对这个就是反对整个制度的基础！那冯保怎么可能痛痛快快接受张居正的观点呢？他态度一定不是那么坚决，但是，他也没有明确说不行，而是语气有点含糊。

不过，无论如何，张居正和冯保基本上达成了默契，爹死就死了吧，回去他也活不过来了，关键是权力不能放手！于是，经过和自己的“黑老大”冯保一番密谋，主意已定，张居正才把乃父去世的讣闻对外公布了。他提笔向小皇帝打了个报告，说骤接讣闻，家父见背（就是去世的意思），哀伤万状，请恩准他回乡丁忧。

这当然是言不由衷。不过，张居正怎么可能说我不想丁忧呢？无论如何，他必需摆出一副坚决要回乡丁忧的样子。样子摆是摆，这不是关键，张居正心里明白，关键是如何才能不丁忧。

不用说，国家最高实权人物张居正的父亲去世的消息一公布，立即就成了重大新闻。人谁无父母？谁的父母能长生不老？多少年来，无论是什么人，官大也好，官小也罢，父母去世，立即回家奔丧守制，是制度，也是人之常情。可是，张居正是最高实权人物，擅权专断，嗜权如命，人所共知。那么，这回他怎么办？人们议论纷纷，拭目以待。

位于东西纱帽胡同的张府，雄伟壮观，豪华无比，冠盖京城。虽然张老爷子从来没有来过，但作为长子的张居正的府邸，还是搭起了一座庄严肃穆的灵堂。孝幔里，张居正身穿孝服，匍匐在地，不时还发出几声哭丧的干号。

前往张府吊唁哭丧的干部络绎不绝。小皇帝的谕旨也很快到了。张居正展读之后，怅然若失。有史书——比如著名的《国榷》——上甚至说，张居正读了这道谕旨，感到“错愕”。他将之读了一遍又一遍，就是读不出他最想看到的话：夺情。

这也难怪。正如朱东润先生在《张居正大传》里所说，“政治就是教化，官吏就是师长；主持教化的师长，在教忠、教孝的社会里，自己先履行对亡父、亡母的义务，不能不算是一种合理的行为。”小皇帝虽然小，但是这个道理他一定懂得。况且，以往曾经有过的所谓夺情，实际上被夺情的人都是极不愿意的，也就是说，夺情，确实是强人所难，不近情理的。既然如此，对自己的老师，小皇帝不愿意也不敢贸然这样做。

当然，小皇帝的态度，张居正基本上可以忽略不计。关键是他的“黑老大”、太监冯保，如果他态度坚决，谕旨里也不会不稍微表达一下夺情的意思吧？正当张居正为此感到错愕的时候，他的心腹爱将戚继光、同年兼“畏友”陆先生等，八百里加急的吊唁函也到了。他们在慰问之余，也没忘了提醒张居正，回乡奔丧。

想要的话，没有；不想听的话，不少。张居正有点惴惴不安了。他急忙召集心腹谋士，听取意见。

“相公留，天下苍生幸甚；相公去，天下万世幸甚。”门客宋先生发言说。他的话，言简而意深，耐人寻味。如果硬要解释一下，那似乎可以这样理解：张居正亲爹死了，仍然没事似的照常上班，这是老百姓的福气，因为他干得不错，还可以继续不错地干下去。但是这样做，破坏体制法制，忤逆人情，早晚会出大事，祸国祸家。张居正丁忧守制，符合体制、顺乎人情，不会引发震荡，功成身退，对个人、对后世都有利。因此，他主张张居正应该丁忧守制。

“书呆子之见！”另一谋士、德才兼缺而仕途顺利的副部长李幼滋驳斥说，“功成身退，有那么简单吗？真的下台了，不测事件就会发生，大祸必然临头！我看，现在不是要不要丁忧的问题，而是能不能同意被夺权的问题！因此，万万不可丁忧守制。”

大家意见不一致。张居正更加心烦意乱。但是，他的阵脚不会乱，而且他也知道关节点在哪里。所以，当他的“黑老大”冯保的吊丧代表到来以后，张居正立即把他请入内室，跪地就拜！

想想看，堂堂顾命大臣、当朝首相，国家的掌舵人，居然给一个小太监下跪，这小太监他敢承受吗？那他一定躲闪，甚至向外跑，连声说不敢当，不敢当。小太监的表现是我的猜测，这一幕是我从当年汪精卫的表现移植来的。当年为了请求汪精卫同意清党，元老吴稚晖给他下跪，吓得汪精卫踉踉跄跄往楼梯上退，连声说，你是元老，这样做我受不了，我受不了。

可是，小太监要跑，或者他要给张居正下跪，张居正无论如何都不干，他叫一个人硬拽住这个小太监，等于挟持着，让他接受张居正的跪拜。

张居正跪在地上，边给小太监磕头，边哀哀戚戚地说，“此头寄上冯公公也！”原来如此！张居正不是犯贱，他是要以这种方式，表示自己已经把脑袋交给冯保了。小老弟都这样了，那作为他的“黑老大”，冯保还能说什么呢？看来，只能坚决支持夺情了。

双簧戏上演了。

张居正，戚戚哀哀，一连三次打报告，坚决要求回家丁忧守制。小皇帝（其实是张居正和冯保）斩钉截铁，一连三次拒绝，下令夺情。

三次打报告，“坚决”要求丁忧守制的张居正，对小皇帝会不会改变“夺情”的决定已经不需要任何担忧了。他所不放心的是，广大干部尤其是主要领导干部的态度。确实，对这样违法、违背人情的做法，广大干部中有什么反应，他不能不十分关注。更重要的是，张居正这个时候最需要的是，有人出面“反对”他，造成舆论，坚决反对他“坚决”丁忧的决定。

内阁的副手挺乖，他们联名给小皇帝打报告，请求夺情。“议员”们经过这些年的清洗打压，也学乖了，基本上跟内阁可以算是同一战壕了。他们不仅对内阁要求夺情的违法行为不弹劾，反而有两个“议员”也“提案”，要求国家元首夺情，挽留首相。这些人，公然和国家最高实权人物“作对”，置张居正以不孝的境地，却让他心花怒放，甚至有些感激。

各种各样的传言在首都流行。张居正的心腹们也在分头秘密发动着，要高级领导干部表态，反对张居正“要求丁忧”的决定。

高级领导干部不得不开始表态了。都察院陈“议长”，缠绵病榻很久了，也急忙发信息（就是传话）给礼部尚书马自强，说，师相事，应该打报告建议夺情，打报告的时候，可千万别忘了我的名字啊！马部长看后，叹息说，此老活不了了，因为心已经死了。

可是，吏部尚书，这个张居正亲手提拔、全力维护、一向俯首帖耳的“组织部”张部长，却迟迟不表态。张居正很生气。

张瀚作为“组织部长”，被称为“百僚长”，在高级领导干部中，地位高、影响大，他不表态，就会影响一大批干部的态度。所以，冯保秘密从内里给他打了招呼，甚至要小皇帝给他发了一道密旨，要张部长公开表态，造一次张居正的“反”，反对他丁忧的决定，请求夺情。

张部长找到他的副手何副部长商量，何副部长说，丁忧守制，天经地义。张瀚挺高兴，说到他心坎儿上了，于是，他一味装傻充愣，说首相奔丧，有关礼仪，该是礼部去办，与吏部没有关系的，我就不好多嘴了。张居正坐不住了，给他写了个纸条，要他反对自己丁忧的决定。张瀚还是置之不理。

还有一个消息也挺让张居正怒火中烧。

这件事，大体发生在张居正第二次打报告请求回乡奔丧守制前后。按照惯例，也可以说是不成文法吧，内阁首相去位三天，“二把手”的办公桌就可以挪到左边，并且僚属穿红衣道贺。

顺便说说，那个时代政府中枢办公很艰苦，内阁的领导是在一个大办公室办公的。中国以左为上，所以如果“一把手”去位三天，“二把手”就挪左边办公，表示代理“一把手”的意思。

张居正是首相，可是，他父亲去世了，照例要丁忧的。现在，是不是丁忧，还在讨论中，张居正自己是坚决表示要丁忧的，那他就不能到办公室上班了；即使按照小皇帝夺情的命令，也是要张居正在北京自己家里给亡父守孝，等过了“七七”再正式上班。

问题是，张居正是打了辞职报告，可是他到底算不算去位（离职），谁也说不清楚。不过无论如何，张居正已经递交了辞呈了，而且至少要在家里待个把月的，这个期间“二把手”吕调阳是代理，那僚属们就得按规矩穿上红衣去祝贺他吧？

“二把手”吕调阳很知趣，他没有敢挪到左边办公；可是，僚属们来道贺，他倒也拱手还礼，算是接受了。张居正大怒！对心腹们说，这还了得？！他们眼里还有我吗？我尚在，他们就这样肆无忌惮啦！倘若我出了都门，那他们还会让我回来吗？

也难怪张居正会生气，实际上他名义上在家里守孝，其实所有重要政务，都是请示他的，重要文件，也要他批的。他没有离职，他是迫于无奈在家里办公的，那为什么要道贺“二把手”呢？“二把手”又为什么要接受道贺呢？可以想像，张居正对权力、对干部的动向，敏感到何种程度！而且，不难推测，张居正不回乡丁忧、不放弃权力的决心，此时一定是更加坚定不移。

可是，他还得再次打报告，说我要回家丁忧。不过，这次的报告，他费了一番心血，字斟句酌，写得很是辛苦。为什么呢？因为张居正很矛盾的。他需要的效果是：他本人是坚决遵守“宪法”和法律，坚决要求丁忧的；可是，皇帝坚决不允许，他不能抗旨；广大干部反对他丁忧，对他丁忧的决定意见很大，他不能不听取广大干部的意见吧？那就要顺应干部群众的要求，为了君父，只好不顾个人的亡父。然而，他又怕别人误解了他的意思，看他要求丁忧的态度那么坚决，就会像在别的事情上一样，都顺从他，不敢反对他。而且，他的主意已定，绝对不放弃权力！哪怕是放弃一天，也是他坚决不能接受的。他早晚要说出来不回家奔丧这样的话的，预先不能不稍微铺垫一下。所以他在写这个报告的时候，就很费周章了。

第一，态度还是要坚决，表示自己还是要丁忧。第二，要表达一个信号，说国家和群众（也就是广大干部）若要求他继续工作，他也可以考虑不拘泥于常理。于是，张居正在表达还是要丁忧的决定以后，连续用了四个“非常”，其中最后一个“非常”更说，“非常理所能拘也”。言外之意是说，他是可以不顾常理的。

打上了这个报告，张居正就又采取了一个断然措施：以霹雳手段，把自己亲自选配的“组织部长”张瀚炒了鱿鱼！当时叫勒令致仕。何副部长及吏部有关人员，罚俸三个月。

信号已经明确无误地发出了。与此同时，不允许张居正丁忧的谕旨，也不出所料地发表了。表演到此结束。人人都认为不可能迈过的坎儿，张居正就这样迈过去了。

张居正认为自己很了不起，很高明。然而，所谓当局者迷，他不知道，在广大干部群众看来，这个国家最高实权人物，无非是在玩掩耳盗铃的把戏罢了！实际上，张居正失算了。

对政治风波的处理

张居正的运气很不错。他当政的十年，差不多算得上风平浪静，莺歌燕舞。也可以说，基本上，没有什么大的政治风波，除了万历五年的这一次。所以，万历五年的政治风波，就显得格外引人注目。

这次政治风波，从引发、密谋、双簧表演，到铁腕打压，是对张居正个人乃至所有高级干部的严峻考验，不仅在当时的政坛引起不小的震荡，也对人心士气产生了深远的影响。看一看张居正对这次政治风波的处理，不仅能够清楚地看出张居正这个人的道德操守、执政风格、统治手腕，也可以让我们对人治官场、威权统治的实质，有一个更加清醒的认识。

那好，就让我们一起，重温一下发生在万历五年的这场政治风波吧。

这一年，已经进入张居正当国的第六个年头了。这一年，对张居正来说，是个百感交集的年头。应该说，开局不错。这一年的春闱，张居正的两个儿子，同时高中进士。一门两进士，何等荣耀！

当然，议论很多。但是也仅仅是议论而已。

我的意思是说，高官的两个儿子同时中进士，这个在别的时候足以引起严重抗议的科场弊案，在这个时候并没有引起什么风波。

可是，高压之下，怨言积累起来，早晚会爆发，这也是肯定的。但是，需要有导火索才可以引爆的。说到这，诸位估计明白了，我所说的政治风波，不是这件事。

我要给诸位讲述的这场政治风波，是领导他爹引起的。

领导他爹，不是个省油的灯，引起的议论也不少。但是，也仅仅是议论而已。就是说，我所说的政治风波，也不是指的这个。当然，别人看在眼里，气在心中，总有一天会爆发的。

张老爷子死了，张居正硬要继续在北京上班，引发了一场震惊朝野的政治风波。

前面说过，张居正施展阴谋，与太监冯保里应外合，做出了不能为了死爹而放弃权力的决定。虽然他不得不三番五次表达要丁忧守制的决心，可是各级领导干部终于明白过来了，实际上那都是这个国家最高实权人物的虚伪表演，他内心是不想丁忧的。迫于形势，中央和地方的各级领导干部，不得不纷纷表态，请求张居正不要丁忧，而要继续领导国家，行使权力。

火候差不多了，不能总忸怩作态了。于是，张居正在小皇帝兼乖学生下达了第三道夺情的谕旨后，终于表态说，他不回家奔丧，也不丁忧了。

可是，自己的亲爹死了，作为长子，不奔丧、不守制，那怎么说得过去呢？张居正苦思冥想，终于发明了一个不伦不类的词："在官守制"。意思也就是说，我张居正还是给亡父守制的，只不过不是回家守制，而是边继续做官边守制。为此，他请求二十七个月内不要工资，所有他具衔签名的公文，都加"守制"二字；另外服装上也要对此加以体现等等。

要我看，张居正的这个发明是有可取之处的。当然，他要是能够先回家奔丧，再回来"守制"，就和我们现在的做法差不多了。何必非要辞官回家待上二十七个月呢？如果张居正真的是改革家，能够把这个制度固定下来，而不是就只能适用于他一个人，那或许可以称得上是一大改革。可惜的是，张居正此举，是权宜之计，他把这个东西当成了自己不丁忧的挡箭牌了。这就成问题了。

守制，顾名思义是回家守孝，本来就是和继续做官相对应的一个概念；那你继续当官，家也不回，甚至没有在亡父的灵前扶棺一恸，怎么硬说是守制了呢？不丁忧守制，已经很不近人情了，又硬说自己守制了，那就更让人反感了。

揆诸人情，我估计，广大干部是很不理解的，也是很看不过去的。可是，迫于压力，高级领导干部都表态了，要张居正继续工作；"议员"们也有类似的"提案"。是不是表态，如何表态，俨然是一次是否忠诚于张居正的站队。不要说反对"夺情"，就是沉默，也是不被允许的。张居正的"组织部长"张瀚，坚持不表态，张居正立即勒令他卷铺盖回家。可见，对广大干部来说，不管内心的想法如何，都只能顺从张居正的意志，因为形势相当严峻、压力确实很大。

但是，即便如此，当张居正不丁忧的表态正式公布以后，还是引起了轩然大波。一时间，朝野议论纷纷，流言四起。公开的抗议也终于出现了。

他们难道不怕？也不能说一点不怕，怎么可能不怕呢？都是人啊，都是经过十年寒窗、激烈竞争，才有了今天的位置；父母的希望、老婆孩子的依靠，一旦站出来，可能瞬间就化为泡影了！所以我说，这些人，绝对是热血男儿，他们忍不下去了！

第一个站出来抗议的是翰林院编修、张居正的门生、常州人吴中行。

吴中行中进士、修庶吉士，当了编修，属于"储相"之列，这个位置来之不易，前途光明；他不是"议员"，没有言责，不是大臣，保持沉默也不会有什么道义的责任。如果他再积极些、上蹿下跳为张居正夺情奔走，那作为门生，吴中行的仕途官运一定很顺遂了。

可是，吴中行站出来了。这天，他来到张居正家，拿出自己写给皇帝的奏疏副本，请张居正过目。张居正一看，只见吴中行写道："元辅夙夜在公，勤劳最久。谓父子相别十九年矣……"文章很长，简短解说吧，吴中行大意是说，领导和他的父亲十九年没有见面，如今老人家去世了，难道领导不应该回家看一眼吗？哪怕是回家哭一声，再回来上班，怎么就不行呢？

"呈上去了吗？"张居正愕然道。"不呈上去，不敢报告师相。"吴中行镇静地回答说。张居正内心一定是很恼怒的，但是，事已至此，他在吴中行面前，就不好说什么了。因为，从表面上看，这个门生是替他在皇帝面前说情的啊！

第二天，吴中行的同事，翰林院的检讨（比编修低一级）赵用贤也上疏了。他的意思和吴中行差不多，用语上似乎不太客气，有谴责张居正的语气。他说，张居正能够以君臣之义效忠数年，怎么就不能以父子之情少尽一日呢？他认为，无论如何，张居正应该回家奔丧，临棺一哭，然后再回京继续上班。

吴中行和赵用贤，都是进士及第后选庶吉士，毕业后留在翰林院工作的。俩人事前是不是商量过，不好考证了。

接下来，也就是赵用贤上疏的第二天，刑部两个级别不高的干部，副司长、张居正的同乡艾穆，处长、浙江人沈思孝，俩人联名上疏，抗议夺情，要求张居正丁忧守制。

刑部的这两个干部，就不像吴中行和赵用贤那么善解人意了。他们对张居正大加讥讽、抨击不说——比如他们说张居正欺君而媚阉；提出的要求也更加厉害：不能夺情，也不应该夺情。张居正要回家丁忧守制二十七个月才是。

张居正原先防备的是高级领导干部和"议员"，连打带吓的，高级干部和"议员"倒基本上乖了；没有想到中低级干部里面出了问题。他们接二连三，密集上疏，其中，有自己的学生，还有老乡！这个情况，张居正似乎估计不足。

看到这个局面，张居正没有别的，唯有愤怒。他怒不可遏，牙根痒痒。怎么办呢？如果任其发展下去，高级干部就会动摇、"议员"们也会不好意思，不能不跟着提出同样的要求。万一出现了一股风，都替他张居正"说情"，非要皇帝收回夺情的成命，那不就前功尽弃了吗？

遇到难题，张居正还是按既定方针办——找他的"黑老大"冯保商量。很可能是，张居正看到门生吴中行的上疏副本时，就和冯保沟通过，要冯保压着——当时称为“留中”，即参折或者上疏，留在内里，不下发，不登报。接连的四人三疏，让冯保给压在御案上不发。

但光留中不发是不行的。于是，张居正压抑着满腔怒气，装作悲伤的样子，以讨好的神情，来拜见自己的“黑老大”冯保，紧急研议对策。

必须严厉惩处！必须立即遏制住，不能任其蔓延！冯保和张居正，躲在密室，策划着如何处理这场实质上是因为张居正不愿意放弃权力而引发的政治风波。

从张居正以霹雳手段，断然解除吏部尚书张瀚的职务这件事情已经可以看出，作为铁腕人物，遇到反对势力，乃至纯粹是善意的提醒，他也会不论青红皂白，只是一味高压。很显然，对待这件事，他也不会稍有缓和。

张居正和冯保密谋的结论是：对公开站出来反对夺情的人，使用非常手段——廷杖！

廷杖是国朝的开国之君朱元璋的发明。这一招很损。有没有错，不需要审判，说打就可以打。而且是当众打屁股。这对受到廷杖的人，是一种精神上的羞辱；肉体上也要承受巨大的痛苦，轻者重伤，重者当即毙命。朱元璋这个老农民很率直，他公开说，作为皇帝，他不与臣下争是非，要争意气。说白了，是鹿是马，无关紧要，关键是看到底谁说了算。所以对于他认为不听话敢把鹿说成鹿的大臣，就当众打屁股！他的不肖子孙没有继承乃祖的勤政，倒是把他的那套损招发扬了下来。不过后来的君主，不到万不得已，也不敢轻易使用这个手段的。

张居正作为大臣，本来应该是万分痛恨并坚决反对使用这种非常手段的。可是，现在，他居然和太监冯保秘密策划，要用这种非常手段，对待同僚，镇压反对者，平息政治风波！

在张居正和冯保密谋镇压的过程中，似乎是爆发前的短暂平静。但是，了解张居正为人的人，都为吴中行他们四人捏了把汗。有道义责任的领导干部，已经预料到事情不妙，急忙出面缓颊。

礼部尚书马自强率先为吴中行四人辩解。他来到张居正的府邸，当面求情张居正，试图阻止他对吴中行四人的惩罚。马部长说了些什么，我们就不去考证了。总之，史书上说马部长说了一番话以后，张居正语塞。也是啊，迄今为止，摆在桌面上的，是张居正要丁忧，皇帝不让。那吴中行他们不就是替他张居正说话吗？如果皇帝要惩罚他们，张居正不得出面替他们说情吗？何况，作为国家全体文官的代表，首相本来就有道义的责任，阻止皇帝惩罚仅仅是提出不同意见的干部的。

那马部长请求张居正出面为吴中行他们说话，他能不语塞吗？可是，马部长高估了张居正的人品操守。他万万没有想到的是，张居正在无言以对的情况下，一改往日的深沉矜持，也不再顾忌威严和风度，居然“扑通”一声，跪在马自强的面前，口中还连声说：“公饶我，公饶我！”马部长吃惊之余，也只能慌忙告退了。

翰林院的院长（掌院学士）王锡爵也坐不住了。四个公开站出来抗议的人中，两个是翰林院的干部。王院长有道义的责任要替吴中行他们说话。可是，他担心自己一个人在张居正面前会碰钉子，于是，就会集了翰林院大大小小的干部几十人，集体到张居正家里去请愿。

门房通报了这个消息。张居正拒绝接见他们。怎么办？越是这样，越说明事态严重了。于是也顾不得那么多了，王院长索性带着一大群人，径直闯进张居正的府邸。张居正不得不出面见见了。

“他们上疏，是为了元翁的事，万万不可处罚他们的。”王锡爵说。

“是皇上生气了，圣怒不可测啊，我有什么办法呢？”张居正回答说，反正假话说惯了，已经习以为常。

事实是张居正生气了，皇帝生不生气其实根本不重要。皇帝虽然十五岁了，可是他对所发生的一切并不怎么明了，一切都是张居正和冯保在操纵着。

王院长对此也心知肚明。但是他不能说出来，只能顺着张居正的话说，“皇上生气也是为了元翁的事，只要元翁劝劝皇上，那皇上的气也就消了。人所共知，皇上是很尊重元翁的意见的啊。”

这下，张居正又无言以对了。“扑通”一声，张居正又跪在了王锡爵等众人面前，一边大声叫喊，“拿刀来，快给我拿刀来！”一边做抹脖子的样子，“皇上强留我不让我回家奔丧；那几个人又卖力赶我走，让我怎么办呢？还不如杀了我吧！”

想得到吗？堂堂的国家最高实权人物，突然露出了泼皮无赖相！王锡爵和众人都大惊失色，不知所措。

“你来杀我吧！你来杀我吧！”张居正还在喊叫着，双腿跪地，向王锡爵跟前挪动。

王锡爵是不是喊了声“我的妈呀”，我已无从考证，反正史书上记载，看到这个场面，王锡爵吓得连忙逃出了张居正的府邸。

这下子，中央的干部都彻底明白了，所谓夺情大戏，张居正本人正是幕后导演！此前他连篇累牍地请求所谓丁忧的报告，都是假的，虚伪的表演而已。毫无疑问，反对夺情的人受到惩罚，是不可避免的了。果然，廷杖四人的命令随即就发布了。

可是，还是有人不甘心。他们还想设法挽回。

也是，过去，皇帝发布惩罚臣下的命令以后，每次都会有人站出来说话的，当时称为“论救”。有时候，这等于给双方一个台阶，所以，论救成功的事例，很多。于是，翰林院的一帮书生，什么李长春、沈懋学，总有七八个人吧，又纷纷上疏论救。

我估计，有关部门接到了冯保和张居正的指示，所有的论救报告，一律不得接收！结果，那些上疏根本报都报不上去。

沈懋学还不死心。他和张居正的儿子是同年，于是，火急火燎地给张居正的儿子写信，动之以情、晓之以理，苦口婆心，试图打动张居正，请他稍加宽容。一连写了三封信，都石沉大海，没有任何效果。沈懋学看不下去了，一气之下，辞职回家了！

其实，干部们越是这样，就越坚定了张居正铁腕镇压的决心。

万历五年九月二十四日，首都北京，阴云密布，雷声轰鸣。午门外，御林军环列廷中，围成三圈，手持戈戟杖木，林林而立。长安街上，数以万计的人群，或伸长了脖子向午门外张望；或窃窃私语，议论着、猜测着……

张居正的“黑老大”——冯保的下属、司礼监太监数十人，手捧驾贴，呼啸而来，先喝叫了一声：“带犯人上来——”御林军并公务人员，千百人应声大喊，声震天阕。吴中行等四人，已经在两日前被锦衣卫逮捕，下了诏狱。此时被押送到场。

司礼监太监宣读驾贴——也就是张居正和冯保以皇帝的名义发布的命令。太监不男不女尖尖的嗓音传出很远，人们听清楚了：先杖吴中行、赵用贤，每人各六十。杖后发回原籍为民，永不叙用。

只见吴中行、赵用贤被押着，趴在专用的条凳上，交右股于左脚之上。“打！”随着一声令下，“噼噼啪啪”的棍棒声响了起来。六十棍打过，两人已经昏死过去。锦衣卫校尉用布条把两人拽出长安门，用门板抬走。

躺在门板上的吴中行已经气绝。他的同乡急忙带医生赶到，紧急抢救，才得苏醒。赵用贤身体肥胖，被打后一块块巴掌大的肉溃落下来。等回到家里，他的妻子把溃肉腌制起来，以留作刻骨铭心的纪念。

接下来，该轮到沈思孝和艾穆了。他们两个更惨，各杖八十，发极边充军，永不得赦免。

四人的“待遇”还有区别，因为什么呢？不难理解的。吴中行和赵用贤只是说，张居正很勤政，为国操劳，公而忘私；但是自己十九年没有见面的父亲死了，还是应该回家看看，哭上一声，然后马上回北京上班，继续领导国家。而沈、艾两人就不同，他们坚持认为，张居正应该丁忧守制，不应该也没有理由夺情。那他们的“待遇”能一样吗？

可怜沈思孝、艾穆，年纪轻轻，遭受酷刑，还要发配极边充军，而且永远不能赦免！八十大棒打过，两人不省人事，又被戴上枷锁，用门板抬进锦衣卫的诏狱。三天后，又被用门板抬出都门，发配充军。一路上，血还在涔涔而下。

就在吴中行等四人受到廷杖的时候，奉命在一旁观看的干部队伍中，有一个年轻人，只见他发愤顿足，怒不可遏！他，就是刚刚进士及第还未分配工作、在刑部实习的观政进士邹元标。此时，他的怀中，正揣着抗议夺情的奏疏。邹元标知道，自从吴中行这四人上疏以后，所有想再上疏的人，无论是论救他们四人的还是抗议的，都再也报不上去了。他想上疏，有关部门拒绝接收。

身在廷杖现场，恐怖的场面，令人心惊肉跳。可是，愤怒的情绪使得邹元标忘记了恐惧。当廷杖结束，文武百官散班以后，邹元标急急忙忙追到一个太监，说有本要上奏，请他接收。

“不收！”小太监吃惊之余，趾高气扬，斩钉截铁。

邹元标从袖中掏出一锭银子，塞到小太监的手里，说：“我是告假的本子，烦请收转。”

也是，只听说过花钱免灾的，哪有花钱买灾的啊？小太监打消怀疑，以为邹元标报来的，真是告假的报告，就收下来了。就这样，邹元标的上疏，呈达御前。冯保拆开一看，不禁大吃一惊。什么告假，是抗议夺情，弹劾张居正的！再看看内容，冯保很可能冒出一身冷汗。看来看去，冯保看明白了，邹元标的中心思想是，连自己的父亲死了都不奔丧的人，还是人吗？像这样的人，实在不堪再用！

邹元标这个小子，真是胆大包天啊！这个时候居然敢上疏，而且文字之大胆，出人意料。他不再是要求张居正丁忧，而干脆说，皇帝应该炒张居正鱿鱼了！为什么要张居正回家卖红薯呢？邹元标的理由是，张居正这个人，心胸狭窄，私心自用；施政又打压贤才，堵塞言路，实在太不像话了！这是其一。其二，张居正的亲爹死了，他连奔丧都不愿意，这样的人，不是丧心，就是禽兽！怎么可以让他继续表率百僚呢？

不仅攻击张居正不遗余力，邹元标还对皇帝大加讥讽。他说，陛下为什么要留张居正呢？说是因为你现在学尚未成，志尚未定——这些其实是冯保和张居正替皇帝写好的——那假如现在张居正死了，是不是陛下之学终不成、志终不定呢？用现在的话说，这句话的意思是：离开张居正，难道皇帝你就活不了了？地球就不转了？

最后，邹元标还说，张居正是不是回家丁忧，不仅仅是他个人的问题。如果后世揽权恋位者动辄援引张居正的恶劣先例，那不是遗祸万年吗？他言外之意甚至说，像张居正这样的人，什么事都做得出来，会不会有朝一日篡夺大位呢？

可以想像，邹元标的这道上疏，会让张居正多么愤怒！

遗憾的是——站在张居正的角度，邹元标刚刚中进士，实在抓不到他的把柄，连编造也不容易做到，不能像去年整那些已在官场经年的干部那样（以后专述）。所以，张居正对邹元标恨之入骨，也只能廷杖八十，发配极地充军。

邹元标被打得死去活来，落下了终身残疾。这个人在张居正死后，刚刚被平反召回，就不顾万历皇帝清算张居正的决定，替张居正评功摆好，实在是高风亮节，而且，再后来，也正是他领衔上疏，要求给张居正平反！这是后话。

就因为张居正要不要回家奔丧的争论，革职的革职、发配的发配，公开站出来抗议的干部受到严厉镇压；甚至两个热血青年，也因此丧命。一时间，朝野沉默了。

过了十几天，南京的一位朱“议员”，终于忍不下去了，他上疏为被廷杖的五君子鸣不平，结果又遭到开除的处分——夺职为民。

事情还没有完。

当被廷杖、被杀害的“五君子”和两青年血迹未干，被撤职的“组织部长”张瀚、“议员”朱先生，因表示抗议而拂袖而去的翰林院修撰——这个职务是状元或者榜眼的专利——沈懋学等还正在卷铺盖的时候，张居正就利用天上出现了彗星这个借口，对中央干部进行了一次大清洗。凡是没有表态坚决支持张居正不回家奔丧的，贬斥！也就是对这些人免职的免职，降职的降职，外调的外调。

一场震动朝野、闹得沸沸扬扬的政治风波，在铁腕镇压下，很快平息了！

张居正自认为胜利了！

可是，他错了。在广大干部群众的眼里，张居正是典型地发昏了。一时间，京城内外、朝野上下，议论纷纭，人心不服。自己的亲爹死了，他连回家哭一声也不干。别人说工作永远干不完的，为国家效劳了这么多年了，为父母之情耽误几天工作也应该的，所以还是回家哭一声吧，快去快回就是了，这居然惹得张居正怒火万丈！让人不可思议啊！

引车卖浆者流会说："张居正怎么是这样的人啊，自己的亲爹死了，却千方百计不想回家奔丧，真真让人理解不了啊！"衣冠人物会说："作为大臣，居然自己导演夺自己的情；居然操纵权柄廷杖同僚，揆诸历史，真是闻所未闻，绝无仅有啊！""如此看来，张居正其人，实在是敢冒天下之大不韪，会否窥视神器也未可知啊！"

解释一句，所谓窥视神器，也就是夺皇位的意思。

老实说，上述的对话，是我个人根据记载的情形推测出来的。不过，请诸位不要怀疑，我是有充分根据的。

当是时，谣言四起，人心惶惶。长安街上，出现了无名揭帖，也叫谤书，相当于我们现在说的小字报或者说传单吧，说张居正要造反，夺了大明的江山！

有一个余姚的布衣，也就是平头老百姓，正好在首都办事或者旅游，挺关心国家大事，给中央上书，大意是说，张居正这样做，是很不合情理的，我们不要这样的人领导国家了。结果被打了一百大板，押送回籍。

这个余姚的布衣，他还算幸运的，毕竟，他是在首都，人多嘴杂，投鼠忌器，捡回一条命；而两个在地方表示抗议的学生就倒霉透顶了，他们竟然因为表达对张居正做法的不满而惨遭杀害（后面专门谈到）！

体制内的干部们，要说对谁当领导还有推荐的权力的，可是，打压太严酷，都不敢公开站出来说话了。但是，也不只是沉默。翰林院的一个许翰林，后来也入阁拜相的，当时还在翰林院任职，在送别受到廷杖的两个同事时，各赠送了他们一只杯子。

赠给吴中行的是只玉杯，杯上镌诗一首：

斑斑者何？

卞生泪！

英英者何？

蔺生气！

追追琢琢永成器！

赠给赵用贤的是只犀杯，杯上镌诗一首：

文羊一角，
其理沈黝。
不惜刻心，
宁辞碎首？
黄河在中，
为君子寿！

还有，这一年的新科进士、邹元标的同年、后来成为著名诗人的屠隆，目睹这一切，很不理解。他凭吊吴同学——也就是奔波几百里去见被发配的邹元标的那个学生——的坟墓，挥笔写下了诗一首，说张居正是“奸雄”，“天亡”之！

而被张居正严厉惩处的吴中行、邹元标等人，本来都默默无闻，可是被廷杖以后，立即就被尊为“五君子”，声名大振，妇幼敬仰。因为公开表示同情五君子、或者因为不表态支持张居正不奔丧等各种原因而被撤职、降职、外调的一大批干部，不管过去表现如何，现在也都成为人们敬佩的对象。

这么说吧，张居正在乃父死后的所作所为，实在是不得人心，一系列乖张举措，导致其威信大跌！按照专家韦先生的话说，平息了这场政治风波，张居正也只是“取得了表面的胜利，而其实付出了沉重的政治和道义的代价，加深了潜在的危机”。

可以说，张居正死后受到清算时，到了人人拍手称快的程度，与他在处理这场政治风波时固执己见、滥施酷刑有很大关系。所以，正如韦先生所说，夺情引发的这场风波，是张居正人生道路上带有关键性的环节和转折之一。平心而论，张居正大大的失策了。可是，张居正本人不这么看！

也就是说，张居正从来没有进行反思，更没有觉得自己有错儿！恰恰相反，他是从反面吸取教训的。为什么会有人反对自己？是因为自己不够强硬，镇压不够残酷；所以，以后遇到反对者甚至仅仅是善意的提醒者，只要惹他不高兴的，就要铁腕打压！唯有高压，才是处理问题、平息风波的有效手段。

按照史书上的说法，这次事件以后，张居正越发自负，甚至说他神志恍惚了，对人对事的处理，“务快己意”；对待有不同意见的人，就是一个思路：“以威权劫之，益无所顾忌”！

或许，这是所有专制独裁者的通病吧，迷信权力，崇拜权力，没有宽容、没有妥协，因而其统治必然成为成为暴政！迷信权力的人，最怕的是什么？不是法律，不是制度，不是道义，也不是人心，是怕失去权力。张居正在自己的父亲死后，所作所为之所以如此不堪，如此令人匪夷所思，并不是像很多专家说的那样，是为了他的所谓改革大业。

那就让我来回答这个我自己在前文中给自己出过的题目。我要说的有两点。

第一，从当时的策划看，张居正和他的幕僚，在研究要不要丁忧守制的时候，所有的出发点和立论，都是权力两个字。特别是，对失去权力后可能发生的不测后果的推断，是张居正的幕僚，比如宋先生和李副部长提出应该或者不应该丁忧的基本立足点。这个，我就不再重复了。

第二，从反面来推论。吴中行作为张居正的学生，仅仅是提出要张居正回家奔丧，然后立即回京的建议，这不是非常合情合理的吗？前前后后也就是个把月的时间，而且后来的事实也证明，张居正回家一两个月，大事还是要他来决断的，怎么就会对他推行所谓改革大业造成大的影响呢？他为什么非要廷杖吴中行呢？说不通的。要真的是为了所谓的改革大业，按照吴中行的建议行事，不是更好吗？

所以，张居正敢冒天下之大不韪，与太监密谋、公开场合虚伪表演，拒不回家奔丧，为达目的甚至不惜自贬人格尊严，不顾脸面，丑态百出，令人不堪入目；后来又不顾人心向背，不分青红皂白，悍然使用非常手段，都完全是他的权力崇拜心态所支配的。

不过，我还要声明一句：客观地看，张居正不丁忧守制——我指的是辞官回家守制二十七个月，虽然在当时确实是很不正常的，但是，从历史的角度看，应该说不算什么大问题，甚至还可以说，也许是个正确的选择。

对张居正来说，执政当国的前五年，虽然也进行了整顿，也有改革措施，比如推出了考成法，但是较多的是人事布局的考量，有固位擅权的因素，恰恰是受到诟病的；真正可以称得上改革的实际上就是一条鞭法，而这恰恰是在平息这场政治风波以后开始启动的；其他的一些整顿成果，包括整顿驿递、修治水利等，也多是在此事件以后实质性推进的。从当时的形势分析，张居正丁忧二十七个月，是不是能够回来，还不好说；即使能够顺利回到原来的工作岗位，是不是要从头再来也未可知。

而且，张居正没有因父丧而影响工作，他只是在得到讣闻的一两天停止批文件，此后一直在工作；抛开伦理道德及其他的因素不说，这样的敬业精神，哪里去找啊？政策和工作的连续性没有受到丝毫影响，也是很难得的。

以我这个事后诸葛亮看，张居正如果是成熟的政治家，如果他能够为顺利推行新政计，那他最好的办法，是采纳吴中行、赵用贤的建议，先回家奔丧，再回京继续主持大局。毕竟，自己的亲爹死了，作为儿子连回家看一眼都不干，怎么说得过去呢？下自在监狱里待决的囚犯，上至高级领导干部，谁还会从内心里敬佩这样的人呢？

如果张居正真的公而忘私，有改革的魄力，把冒天下之大不韪的劲头用在改革上，索性就改革这个丁忧制度：父母亡故，回家奔丧，然后就可以回到原岗位上班。那真就是他的大功劳了。

可惜的是，事实不是这样。张居正不仅不采纳善意的建言，反而悍然廷杖那些提出建言的人！张部长是自己人啊，仅仅因为不表态，就立即撤职，不容片刻迟缓？吴翰林是善意的建言啊，就悍然廷杖，赶回老家？吴同学是民间无名小卒啊，仅仅因为上书言事，就置于死地？几个翰林院的翰林是书生，仅仅想论救同事，就贬谪？

权力是厉害，是可怕，但是，权力是双刃剑，用得过度，最终会伤害到自己的！可是，张居正自视甚高，自以为很英明，政治风波平息了，如此棘手的难题都完全按照自己的意志解决了，于是，他不暇自哀，越发飘飘然了。

绝顶聪明的掌舵者屡犯低级错误

国家最高实权人物张居正，在自己的父亲去世后，不愿意丁忧守制，凡是公开要求他奔丧的，一律严厉惩处；凡是不明确表态挽留他的，就要撤职、降职或者外调。中央的人事因此发生了很大的变动。待一切处理妥当，张居正主动提出，要回家给死去快一年的父亲下葬。

也就是说，张居正要出行了。

说起来，过去，比如张居正时代，高级领导干部其实工作挺辛苦、生活挺单调的。用现在的观点看，可以说没有太多的风光。部长以上干部，几乎从来不到地方调查研究、视察工作，更谈不上出国访问了。身为高官，整天天不亮就上班，天黑了才下班。节假日似乎也很少。上班的内容也不是那么丰富多彩。开会讲话、做报告这样在公共场合出风头的事情，似乎也不大有的。那些个入阁拜相的，还要几个人挤在一个办公室，埋头案牍，除了礼仪程序性的以外，正式的文件、批示，好像都是高级领导干部亲自动笔起草，似乎也很少有秘书代劳的。

现在，在首都辛苦了多年的最高实权人物张居正终于要离开京城外出了。严格说，张居正此行，是私事。要是按照他自己整顿驿递而定的规矩，赫然纸上的制度，实际上他应该自己雇车回家。不过，这个时候的张居正，已然处于权力的巅峰，他基本上可以为所欲为了。而且，和大多数高级领导干部一样，在张居正的心目中，国家的法律、制度，是要别人遵守的，他自己是有法外特权的，可以而且应该不受约束的。

于是，张居正的这次回乡之行，就颇是声势浩大，引人注目。

小皇帝（其实也不小了，已经结婚的人了，按照当时的“宪法”，应该亲政了）和他妈——张居正的秘密情人李太后，如何恋恋不舍、如何给予超规格欢送，场面之浩大、礼仪之隆崇，真是令人叹为观止，这些都不细表了。

我要说的是，从张居正的此次出行可以看出，他实在有点飘飘然，昏昏然了！

换言之，张居正已经忘乎所以，没有自知之明了。为什么这么说呢？我有证据的。归纳起来，就是生活待遇上，大大超标准了！接送迎往上，严重越规矩了！

“咳！我当什么大不了的呢，原来是这些鸡毛蒜皮的琐事啊，是不是阁下看张居正不顺眼，吹毛求疵啊？”或许有人会这样想。其实，开始我也没有重视这个问题，可是，细细分析起来，这些，看似小事，实则关乎全局、影响很大。

要说，张居正作为国家最高实权人物，工作确实挺辛苦的，权力很大，功劳不小；而且，毕竟也是五十开外的人了——那个时候这个年龄已经算是渐入老迈了，好不容易出趟远门，长途奔波，跋山涉水，从交通工具，到一应食宿，是得适当好些，甚至稍微超标些；不要说当时的干部群众未必会有意见，就是用法制观念和平等观念严格要求领导的现代人，也未必会有看法。

可是，中国人最讲究“份”。过分，就不好了。张居正就过分了，而且太过分了！

看看张居正出行的排场吧。

张居正的交通工具——轿子，是特制的，仪饰绘彩，光耀白日！前面是起居室，后面是寝室，两廊一边一个书童焚香挥扇。三十二名轿夫抬着，前后鼓吹，赫赫煊煊一路南下。

这样的交通工具，其豪华舒适，超过皇帝的銮驾，可以说独一无二，史所罕见，空前绝后。这么说吧，如果当时有飞机，那张居正这次出行，一定是经过改装的超豪华专机；他的老家没有供超豪华专机起降的机场，也一定会加班加点昼夜奋战，抢修出来一个专用机场的。

饮食就更了不得了。

一接到张居正要出行南下的通知，沿途的各级政府，都忙活开了。一时间，竟导致一个行当的从业人员严重短缺！什么行当？厨师也！当是时，最有名的厨师突然间成了抢手货，各级政府火速派干员高薪延聘，晚了还聘不到啦！领导的爱好，下面的人都挺清楚，谁都知道领导爱吃什么饭菜，结果"吴中善庖厨者招募且尽"！光名厨还不行，巧妇难为无米之炊啊！得有货才行！不用说，山珍海味、飞禽野味，一个都不能少！名师主理，名菜俱全，每顿饭，水陆过百品！可是，张居正还常常感叹说，可口好吃的太少了，没有可下筷子的菜肴！

警卫人员也很壮观。

我的概念里，那个时代的高级干部，似乎不太注重警卫。皇帝所到之处，戒备森严；高级干部就往往是跟个家院，有个听喝儿跑腿的，也就齐了。因为私事回家，那就更没有什么警卫跟随了。

可是，张居正不同。此次南下，动用了正规军。兵部正式派遣了一千多骑兵担任警卫；张居正的心腹爱将戚继光又私下从前线调来了精锐的神枪手、神箭手数十人随护，兼壮行色。张居正的"车队"浩浩荡荡，所过之处，遮天蔽日！

从以上的情形看，张居正的待遇俨然皇帝巡幸了！某种程度上说，待遇甚至超过皇帝了！这样的话，干部群众，心里能没想法吗？那个实际上已经不小的小皇帝兼乖学生知道了，心里能没想法吗？

要知道，前不久，曾经有这样的一个场景：

"先生看俺的袍子是什么颜色的？"小皇帝撩开自己的皇袍，问张居正。

"青色。"张居正回答说。他不明白不小的小皇帝兼乖学生为什么提出这个幼稚的问题，估计脸色未必好看，语气也一定很不耐烦。

"不是青色，是紫色。"小皇帝纠正说，"是穿得太久了，褪色啦！"

"既然此色易褪，那就少做几件！"张居正很严肃地说。

也是，张居正最反感皇帝提衣食住行的事了。多年来，皇帝的衣服、饮食等，受到张居正严厉约束，要求他必须节俭。他常常告诫皇帝说，你节约一件衣服，民间老百姓就有几十人可以有衣服穿了；你每顿少上几个菜，那老百姓多少人就可以有饭吃了。本来，今天小皇帝是想向张居正诉苦的，也可能是显示一下他的乖吧，没有想到，皇帝刚说了紫色褪成了青色，结果适得其反，张居正说那正好，以后少做几件吧！

那得知张居正此行的排场，枯坐深宫的乖学生会不会想：合着，你张居正光要求别人节俭，你自己花天酒地啊？这不是不许州官点灯，只许百姓放火吗?！

岂止如此啊！更严重的还在后面呢！诸位知道，我前面说过，我们中国人，历来是很讲究“份”的。体现到官场，那就是严密的等级。什么级别有什么级别的礼节待遇。张居正虽然是国家最高实权人物，实际上代行的是最高权力，也就是皇权；可是，不管怎么说，他是臣，不是君。这个身份，如果忘记了，在那个时代，是很危险的。

其实，即便是现在，犯了这个错误，也容易闹出矛盾乃至风波的。就随便说一个单位。如果你是副职，那你的地位就是助手性质；忘记了这一点，以为自己和“一把手”可以平起平坐，甚至把自己当成“一把手”，那也是要出问题的。如果副职到一个地方去，礼仪规格都超过了“一把手”，那是不是不正常?

可是，张居正的头脑里，似乎没有这个概念了。就说此次出行，他生活方面的待遇，就很过分了。接送迎往就更是令清醒的人为张居正捏了把汗。

张居正的“车队”浩浩荡荡，吹吹打打，已然令人叹为观止了！沿途所经过的省份，省里的主要领导干部，皆到各自辖区的边界迎候，府、县政府的主要领导，更是长跪迎接。

要知道，地方政府的主要领导干部，都是进士出身的，他们很清楚，跪父母、跪祖宗、跪师长、跪君王，要么是人之常情，要么是制度规定，是很自然的事；可是，跪迎一个大臣，是很不正常的。这么说吧，张居正所享受的接送迎往的礼节待遇，基本上是皇帝的待遇了。

本来，地方干部超规格迎送，已经很不成话了；更严重的是，藩王也出动了。

顺便交代一句，朱元璋实行分封制度，皇帝的嫡长子继承皇位，其他的儿子分封各地为王。除了生育能力差的，几乎每个皇帝都要封几个儿子为王。王的嫡长子则继承王位，代代相传。到了张居正时代，有朱元璋分封的王，也有万历的父亲隆庆皇帝封的王。什么辽王、唐王、周王，真不少。

这些藩王分封各地，享受特殊待遇，可是又近乎被禁锢。因为朝廷怕这些藩王造反夺皇位，对他们防范很严。这些人在地方不能干预行政司法事务，除了奉命迎接皇帝御驾，或者特定的日子外出扫墓，藩王一律不得出城。这个制度规定是非常明确的，惩罚措施也很严厉。

还有一个规定，藩王属于皇家亲王，所有大臣，包括公侯，谒见藩王，应执臣礼，也就是要下跪的。可是，张居正不管这一套了。他所经过的地方，藩王出城迎候；张居正也不下跪，仅仅是施揖礼，仿佛同僚间见面礼。而且在藩王宴请的时候，张居正居上座，主宾倒置。

有专门研究这个事情的专家用了“可骇可怪”四个字加以概括，另一个专家则感叹说：“足见张居正权势显赫，连藩王也不敢怠慢。”也是，连皇帝都怕张居正，遑论亲王呢?

可以说，各地对张居正的迎送，大大超出了应有的礼节待遇，严重破坏了当时的“宪法”规定。

可是，这样的排场，这样的风光，除了满足虚荣心，显示自己的权势以外，还有什么实质意义呢?

实际上，张居正的“车队”还没有过去，干部群众已经议论纷纷了。用现在的话说，干部群众都在背后戳张居正的脊梁骨啦！当然，张居正是敢冒天下之大不韪的领导人，干部群众背后嚼舌，张居正是不怕的。可是，后果哪里仅仅限于此啊！

当时就有清醒的人士评价说，张居正“僭紊至此，安得不败”！

什么意思呢?如果诸位读过《三国演义》，那应该知道“许田射猎”的故事吧。汉献帝主动把自己的弓箭交给曹操，让他射鹿。曹操果然射中。百官看见皇帝的弓箭射中了一头鹿，皆呼万岁，曹操也不作解释。结果惹得文武百官大惊失色。汉献帝受到的刺激也很大，回到皇宫，在他老婆面前涕泪交横，讲了这件事情，说他实在受不了啦！于是，下了衣带诏，要求心腹亲信诛杀国贼！汉献帝的几个亲信也觉得是可忍孰不可忍，秘密策划诛灭曹氏。

因为什么，因为曹操僭越了！那个时代，僭越是大忌啊！

张居正比曹操还厉害，严重僭越了；制度在他眼里不算数了，整个都乱了套啦！那他早晚要为此付出代价的！这就是所谓的“僭紊至此，安得不败”的意思了。

难道张居正不考虑后果吗？他不是不考虑的，而是觉得一切都是应该的。可以想像，张居正对这样空前绝后的场面，一定很受用。因为，如果张居正对搞这一套不太高兴，哪怕这种情绪有丝毫的流露，越礼破例的接送迎往也不会愈演愈烈——回京的时候比他南下的时候还要严重。

未必大家愿意那样做，可是前面的那样做了，后面的不这样做，怕这个铁腕领导人心里有想法。光有想法也就罢了，会不会有小鞋伺候呢？这样的担心，绝对不是多余的。惹张居正不高兴是很危险的，报复会接踵而至。关于这个话题，容我另文专叙。

也就是说，张居正这个自视甚高、很有头脑的人，一个口口声声要求上至最高领导人下到各级干部和工勤人员都要节俭的人，自己却成为乐谀好奢的典型了。

要我看，张居正的问题，不在于破坏了当时的礼仪制度。如果我现在还因为这个原因指责张居正他老人家，那简直是太说不过去了！那些个严密的等级制度，我看是绝对不应该维护的，破坏了更好。最好的是，张居正真敢做皇帝。

论能力、水平、政绩，张居正确实是很突出的。他要是真敢篡夺了大明的江山，倒好了！朱元璋的那些个不肖子孙，实在太不成器，太不像话了！张居正比他们强多了。而且张居正要真做了皇帝，那他的许多问题，也就不再是问题了。

我甚至设想，如果张居正不勾结太监冯保推翻高拱，或者张居正后来真敢做皇帝，中国的历史都有可能改写，说不定，能够成为君主立宪的国家。当然，说起来容易，做起来难啊！张居正没有那个胆量篡位夺权的。就是对那些个礼仪制度，他也从来没有改革创新的想法和举措。张居正的破坏制度，是特权思想的产物，是忘乎所以的表现。

那他就有僭越的问题了。而且，不是我说他有问题，而是当时反对张居正的人，会拿这个当把柄的。张居正如此聪明的一个人，为什么要授人以柄呢？

还有一个问题，张居正这样做，把官场的风气，实在是搞坏了。

张居正此次出行南下，按照专家韦先生的话说，所有的一切，都“显示出骄奢的气焰和唯我独尊的情绪”。这是非常不好的。领导人骄奢，下面的干部就会谄媚逢迎，有人说两者本来就是孪生兄弟，或者说是一个问题的两个方面。所谓上有所好，下必甚焉！

如此一来，官场的人都知道了，领导人号召节俭，看来也只是说说，哄老百姓的，咱们该花天酒地照样花天酒地吧！推而广之，领导人发出什么号召，提出什么要求，恐怕也就是那么回事了，作秀而已，咱们该咋咋地吧！

如此一来，官场中弥漫着谄媚逢迎之风，正直者无以立足，奸佞者扬眉吐气，那还有什么是非标准啊！

事实也的确如此。各级官员对张居正的逢迎吹捧，不断升级，简直到了无以复加的地步。甚至干部们在家里行床第之欢，也要歌颂张居正的丰功伟绩！这样下去，官场是什么氛围，是可以想像的！所以，我说，张居正出行如此排场，花费很大，影响很坏，无论是对国家还是对张居正本人，后果都是极其严重的。

那张居正为什么要这样呢？张居正没有成为国家最高实权人物之前，一直是很低调的，他成功的一大秘诀就是韬光养晦。要说一个深谙韬光养晦之道的人，是不应该忘乎所以的。但是，张居正确实是忘乎所以了。可见，权力，不受监督的权力，太厉害了！

七情六欲的人，掌握不受监督、无所不能的权力，如果这个人再对国家有点贡献，那就很容易飘飘然，进而昏昏然，陷入权力的误区，缺乏自知之明，忘乎所以。况且，张居正的个人品质、道德操守又比较差，这方面的表现就越发突出了。

要我说，这首先是制度的问题，其次才是人品的问题。

巴结和不巴结领导的后果竟然立竿见影

现在的官场有个说法，逢年过节，或者领导生病住院，乃至领导家里有什么婚丧嫁娶的事，去看的人领导未必记得住；不去看的人却一定记得住。

还真有这样的事呢！现在，张居正就遇到了这样的情况。

前面说过，张居正风风光光衣锦还乡，要为死去近一年的父亲下葬。沿途吹吹打打，赫赫煊煊，那个排场、那个劲头，简直就是天子南巡，圣上驾到的阵势。现在，这个国家最高实权人物到家了，要给亡父举行葬礼。这个消息不保密，干部群众都知道。

中央和地方的领导干部心里有数，张居正是好奢乐谀的领导人。可以想像，湖广省大大小小的干部，免不得摩肩接踵、争先恐后，纷纷前往张居正在荆州豪华无比的府邸，借祭奠张老封翁的名义，给国家最高实权人物送红包，献殷勤。

有些人的表现，实在令人齿冷！现在想来，我还嫌他替中国的读书人丢脸，还进士出身呢，整个就是哈巴狗、贱奴才，在这里，我就不再细说了。我怕有人看了会感到恶心；也担心有人会向这样的人学习！

顺便说说，在人们的想像中，高级领导干部应该是学问比较大、水平比较高、心胸比较宽广的。至少，堂堂的国家领导人，日理万机，是不会在意那些鸡毛蒜皮的小事的，或者说，是不会斤斤计较的。可是事实却不尽如此。这里，就有两个活生生的例子。

先说第一个例子。

怎么回事呢？张居正葬父，湖广省的干部中，“该”来的，还真有一个人，没有来。谁来了，张居正确实未必记得住；可是，谁不来，他也确实牢牢记在心里了。实际上，大家都来了，就他不来，不仅张居正知道，也不仅湖广省的官场中人知道，甚至连首都的人都知道了。这个人是谁呢？巡按御史陈应元。

巡按御史是个级别不高、权力挺大的职务。从性质上说，巡按御史属于监察官，也就是我所谓的“议员”；从编制上说，属于中央的干部，隶属于都察院，奉命巡视、监察地方，位卑而权特重。七品的巡按，让二品的省领导都敬畏三分。所以，在一个地方，巡按御史是非常显赫的人物。

一般说，担任巡按御史的，都是新科进士中的佼佼者，年轻气盛，意气风发，前途光明，仕途坦荡。但可能正是因为官场历练不足，陈“议员”不仅不善于抓机遇，反而因为自己独善其身的姿态而惹了麻烦。

我猜测，陈“议员”原来很可能也是与张居正关系不错的。不然，张居正怎么会派他到自己家乡当巡按御史呢？是不是陈“议员”到张居正的家乡以后，听到张老爷子的所作所为，实在看不下去，虽然不敢弹劾、揭露，但惹不起，躲得起吧？活着的时候躲着，死了，还躲着，就是不去给你送葬！当然，陈“议员”事前也是打了招呼的，说他因为要和新来的巡按御史办理交接，而且身体有病，所以就不去参加葬礼了。

我同样猜测，陈“议员”毕竟年轻气盛，对张老爷子的为非作歹，可能私下里说过一些什么话，传到张家人的耳朵里了。所以张居正或者他的心腹们，不准备再让陈“议员”继续在最高实权人物的家乡巡视了。就是说，陈“议员”在张居正的心目中，已经不再是可以信任的心腹之人了。

老实说，太深层次、太具体的原因我也没有考证，总之，事实是：陈“议员”没有参加张老爷子的葬礼，交接完工作，就按照惯例，回家养病了。陈“议员”到底是不是有病，是身体有病还是犯了政治病，我也说不好。按照我的理解，可能都有。想想看，张家人在湖广为所欲为，身为巡按御史，不敢查，不憋气吗？岂止如此啊！可能稍微要查办点什么大的案子，不是因为牵涉到张家，就是当事人求张家人出面说话，因此办不下去。年轻气盛的官场新进，郁闷不郁闷啊！他没有“议员”刘台的勇气（后面另述），也可能是吸取了刘台的教训，只能忍气吞声，窝囊不窝囊啊！所以，可能是身体上的病和思想上的病都有的。

不管怎么样，反正陈“议员”缺席了。

或许，谁也没有想到，报复会如此迅速而激烈。张老爷子的葬礼刚刚落幕，开除陈“议员”公职的命令就发布了。这个时候，张居正还没有回京呢！

开除陈“议员”的事，谁办的呢？张居正的心腹嫡系、门客兼儿女亲家、“议长”助理——都察院佥都御史王先生办的。他也不直接出面，而是让“议长”陈先生具体办的。当然，用的不会是陈“议员”没有参加张居正父亲的葬礼这个理由。具体说，他们所用的借口，就是陈“议员”办理完结交，没有回都察院，而是直接回家，违反纪律。

纪律确实有，但是早就是具文了，惯例都是先回家的。如果诸位不十分清楚是怎么回事，我举一个大家容易理解的例子：规定招待只能四菜一汤，而你出席的一次接待是六个菜，违反纪律啦！或者再说一个例子，规定到地方出差，报销的标准是处级干部每天住宿费四十元，可是你却住了三星级宾馆，超出的部分让地方补贴啦！为什么不住四十元的旅馆呢？

就和这两个例子差不多。

平时，这种“违反纪律”谁也不再认为是什么问题了；可是，要想整治谁，就可以把早就不再被执行的文件搬出来套一套，让你有苦难言！严肃院纪国法，谁能说不对呢？

这件事真应了那句话了，谁不来，记得清楚。光记住还不行，记住就是为了让所有的人都记住，不来是有严重后果的！那以后谁还敢不来啊？难怪张居正出行，沿途的逢迎谄媚，到了无以复加的程度呢！

可是，你也别说，现实就有好处！

张居正还没有回京，不巴结他的陈“议员”就被开除了！而张居正刚回京，沿途巴结张居正最离谱的保定巡抚孟先生，就被提拔了！一下子到了兵部当副部长！这可是一般巡抚连做梦也没有想到的啊！那时候的巡抚和副部长，差着好多台阶呢！

就说这个保定巡抚孟先生，还是亚圣的后代呢！连人格也不顾了，谄媚讨好到了让大家都脸红的程度，正史上说是“谄过甚，众羞称之”！就是这样一个哈巴狗，干部群众还正在议论嘲笑他呢，以为这小子太过了，领导反倒不好办了；没有想到张居正一回京，马上就下了任命！很迅速的！

因张居正南下而引起的这两宗人事调整，迅速而果断！

有人难免会因此发出感慨，不服不行啊！是啊，有权势的人想整谁，实在太容易了！

所以，逢年过节领导发个通知说不准送红包，可能未必有效。除非，受到开除的是孟先生，而受到提拔的是陈“议员”。倘若结果是这样的，那老百姓就真的可以不发牢骚了。很可能，这要等到干部选拔是老百姓说了算的时候吧！

值得欣慰的是，虽然老百姓说了不算，官场上的其他干部说了可能也不算，但是，还是有人要说的。当开除陈“议员”的命令一发布，当时就有人站出来说话了！

风风光光一路春风得意的张居正，一回到北京，就遇到了烦心事了！

过度反应令人窃笑

话说张居正回乡葬父后回到北京的当天晚上，就在报纸上读到了一条让他很是恼火的消息。

中央户部的副司长——员外郎王用汲，在报纸上看到湖广巡按御史陈先生被开除公职、斥之为民的消息，拍案而起，上了一道参折，弹劾都察院的陈“议长”。因为出面纠弹陈“议员”的，是陈“议长”，所以王副司长指名参劾的，只能是陈“议长”。

顺便交代两句。

说到报纸，那个时代的报纸，叫邸报。邸报和现代意义上的报纸还不是一回事。首先，邸报不是新闻媒体，主办者是政府，不是自由办报者；最主要的是，读者对象不同。邸报只供各级政权机关内部阅读。

但是邸报登载的内容倒是很丰富的。弹劾高级干部的，包括指责皇帝的，除了所谓“留中”的——也就是权当没有那么回事，对被弹劾者和弹劾者都不处理的之外，都要见报的。所以，张居正可以从报纸上看到王副司长弹劾陈“议长”的消息。

至于说到弹劾，那个时代这样的事情非常多，几乎天天发生。

言官，也就是监察官，我称之为“议员”的，是专门干这个的。他们级别不高，多是七品，但是他们可以弹劾任何人，包括可以直接批评作为最高领导人的皇帝。如果这些人长期不弹劾人，那他们还要被问责呢！但是，弹劾人并不是他们的专利，任何一定级别的干部，都可以上疏纠弹别的干部。高官可以纠弹小官，小官也可以纠弹大官。我们俗称参他一本。

反正相互参劾的事情，很常见的。

还有一点也要说说，那个时候弹劾人，可不仅仅是因为怀疑其有贪污腐败行为，弹劾者对被弹劾者的政策措施、言行举止、用人行政……方方面面都可以提意见。

张居正当国，对“议员”清洗打压非常厉害，敢弹劾张居正的“议员”几乎没有了。其他的干部，也多是敢怒不敢言了。这种情况是很少见的。当年严嵩当国，弹劾他的“议员”就很多；一向对“议员”很宽容很尊重的徐阶当国，受到的弹劾也不少；操守人品能力政绩胆识几乎无懈可击的高拱当国，更是吃尽了“议员”们的苦头。

要我看，这套“议员”制度，是有其可取之处的，有值得借鉴的地方；但是，对这套制度也别评价太高。其实，很多情况下，“议员”们也好、其他干部也罢，义正辞严的弹劾背后，往往是派系之争、利益之争。出于正义、公理和良知的也有，杀伤力有限；恰恰是甘为权门鹰爪的弹劾，则立即就会掀起轩然大波。毕竟，这套制度是在人治、专制的总背景下运作的，把它想像得太美好是幼稚可笑的。

好了，继续我们的正题。

张居正回到北京，当天晚上翻阅邸报的时候，他还不太清楚具体是怎么回事，只知道一个副司长弹劾陈“议长”，那就是给他张居正找不自在，所以大为不悦。

在一般国人的心目中，国家领导人站得高，看得远，思想境界也远远高于普通人。不特如此，国家领导人治国理政，难免会得罪人，有些议论甚至攻击，应该很正常。就像现代法治国家的民选总统，媒体差不多以批评、攻击乃至丑化他为己任，他也无可奈何，久而久之，也就习以为常，不认为有什么大不了了。况且，国家领导人为国操劳，日理万机，哪里有工夫对批评他的人和事，都要很正规地回应呢？

当然，威权统治、人治国家不同，领导人的“威信”至关重要，容不得随意攻击丑化的。但那也要看什么样的事情了。发生了这样的事情，领导不高兴了，一般自然有属下出面处理，领导人本人未必非要亲自出面，如临大敌吧？简单说，如果过度反应，会让人笑话的！

或许有人会说，堂堂的国家领导人，难道连这一点也把握不住吗？还别说，有的时候，在权力的长期腐蚀下，在吹吹拍拍的氛围里，领导人的智力下降到幼儿甚至痴呆儿的程度，也有可能的！现在，张居正就遇到了这样一个问题。

不过，张居正也已经从邸报上获悉，王副司长因为弹劾陈“议长”，已经受到了开除公职的处分，事情似乎可以完结了。但是，张居正还是不放心。因为，从对王副司长的处理看，这个事情，似乎不那么简单。因为，一般说来，弹劾高官、包括批评皇帝，是不会受到如此严厉的处理的。当然，敢于给张居正提意见的人除外。张居正在不高兴之余，有点忐忑。

本来，不小的“小”皇帝兼乖学生是请张先生先在家休息几天的。可是，张居正急于了解情况，第二天就召集内阁的副手们碰头，询问王副司长弹劾陈“议长”的来龙去脉。

这一问不当紧，问出了大问题啦！原来，王副司长哪里是弹劾陈“议长”，分明是以弹劾陈“议长”为掩护，集中火力、专门攻击他张居正的！这还了得！

估计张居正有点不太理解了。刘台的下场（后述），吴中行他们的惨叫声，都不够惨？血腥味还不够浓？为什么还有不怕的呢？更令张居正不安的是，王副司长的这个参折写得有水平，可以说直捣他的痛处，击到了他的软肋！

不妨看看王副司长是怎么说的。为了便于诸位理解，我自作主张，用了现在的一些词汇，但是意思绝对没有篡改。

王副司长先说道，皇帝陛下，您可知道湖广的巡按御史陈“议员”为什么被革职吗？是因为他没有参加政府那个头号人物的父亲的葬礼啊！真正的原因，是这个，可能陛下未必清楚呢！想想看啊，就因为这个原因而开除一个有才华的、正直的优秀干部，人心怎么能服呢？反正我是恨得牙根痒痒！

王副司长接着说，这不是个案啊，陛下！因为得罪了政府那个头号人物而被处理的干部，何其多也！像什么张三李四王五，为什么给革职了呢？因为某某事让政府那个头号人物不高兴了！可是，那个赵六孙七，德才兼缺、贪污受贿，干部群众意见很大，为什么反倒提拔了呢？因为某某事让政府那个头号人物开心了啊！就说前段时间吧，因为政府那个头号人物要不要丁忧，引起了一场风波，恰好彗星出现了，陛下您下诏罪己，并要各级干部都要反省。可是，政府那个头号人物却利用这个机会，举行干部考察，把所有他认为不忠诚于他的干部，清洗殆尽啊！哪有这么干的啊？！

陛下您可能不知道吧，现在官场的风气很不正啊，人人都要讨好巴结政府那个头号人物才行，不然就要穿小鞋！亚圣孟子曾经教导我们说，逢迎君主的人，罪恶极大！可是，我认为，逢迎政府那个头号人物的人，罪恶更大！现在，各级干部都不得不逢迎政府那个头号人物，他说黑的，大家只能说黑，谁也不敢说别的！那个给他充当打手的陈“议长”，只是一个典型罢了。

王副司长举的这些例子，都实实在在，毫无虚夸。

但是，这不是最厉害的。王副司长最后的话才具有杀伤力呢！他明是批评皇帝，实则是建议皇帝收回大权，不能再让张居正专擅了！

他忧心忡忡地说，陛下您是皇帝啊，年纪也不小了，威福应该出自陛下您啊！大权应该掌握在您手里啊！像现在这样，都委托给别人，不是大权旁落，就是太阿倒持，很不正常，也很不应该啊！一切问题的根源，实际上都在这里！王副司长强调说，我为什么要上疏弹劾陈“议长”啊，不仅仅是因为替那个因不去参加政府那个头号人物的父亲的丧礼就被开除的陈“议员”鸣不平，实在是为陛下您的大权旁落而忧心如焚啊！

听听，够水平吧？

张居正听了内阁副手们的汇报，又赶紧阅读了王副司长参折的全文，不禁大惊失色，怒火万丈！内阁的副手们还想汇报点别的工作，张居正哪里还有心思听啊！

张居正气坏了，也急坏了！只见他他脸色阴沉、怒气冲冲，问，姓王的是专门对着我来的啊！像他这样奸诈阴险、心怀叵测的小人，你们为什么仅仅是拟了个开除公职的意见？这个姓王的小人，罪大恶极，死有余辜！说罢，连个招呼也不打，拂袖而去！

张居正实在受不了啦！他恨王副司长，这个不用说了；他对内阁的几个副手也很生气！不和他打招呼，就草草处理了姓王的，太便宜他了！可是既然是以皇帝诏书的名义已经处理了，也登报了，再重新处理也不好办了，让张居正怎么能不生气呢！

就因为这件事情，张居正对他亲自挑选的副手张四维（吕调阳请辞不准，但是他已经不上班了，张四维在张居正南下期间暂时负责看守内阁）耿耿于怀。不仅过了好长时间，都不搭理张四维，给他脸色看，而且从此不再信任他。

当然不仅仅是怒火中烧，他还隐隐有些担心，惴惴不安甚矣！

姓王的那个小子实在是厉害啊！他不仅刺中了张居正专擅大权、生杀予夺、任性而为的痛处，而且还毫不隐讳地指出大权依法依理应该属于谁、大权已经旁落、但是绝对不应该旁落的核心问题！

问题是，王副司长说的这些，都是事实啊！这样的话，不小的“小”皇帝极可能听了很入耳，颇动心呢！退一步说，至少也会起到在皇帝和他张居正之间挑拨离间的作用的！张居正能不担心吗？

要说，这样高度敏感的问题，张居正引起高度重视，也是理所当然的。但是，他采取的措施，有点让人不太理解了。

刚回首都，万机待理，张居正都没有心思了。他吩咐手下，闭门谢客！大概有三四天的工夫，张居正都没有出门，埋头写了一篇洋洋洒洒达三千字的报告给“小”皇帝，对王副司长进行全面的声讨，为自己作了详尽的辩白。

三千字啊！那个时候，文言文，三千字，分量很重的，翻译成白话文，估计要上万字了。不管怎么说吧，反正张居正亲自动笔写的反驳书，是王副司长参折的好几倍！专家韦先生总结说，“张居正对于王用汲事件，可谓如临大敌”！老实说，仅仅从张居正的反应本身说，这个堂堂的国家领导人，以首相之尊，急急忙忙写了三千多字的文章驳斥一个已经被开除了的副司长，实在是失态了！

的确，王副司长被处理以后，特别是张居正洋洋洒洒的三千字长篇驳斥文章发表以后，广大干部群众，私下里都议论纷纷，对张居正很不以为然，甚至嘲笑他失态丢脸，而王前副司长一下子就成为人人敬仰的正直君子，名声大振，好评如潮！

张居正太跌份啦！关于对他的行为的描述，在我中华悠久的文明词典里，可以查到的词很多，诸如越描越黑啦，诸如言多必失啦等等。的确，我们中国，对言论自由的追求、崇尚，历史不长，热情不高；倒是“祸从口出”“言多必失”之类的古训不少。古训虽古，不服不行。几乎每个人都能够举出活生生的例子，为古训提供新证。

这不，一向沉稳老练、城府深不可测、聪明绝顶的高级人物张居正就犯了这样的低级错误。

顺便说说，张居正是反感多说话的人的。他有一句著名的话，是在他的实际施政纲领中说的，就是“多指乱视，多言乱听”。他主张不争论，定了就干，不管别人说什么，都权当是刮了一阵风而已。

当然事实上不是一阵风那么简单。张居正对自己认为多嘴多舌的人，回报的就是铁与血！轻者开除公职赶回老家，重者杀头！仅仅因为不讨好不逢迎张居正，就要被开除公职，何况给他提意见的人呢？张居正的指导思想是，谁对他指手画脚，那就剁了你的手，砍了你的脚，封了你的嘴！

可是，张居正也有多嘴多舌的时候，真是应了言多必失的古训了。

如前所述，张居正看到王副司长的参折，如临大敌，写了洋洋洒洒三千字的驳斥文字。这种回应本身，就说明张居正已经失态了！广大干部群众都在窃笑，太失身份啦！越描越黑啊！甚至，不少人怀疑，张居正是不是神志恍惚了？更重要的是，他在反驳王副司长的报告里，话说多了，说重了。

不妨看看这位国家最高实权人物说了些什么。

张居正先说，弹劾陈“议长”的那个姓王的，用心险恶，罪大恶极。叫我说，像陈“议长”这样坚持原则的干部，堪称表率！

不过，这些，不是张居正要说的重点。这件事情一笔带过之后，张居正着重对王副司长提出的皇帝应该亲自掌握大权问题，进行了集中驳斥。

他很不谦虚地把自己这些年掌握大权的政绩不厌其烦地摆了出来，并说，现在连村妇、小贩都在共同歌颂我的政绩呢！

说完了这些，张居正竟以要挟的语气说，皇帝你不能亲自掌握大权，那权力总要有人来行使吧？不是我，就是别人。如果认为我不行，那就请另选贤能！

有了前面的政绩单子列在那里，谁还敢说张居正不行呢？那好了，张居正说，如果认为我还行，你就应该让我继续掌握大权，不能误听谗言，稍有怀疑。

这话，很有问题了。皇帝的年龄，不是小孩子了；他的祖父嘉靖皇帝，在这个年龄已经亲自掌握权力好几年了，而且发动的“议大礼”运动，简直可以说与整个政府、整个干部队伍作对，却取得了胜利。难道万历皇帝对这些一无所知？绝对不可能的。所以，怎么能公然说万历皇帝不能亲自掌握权力呢？至少，作为名义上的臣子，你不能公开说，皇帝不具备直接掌握权力的资格和能力吧？再进一步说，他真的没有资格和能力，你也不能公开说出来啊！何况，不是皇帝不想、不能，而是张居正和他的黑“老大”冯保，再加上他的秘密情人李太后，三角夹击，不让万历皇帝掌权！没准儿，万历皇帝暗地里正为这个耿耿于怀呢，张居正不是故意在他伤口上撒盐吗？

当然，我不是说，万历掌握权力比张居正掌握权力好。不是的。我是赞成张居正代替万历皇帝掌握大权的。但这是两回事。我的意思是说，这样敏感的事情，能做，不能说；说了，就和“宪法”、和体制冲突了，何必说那么清楚呢？又何必咄咄逼人呢？所以我认为，张居正不应该说，他说多了。

岂止如此啊，多的还在后面呢！

张居正引经据典，又说了如果皇帝亲自掌握权力，就会出现什么后果这样的一大段话。

言外之意是什么呢？中心思想是说，倘若皇帝你不让我张居正继续掌握大权，而是误信了姓王的那个小人的谗言，亲自掌握的话，那你就是步了秦始皇、隋炀帝的后尘，势必成为另一个昏君庸主。

当然，张居正不是直截了当这样表述的，但他的意思是这个意思。这是中外公认的研究张居正的第一流专家韦先生的结论，不是我的分析。

要说，张居正的话，或许是对的。以后的历史证明，万历皇帝这个人，虽然不是秦始皇、隋炀帝式的人物，但是说他是庸主昏君，也不冤枉他的。但问题是，你张居正作为一个臣子，对已经成人的皇帝，哪能这么说话呢？实际上，当是时，张居正也好、其他的干部也好，大家并不知道当今皇帝到底是怎么样的一个人，还没有给他机会呢！那张居正如此强硬的语气和表述方式，纵然是皇帝不敢反驳，可是他心里会怎么想？那些维护“宪法”和体制、忠君爱国的人士又会怎么想？站在大历史的角度，从宏观上看，张居正的这篇反驳文字，俨然是独裁者的宣言书。

按照在抗日战争时期写了《张居正大传》的朱东润先生的话说，张居正反驳王副司长的这个报告，就“是一篇独裁者政治立场的宣言”。他还说，“居正所采取的政治路线，在当时不是平常的政治路线……实际是从一般的君主政治走向独裁政治。”

或许，诸位未必都明了朱先生的意思。这牵涉到一个很重大的学术问题。

我们中国的传统政治，按照儒家意识形态，是不允许出现个人独裁的。皇帝虽然有无上的权力，但是体制上要受到很多的制约，比如“议员”，比如臣下的封驳等等。所谓集思广益，所谓广开言路等等，此类的说教很多。严格说，按照儒家的政治学说，应该是皇帝和士大夫共治天下。所以，正常情况下，君主政治，不应该是独裁政治。

可是，张居正是主张独裁的。当然，我认为张居正提出独裁政治，是实用主义的，并不是有一套完整的思想，近乎自发状态。当年，在张居正刚刚进入内阁不久，就曾经公开向万历皇帝的父亲隆庆皇帝提出，希望他能够独裁。这个建议在隆庆皇帝那里没有实现。因为这个皇帝没有兴趣、也没有信心独裁。于是，张居正在用阴谋手段把杰出的政治家高拱赶下台以后，自己开始实行独裁了。

想想看，主张皇帝独裁已经与主流意识形态相悖了，何况一个处于辅佐地位的臣子，要实行独裁呢？这是很不正常的，也是非常危险的。那还公开说出来，不是很不理智吗？可以说，说这样的话，对张居正没有任何好处，只能为以后的灾难埋下伏笔。

所以，张居正实在是说多了，说过了！太不注意方式了。也和自己的身份很不相符。

奇怪的是，张居正为什么要这样呢？只能说，这个权力崇拜者，为权力所迷惑。权力，使他改变了思维方式；权力，使他忘记了自己的施政纲领；权力，使他飘飘然。在吹吹拍拍中，张居正骄盈了，忘乎所以了。

好在他和他的“黑老大”以及秘密情人李太后形成的权力铁三角稳如泰山，张居正即使如此，当时，也没有受到任何批评或者攻击。

但是，仕宦之间，暗处祸机啊！正如专家韦先生所说，屹立在权势巅峰之上，也可能是危立在险峰之上。

总有一天，他要为此付出代价。

第8章 为子孙谋

人治是特权的温床

张居正其人，应该说不是最腐化堕落的；而且，张居正处于官场边缘之时，目睹严嵩当国时的贪墨，对腐败也是深恶痛绝的，他掌权之初也有反腐倡廉的决心和举措。但是，在一定的制度条件和文化氛围里，个人的觉悟和自律是靠不住的；领导人口头上冠冕堂皇的标榜和他的实际行动往往南辕北辙。这是为历史所反复证明了的。人治，就是权力崇拜，权力决定真理，决定命运。有了权力，就有了特殊化的条件。那么，就让我们看看，张居正本人以及他的亲属和身边工作人员，在节俭、公正、廉洁的外衣下，都干了些什么呢？

“生活秘书”的风光

张居正是国家的最高实权人物，权力之大、受到的监督制约之少，不仅是曾经担任他这个职位的任何人所难以比拟的，也是历朝历代名副其实的宰相中不多见的；甚至可以说，就是真正的最高领导人的万历皇帝，在张居正死后由他掌握最高权力的近四十年里，对此也是望尘莫及的。至少，在政府的暗中支持下，“议员”们对万历皇帝是很不客气的，万历皇帝对他们也近乎束手无策，这一点，他该羡慕张居正的。

张居正当国，不要说同僚、下属，就连名义上的最高领导人对他也敬三分、怕七分。不用说，张居正自然是无限风光的。张居正有多风光，我已经在《权令智昏》这一章里，简单讲述了一些情形，这里，就不展开说了。何止张居正风光，就连他的“生活秘书”，也风光无限啊！

“生活秘书”何许人？姓游名七者是也。这个游七，实际的身份是张居正的家奴，也有人称其为苍头。如果用一个大家比较熟悉的概念，也可以理解为管家吧。“生活秘书”这个职务，是我给他封的。

我得顺便说说，据我的考察，那个时代，好像组织上对高级干部关心是不太够的，什么警卫、保姆、秘书、勤务员等等，也不给配备，基本上得领导干部自己掏腰包去雇请；雇来以后也上不了编制，当然就不算“国家公务员”（那时候也没有发明事业编制、工勤人员编制），所以只能是奴仆的身份，他们的身份、社会地位，说起来是很低的。

这不，游七就是国家最高实权人物张居正的家奴。他不仅照顾张居正的生活挺卖力，也受命介入张居正的工作，颇有秘书的色彩，所以，我按照今天比较容易理解的名词，给他封了个“生活秘书”的头衔。

说游七是“生活秘书”，是因为他的职责是照顾张居正的生活，不介入工作。在工作方面，还有文字秘书性质的人在为他服务，比如一个姚先生。

不能小看“生活秘书”。毫无疑问，职责所在，他对领导的隐私了解得更多，倘若领导有什么见不得人的勾当，而他又掌握甚至是积极参与者，那就相当值得重视了。

游七这个“生活秘书”，就不可小视！我敢说，游“秘书”很豪迈，那个精神状态，估计比张居正的副手们，要神气多了！

给张居正做副手的那帮老兄，说起来地位很高了，也算得上进入国家核心决策层的高级领导干部。他们科场连捷，秀才、举人、进士、点翰林，一个环节都不能少，入仕途还得过关斩将，爬到这个位置，实在很辛苦，很不易，别人还以为多风光呢！其实，他们一个个不是唯唯诺诺可怜巴巴，就是心灰意冷蔫溜吧唧，要不就是忍气吞声强颜欢笑，官，做得憋气；人，活得窝囊。

瞧瞧人家游七，就不一样了。他虽然不占编制、不拿工资、不报销医药费、不能福利分房，将来也不存在发退休金问题，可是，工作挺卖力——比如，帮助拉皮条什么的业务很熟练，张居正很喜欢他。

游“秘书”斗大的字是不是识得一升，我还考证不出来，估计自己的名字还能认得？文凭学历绝对是没有的。有没有什么特长，我也说不上来。但是，有一点我知道——有一个周老先生替我们记载下来了，说游七这个人，“善伺主喜怒”。

正面说，就是游七很能领会领导意图。

公平地说，这样的素质，在领导身边工作，还是很合适的。但是，还是那句话，看跟什么人了，要是跟了两袖清风、家徒四壁的高拱，他是不是风光，就不好说了。不过，游七是给张居正当“秘书”的。他们，一个是“善伺主喜怒”；一个是“引为心腹”（明清史专家韦先生语），可谓珠联璧合。也难怪游“秘书”那么风光呢！

铺垫了半天，到底多风光啊？其实，说老实话，我知道的具体细节并不多，因为这不是小说，所以也不能仅凭想像和推论编造情节来糊弄人。如此一来，游七怎么吆五喝六，怎么在大街上横冲直撞，怎么强抢民女，怎么给来向张居正汇报工作的领导干部脸色看，怎么嫌有关部门有关领导对他接待不热情等等，是不是有这样的事情，我不敢保证；即使有，我也找不到具体事例。

但是，我可以把有资格说话的周老先生在《泾林续记》里的一句话，转告给诸位。四个字：“势倾中外”。

顺便告诉诸位一个历史知识，就是“中外”的含义问题。帝制时代的所谓中外，与我们现在的理解不同，不是中国和外国的意思：中，指的是中央（朝廷），泛指首都；外，指的是外地，泛指地方。所以，中外就是中央和地方，泛指全国。

周老先生词用得很准，“势”！这个势字，真是绝妙！领导身边的一个“生活秘书”，他当然没有什么权力、地位，可是，人家有“势”！所谓仗势欺人，所谓势如破竹，这两个成语里的“势”字的含义，应该都包括了。

一个“势倾中外”的家奴，你说，他风光不风光？

风光到了什么程度？我看可以展开想像的翅膀，尽情想去吧！不过，如果我只推给诸位去想像，连个提示也没有，那就有点不负责任了。所以，还是提供些材料给诸位，便于帮助想像。

不用想就知道，最高实权人物身边的“生活秘书”，巴结他的人，不会是平头老百姓。所以，游七的风光，是在官场，是对大大小小的领导干部而言的。据周老先生在《泾林续记》中的记载，在那个非常讲究身份、讲究级别、讲究对等（比如工部的司长到户部去，接待的也应该是司长，一个处长出面，那要影响两部关系的）的年代，官场的人，对游七竟然“争事以兄礼”。

我的分析，这些人内心肯定看不起一个苍头的，忍着辱、含着羞，叫声“哥们儿”。别看“哥们儿”这个词，在官场，大有学问啊！不是随随便便可以叫的啊！既然叫了，就不仅仅是为了多个哥哥！

“咱们是哥们儿吗？嘻嘻嘻，那这个红包你拿着，给咱娘表个孝心，还不行吗？”

“是哥们儿呀，哈哈哈！既然是哥们儿向老人表达孝心，那我不收是不是不近人情？”

这些人当然不是吃饱了撑着没事干，认了哥哥还搭钱！何以如此？“猎美官”也！说白了，就是通过领导身边的人，买官啊！

所谓“猎美官”，要比花钱想升官的意思广些，包括平级调动，油水小的位置，挪到油水大的位置，都算在内啦！

你想，要买官，总不能直接找到最高实权人物，说给你多少多少钞票，某某职位给我干吧！果真如此，非砸锅不可。“哼，这孙子，真不会办事，还想美事？一边凉快去吧！”张居正这样的领导，一定会这样想。自然而然地，求游七的人就多起来了。

多少？请注意周老先生的用词，是“争”啊，不是一个两个！打破脑袋要认游七这个哥哥啊！所以周老先生在“猎美官”者之后，又用了“栉比”这个词！

"猎美官者栉比"！什么意思？排着队啊！

排队，这个词也大有学问的！如果编一个"官场学词典"，那这个词就该有两层意思。第一，表示人多，这个没有异议；第二，表示被求的人，有把握把事办成，已经是公开的秘密，广为人知了。你想想看，如果头两个办不成，谁还去厚着脸皮（都是读书人啊，进士出身啊，已经有了相当地位的人啊——一般干部未必需要求最高实权人物吧？）拿银子打水漂玩儿！

那么，游七直接办得成吗？他直接给吏部打电话（就那个意思吧，他可能不会写条子，只能口头表达，至于什么方式，就用这个来表示吧），说给某某的问题解决一下？至少，开始他不敢这样做。我的意思是说，最高实权人物，道貌岸然的张居正至少是默许的，游七答应人家的事情，张居正是会落实的。

正因为求游"秘书"办的事能够办成，所以作为张居正的私人"生活秘书"，游七"势倾中外"，煊赫于世，以至于官场中人，"争事以兄礼"，到游七仁兄那里"猎美官者栉比"。这个场面，不要说在张居正副手的"秘书"那里，就是他的副手本人那里，恐怕也不可能出现的。

想想看，张居正偶尔请假不上班，副手们处理的事情，张居正到班后还常常会推倒重来，何况用人？他们说了，不起反作用已经不错啦！

看来，有事要办，找副职，不如找"一把手"的秘书。估计当时官场会有这个说法。不然，也不至于那么多人排队求游"秘书"的。

看看，人家游七是不是很风光？

还可以适当再提供些材料。

按照明清史专家韦先生的话说，当是时，游七势倾中外，公卿辈也不敢与之抗礼，尊称他为"楚滨先生"！公卿是什么人？都是部长以上干部，高官显贵啊！"楚滨先生"？在那个讲究身份地位的时代，所谓衣冠人物，和布衣百姓，本来就是截然分明的，不是谁都可以有号的。没有功名的人，起号，会让人笑掉大牙！要是有人叫，一定是嘲讽他的。可是，游七就不同。公卿尊称他的号，还要加上先生！

要知道，布衣百姓对衣冠人物，得叫老爷，叫大人！能够称得上先生的，至少也得是有功名的人物吧？那还是从布衣百姓的角度说的。如果从公卿大僚的角度，可以让他们称先生的，实在应该是德高望重、地位隆崇的人物啊！这样看，游七在官场的地位，简直就是张居正第一，他第二了。

当然，较真儿的人或许会说，再怎么说，游七也是一个小人物，历史对他不会有什么专门的记载的，你说的，韦先生说的，也未必可信。你们看见游七风光了？倒也是。不过，我这里要请出一个人来：于慎行。叫他说，不由你不信！

老于何许人也？他在万历朝做过高官，张居正、游七，他是都见过的。换言之，他是那段历史的亲历者、见证人。不过，在当时，他虽然已经有点名气，但地位还不高，刚刚参加工作，应该还比较超脱，他的话，是可信的。

所谓谨言慎行，是古训，老于起名字叫慎行，估计也比较谨言。但是，他还是忍不住说了一些话。当然他没有敢当场说，是在自己的日记里偷着说的，也算谨言了。

他是怎么说的呢？原话是："一时侍从台谏，多与接纳，密者称为兄弟。一二大臣亦或赐座命茶，呼为贤弟。边帅武夫出其门下，不啻平交矣。"

估计看我的文章的诸位，都是相当有层次的，基本上不需要我再翻译了。我可以帮助诸位一起理解一下老于的话。

"侍从台谏"者何指？所谓侍从，不是警卫，是高官，什么副部长啊、司长啊什么的；台谏，就是"议员"；所谓接纳，就是联络、交往、交朋友的意思。这些人，"多与接纳"，想想看，那是什么场面？大臣呢？在这里，按我的理解，指的是相当于现在的政治局常委的高级领导干部，称呼游七为贤弟！游七找他们办事，他们还赐座，上茶！这个在现代似乎很平常，可在那个时代，了不得的！相当于接待部长以上干部的规格。军队的将帅呢？出入其门下，不啻平交。在官场十分讲究对等的时代，从交往的礼数上说，游七和军队的将帅是平起平坐的！

这回该相信了吧？游七这个私人"生活秘书"当得，够气派！

现在的问题是，游七如此招摇，张居正知道不知道？他什么态度？

由秘书引出的官场学原理

当是时，作为国家最高实权人物张居正，以令行禁止的强势手腕执政。对于有令不行、有禁不止的，往往给以严厉的惩处。那么，他的"生活秘书"游七如此招摇，他知道吗？我的看法，张居正不可能不知道。毋宁说，张居正是默许乃至支持的。

那他为什么默许乃至支持一个家奴违法乱纪，如此招摇呢？也可以换句话问：为什么断定张居正知道？甚至支持呢？

以我的分析，有三个方面的因素。

第一，上梁不正下梁歪。张居正本身，其实就是这样的人。他的执政风格，是典型的顺我者昌，逆我者亡。谁不讨好巴结，谁倒霉。有句话说，（给领导送红包）谁送了记不住，谁没有送记得清清楚楚。挺有概括力的。这话用在张居正身上，再合适不过了。游七耳濡目染，学了这一套，也是可以理解的。

估计也曾经发生过这样的事情，有人不买游七的账，游七添油加醋和张居正一说，最后归结为："打狗还要看主人呢，某某这样做，不是对着老爷来的吗？他眼里还有老爷吗？小的倒没啥，老爷的面子往哪搁啊？"结果，对游七不买账的人，不久就领到了一双小鞋穿穿，鞋带儿也紧了又紧，估计他痛苦的呻吟声好多人都听到了。

倒不是我有这方面的具体资料，老实说，我是推测的。理由就是基于两点：其一，张居正对敢于对他不巴结、讨好的人，就是这么做的；其二，官场中人，大多数是趋利避害的，如果没有发生过这样的事情，大家有了教训，人家公卿将帅、侍从台谏，什么身份？何必对一个"生活秘书"毕恭毕敬啊？所谓人以群分，结拜兄弟，干吗都争着找一个家奴啊？

所以，是不是可以归纳出一条官场学原理：凡是秘书胡作非为的，那么，公众有理由对他所跟的领导的廉洁自律方面提出质疑。这个原理或许有些绝对化？我才疏学浅，权且提出来供参考吧，但是我敢绝对保证，这个原理，至少在张居正这里是适用的。反之是不是成立，我不敢断言，学者们可以研究。

第二，张居正和冯保的勾结，主要靠游七。就是说，张居正上不得台面的政治活动，换言之，他违法违规（成例、明规则）的阴谋活动，离不开游七。

我们已经知道，政府的高官按照规定是不能私下交接太监的，公开场合只能公事公办，嘀嘀咕咕咬耳朵不太好吧？那就只能靠心腹之人跑前跑后了。游七和冯保的私人"秘书"徐爵就充当着这个中间人的角色，想来这两个私人"秘书"都是比较称职的。

据张居正的同年（也就相当于同学吧）王世贞的记载，张居正有所谋，便使游七跑去告诉徐爵，徐爵再报告给冯保；冯保要是有什么鬼点子需要和张居正商量，就让徐爵告诉游七，游七再报告张居正。

可以断言，像张居正勾结冯保阴谋发动政变等重大事件，游七都亲历其间了。事实证明，游七嘴挺严，腿挺勤，办事能力挺强，如专家韦先生所言，游七对张居正来说，正是他所需要的“嗅觉灵敏，善于体会意图，殷勤可信，而又能奔走便捷的狗腿子”。这样的秘书，领导当然满意。那他趾高气扬些，谁又能够怎么样？

由此似乎可以归纳出这样一条官场学原理：越是靠阴谋诡计上台、靠阴谋诡计掌权的领导，对自己的秘书的依赖程度越强。反之是不是成立，那还是请学者找答案吧。

第三，张居正搞女人，需要游七帮忙。那也可以说，张居正的把柄，掌握在游七手里。

张居正作为高级领导干部，受到的监督不多，手里的权力很大。那他就有可能张扬人性而不需要过度压抑。事实也正如此。不过，张居正的身份特殊。他自己直接去张罗，时间不允许，身份也不允许。副手、儿子倒是都听话，但是要他们去张罗，显然是不合适的，其实这些人正是他想瞒住的。这个方面，“生活秘书”游七就是不可或缺的了。

好就好在，游七善于领会领导意图，用当时的人的话说，凡是张居正需要的，游“秘书”都“百方致之，务悦其心”。像什么找合适的女人啦、安排幽会的宾馆（就那个意思吧，总要有个合适的地方不是吗？）等等，自然不在话下；张居正日理万机，年龄越来越大，力不从心也是难免的，游七还得张罗给领导搞点“伟哥”，像什么“娇声颤”等等，估计张居正都服用过的。

当然不能忘记了，还有一件大事呢！张居正和年轻的皇太后有奸情的，当时也没有手机，张居正可以直接发个信息约香儿到某某宾馆包间幽会；既这样，那不得有人负责张罗吗？游七当然是不二人选。这样惊天的大秘密，游七守口如瓶，估计安排也挺稳妥的。

这样的秘书，领导能不喜欢？他有点趾高气扬的，领导看到了，替他高兴还来不及呢，怎么可能约束他呢？

看来，领导的生活秘书，干好了不容易，干到领导离不开的程度，那不风光也不容易。正面说呢，领导如果不能严格要求自己，甚至私下里爱干些上不得台面的事情，有把柄在秘书手里，你想约束他，也不容易。

不受制衡的权力容易让人飘飘然，是非、真假都搞不清楚了。那么多人巴结游七，张居正还以为是他的威信高呢！其实，人家当面叫游七“贤弟”“仁兄”，转过脸来就骂“狗仗人势的东西”！骂完了游七，免不了还追根求源，咬牙切齿骂声“张居正，不是东西”！这个，不是我猜测的，是专家皇皇大著上有记载的。

所以，我还得归纳出一条官场学原理：领导要有威信，不能不管好身边的人；管好身边的人，关键是领导自己要正。

添乱的老子和作弊的儿子

实事求是说，张居正还不能算是毫无顾忌、胡作非为的领导人。至少，从表面上看，张居正对自己的要求，还是比较严格的。对此，他也经常津津乐道。

当然，事实上张居正收受贿赂、享受美女、滥施权威的事情，也不少。只不过，人们看到这个人太勤政、太辛苦，而且贡献确实也不小，对他的这些方面，都不太计较了。

但是，还是有些过分的地方，让再宽容的人，也无法容忍。是的，干部群众看不下去。其中，最招惹是非的，就是张居正他爹了。

最高实权人物他爹，这个老封翁，实在不怎么样！我说这话，说服力似乎不太强，那我们就听听张居正是怎么说的吧。

张居正本人在给湖广省一把手的信里就承认，他知道自己的老爹总惹是生非，所谓“凌铄乡里，混扰有司”，可是作为儿子，怎么好管老子呢？所以自己也不好说什么。

我估计，张居正说这话，有检讨的意思；但是更多的还是表达一个中心思想：就让老爷子爱咋咋地吧！谁也别再说三道四了，他的所作所为我都知道的，我不会管的，你们就行方便吧。

研究张居正的专家更有共识，张老爷子，不是省油的灯！按照专家朱东润的说法，张居正在北京享受权力，乃父在老家享受权利。这么说吧，张居正他爹基本上是为所欲为。到什么程度呢？

当时荆州有一个辽王（朱元璋搞分封制，皇帝的儿孙除一人继承皇帝位外，其他的分封各地当王），府邸很豪华，张老爷子看上了，通过张居正在中央活动，地方干部谄媚讨好，居然夺过来归张家了！至于平时到张老爷子那里送银子、送美女的，用络绎不绝来形容，绝对不夸张！不用说，张老爷子看不顺眼的干部，那没有什么余地，就得回家卖红薯。这本来就是事物的两个方面，不难理解的。

也有人因此弹劾过张居正，最后受到惩罚的是谁，就不需要我再多说了。

如果说，张居正的老子，胡作非为，并不是张居正本人要他那么做的，他只是听之任之且不允许别人公开议论；那么，对于自己的儿子，张居正就是不惜破坏制度，千方百计主动为他们谋私了。权力真是魔杖，被称为“公平如权衡”的科举制度，在张居正那里，也无非是为他的非法行为披上合法外衣的程序而已。

这不，万历五年的春闱，张居正的长子和次子，一同中了进士，而且次子还名列一甲第二名，也就是俗称的榜眼。一门两进士，这是何等风光的大喜事啊！当然，广大干部群众，心知肚明，国家最高实权人物的两个公子能够进士及第，靠的并不全是他们自己的本事，而是老子的权势，并不怎么光彩。

其实，在会试还没有登场前，舆论已经沸沸扬扬了。张居正想让一个后来很有名气现在还是小年轻儿的叫汤显祖的人帮帮忙，汤显祖不干，他又找了别人帮忙。这些事虽然极机密，可是不少人还是知道了。涉及国家最高实权人物的事，尤其是丑闻，传得挺快，以至于远在海南老家闲待着的海瑞也听到了，他忍不住给内阁的“二把手”吕调阳写信，提出警告。可是，张居正想做的事，别人是阻止不了的，结果他的两个儿子，还是都如愿以偿了。

舆论哗然！但也只能徒叹奈何！

因为小皇帝兼乖学生说了：“先生大功，朕说不尽，只看顾子孙。”既然话都说到这个份上了，那别人即使不服气，又能到哪里说理去呢？

于是，到下次春闱，张居正的第三子，又进了一步，索性就中了状元！

当时更是引起舆论大哗。

科举考试和现在高考，不可同日而语。科举，是非常神圣庄严的根本制度之一，谁敢作弊，真就会成为惊天大案啊！可是，张居正就做到了。

丁忧，关乎孝道，关乎意识形态的基石，张居正敢破；科举，关乎组织基石，张居正敢破！他的破，基本上是为了自己，或者为子孙谋！

针对张居正为自己的儿子谋功名，社会上反响很大。有诗讥之曰：

状元榜眼尽归张，
岂是文星照楚乡。
若是相公身不死，

五官必是探花郎！

干部群众虽然对张居正无可奈何，但是对他的儿子们就不那么客气了。他的儿子中进士，入翰林院以后，每次出门，老百姓就在背后指指点点，还有的写传单，编顺口溜，贴在张居正家的大门上。

可以说，张居正以权谋私，到了受人唾弃的地步。所以，后来国家定了一个不成文的规矩，凡是内阁阁员，其子一律不得中进士！这些，都是后话。

一桩群体性事件的背后

张居正执政的第三个年头，暮春时节。最高实权人物的家乡——荆州，发生了一件学生示威游行的群体性事件。

这一天，二十多名荆州府学的生员，情绪激动，聚集在坐落于荆州城的江陵县衙附近，呼口号，发传单，最后冲击县衙，要批斗知县、捉拿巡检。

顺便说说，那时候组织机构很不健全，一个县不仅没有几大班子，也不设副职，县领导就一个知县，而且职能部门也几乎没有。学生的矛头指向知县，那就没有回旋余地了。形势就比较严峻了。

如果仅仅是游行示威倒还好办，领导出面对话一下，或许就解决了。不是的，学生们的要求很高。看看他们散发的传单就知道了。传单上写着什么？说是要先翦李知县的羽翼，捉拿范巡检（或许可以理解为相当于警察局长）。更厉害的还在后面：捉拿到范巡检以后，要先剥他的皮，剜他的眼，刮他的毛！后面还有一句话：收拾了范巡检，就轮到知县了！

看到这样的传单，李知县和范巡检真是毛骨悚然，胆战心惊。

是不是光说说，吓唬吓唬领导？学生嘛，说点大话，让领导感觉到事态严重，重视起来，也属正常。可是，这帮学生，看样子似乎不是光说说的。他们群情激奋，干脆就直接冲击县的首脑机关了啦！县领导怎么办？既不能开紧急常委会研究，也没有警察、民兵可调动弹压，都没有啊！也就是几个属于民兵性质的衙役，平时在法庭上喊声“威武——”，遇到这样的场面，既不威也不武了！

李知县见势不妙，在学生还没有冲到县衙前，就溜之大吉了；范巡检呢，不知道是缺乏对形势的判断力——就是没有领导水平高、见事早——还是奉命保卫政府机关，反正他跑得晚了，就有些狼狈，被一群衙役护卫着，耗子似的，连滚带爬，才冲出学生的包围圈，撒丫子跑得比兔子还快！

要说，学生们是胜利了。看看，领导吓跑了，威信还不扫地？见好就收也就是了。怪了，这些学生不依不饶，第二天又来啦！

李知县可能是麻痹大意了，以为学生闹腾一下也就完了，没有料到他们挺有韧劲，结果在大街上恰巧就被围住了。

可怜李知县，江陵大县堂堂的“一把手”，无论如何巧言令色，还是受到一番当众凌辱。皮倒是没有剥——或许学生比较信守诺言，在没有剥范巡检的皮之前，暂时不剥李知县的皮也未可知，不过推推搡搡不在话下，嫩拳（学生嘛，至少是不老的）免不了的，唾沫星子估计能当洗脸水用了。

具体情形，我看没有必要细细考证了，反正荆州首县、当今国家最高实权人物的家乡的“一把手”，当众被一群学生凌辱，不能不说是个事儿。

我得帮助诸位给这个事件定个性。

学生们游行示威也好，发传单也罢，包括冲击县政府，乃至当众凌辱领导，目的不是造反，也不是推翻政府，夺取权力，他们就是闹事，想通过闹事达到满足诉求的目的。我看，这不属于革命暴乱，动乱也还够不上，就是典型的群体性事件。

那他们有什么诉求啊？其实，说起来，不符合常规的。一般说来，学生闹事，诉求往往是比较宏观，什么反腐败啦，什么争权利啦，什么要查清科场弊案啦，至少，也是改善伙食啦，改善教学条件啦，换校长啦，等等吧，反正一般和某个学生自己家里的事，换言之，与学生中个体的利益联系不多。这次不同，就是一个许同学，说他家的地，政府丈量得不准，他就不干了；他一不干，就有同学支持，一支持，就闹起来了。

稍微说点背景大有必要，不然判断是非就难了。

丈量土地，不是李知县增加农民负担的土政策，是中央的要求。说直接点，是张居正改革也好、整顿也罢的一个内容。作为最高实权人物的家乡，江陵县“一把手”李知县，不得积极落实吗？于是就组织力量干起来了。到许同学家丈量的，是一个叫张现的人。

那时候一个县的公务员，也就是三、五个，也没有事业单位支撑，完成大规模的工作任务，估计是抽调的民间力量。我的意思是说，工作人员素质一般，工作中毛病不可避免。张现是不是丈量不准，如果有问题，他是故意的还是工作水平不高，我都说不好，反正许同学对他丈量的结果不认可是事实。

叫我说，江陵的“一把手”李知县，对许同学的意见还是非常重视的。许同学对丈量的亩数有异议，上访了，李知县亲自接访，完后就指示范巡检亲自出面去重新丈量。

诸位可以想像，那么大一个县，那么多宗地，名副其实地涉及千家万户啊，这个那个有意见都是难免的；如果都上访，一上访县里的“一把手”都亲自接访，接访后都派干员重新丈量，那怎么可能忙得过来呢？中央部署的工作，怎么如期完成呢？所以，领导对许同学的意见有多么重视，就可想而知了。

范巡检肩负领导重托，就开始重新丈量，同时也调查一下前任丈量员有没有群众反映的问题。“一把手”亲自布置的任务，估计范巡检不敢马马虎虎的。

结果很快报到了李知县那里：许同学家确实故意隐匿田亩，这个没有疑问；不过张现似乎也有问题，可能是借机敲诈？也许是工作不认真？总之，有问题也是事实。

但是，这个结果还是令许同学不满意。他不仅重复访了，估计还在首脑机关说话挺横的，吵吵闹闹的可能性很大。

李知县还是挺重视的。他亲自出面处理这个重复访事件：把那个叫张现的抓起来，同时派人把许同学送回学校。

就是这样一件事。谁能想到，居然引发群体性事件呢？

李知县可能政治敏感性不够？他不仅没有预见到会引发群体性事件，而且学生示威游行冲击县政府的事件，他也没有给予足够重视，只是以为学生闹腾一下，发泄一番也就完了，所以，他似乎也没有向上级报告，自己第二天还照常去上班。

那给他点教训，也算活该吧！不过我要声明一下：这句话是调侃的，我是不主张这样做的，也不认为李书记兼县长兼法院院长活该受辱的。

受到当众凌辱的李知县，无可奈何，含羞忍辱，只好跑到上级领导那里去诉苦。这个上级领导不是一般人，他很有来头，名气也相当大。他，就是管辖荆州的副省级的特别行政区的最高领导——郧阳巡抚，名字叫王世贞，张居正的同年，和国家最高实权人物的关系应该说这个时候还是很亲密的。

前面已经说过，王世贞其人，虽然是高官，但是他扮演的更多的是文坛领袖的角色，算得上是当时知识分子的代表人物。

要说，王世贞对学生自然是有偏袒之心的，如果能够维护的，他一定会维护。但是，在这件事情上，那帮学生未免有些欺官太甚了，所以听完汇报，王世贞不禁勃然大怒！

必须严肃处理！王世贞断然指示说。看来，这些闹事的学生，要付出代价了！

且慢！人物关系梳理出来以后，才好下结论。现在，事情正在起变化。

家乡发生的这件事，很快，就传到了首都，传到了最高实权人物张居正的耳朵里了。而且，张居正还非常重视，采取了出人意料的措施。

国家最高实权人物张居正很勤政，需要他处理的事情很多。在他处理的事情中，有惊天动地意义深远的大事件，也有鸡毛蒜皮的小事情。之所以特意讲一讲他对这起群体性事件的处理，是因为过去的皇皇史书中，大而化之的多，真正研究威权社会当权人物治国理政具体过程的少；更重要的是，我们或许可以从中窥见威权社会、人治官场，在每天挂在嘴上的冠冕堂皇的名教圣训的背后，那些高级领导干部实际是如何操弄权力之一斑。由此，我辈足以对人治官场所谓是非、所谓公正、所谓正义，有一个清醒的认识了。

现在，接着说说万历三年暮春时节，这起发生在张居正的家乡荆州的学生冲击江陵县首脑机关的群体性事件，在传到张居正的耳朵里以后，他有什么具体的反应。

在事件发生地，江陵县的“一把手”李知县（首县的“一把手”，按照今天的理解，相当于副地级啦）当众受辱，丢人现眼，威信扫地，只好向郧阳巡抚王世贞诉苦，同时提出了辞职。

王世贞作出的决策，就是对闹事的学生，必须严肃处理。所谓严肃处理，其实也未必说得上严肃，就是开除学籍而已。当然了，处理到什么程度先不要说，关键要有个态度。如果我是王世贞，我也会是这样的态度。

请允许我站在王世贞的立场上，来说说这样做的理由。

首先，从法律的角度说。“宪法”——祖制、成例和法律上都很明确，学生只能一心向学，不得参与政治，妄议国政。而且，正是张居正本人，在执政后整顿“学风”，刚刚下发了明确的规定。

原文是这样的：“其事不干于己，辄便出入衙门陈说民情，议论官员贤否者，许该管有司申呈提学官，以行止有污革除。若纠众抗帮，聚至十人以上，骂詈官长，肆行无礼，为首者照例发遣，其余不分人数多少，尽行黜退为民。”

王世贞或许对这些规定不以为然——事实上他也喜欢以知识分子的立场妄议国政，但是他是一个地方的“一把手”，职责所在，对于发生在国家最高实权人物的家乡、“几于首善之地”的荆州的，游行示威、发传单、冲击政府、凌辱领导的群体性事件，当然不能不严肃处理。

其次，从讲政治的大局，或者说从现实的角度说。丈量土地是中央的部署，游行示威、冲击政府，势必对推进土地丈量工作形成压力、造成干扰。如果不及时严肃处理，那么最高实权人物会怎么看？要知道，张居正是喜欢无限上纲的，动辄就以反对新政为口实，打击对他稍有异议者；而那些对所谓反对改革者惩治不力的领导干部，张居正是一百个看不上的，不换思想就换人，态度暧昧是会让张居正很不高兴的，后果是严重的。

再者，从张居正对读书人的态度说。张居正自己是读书人出身，但是一旦成为执政者，他就把读书人视为异己力量，压制打击不遗余力。老老实实不敢乱说乱动还可能大祸临头，何况居然还闹事？何况还是因为他推行的政策引起的呢？是对他推行新政的直接干扰呢？

凡是涉及读书人的事，宁左勿右，政治上绝对不会犯错误的。

还有一点或许也是一个需要考虑的因素：江陵知县虽然在张居正眼里不是什么大官，但是毕竟是他家乡的父母官，他肯定是熟悉的，也是欣赏的，说不定就是张居正亲自挑选的呢！李知县坐在这个特殊的位置，应该是有政治前途的。如今因为积极推进中央部署的工作，竟然当众受辱，不得不卷铺盖回家卖红薯，倘若不严肃处理肇事者，怎么说得过去呢？

我敢肯定，如果这件事要张居正来处理，他一定发雷霆之怒，不要说肇事的学生吃不了兜着走，那荆州府学能不能继续办下去还是疑问呢！别忘了，因为张居正的儿子没有达到预谋的名次，居然把三年一度的科举考试状元名额空缺！这样的事情，张居正都敢干，天下的书院，都被张居正下令焚毁啦，何况一个小小的府学？

还有一个背景，也要考虑的：本来，张居正刻意安排王世贞到自己的家乡任职就是为了给他镀金（张居正明确说过的），如果王世贞在处理这个群体性事件问题上态度暧昧，那很可能是金没有镀上，反粘了一身锈。

所以，王世贞表态说，要严肃处理，这是很正确的。

但是，事物常常是复杂的。如果事情都像我辈书生想像的这样，那领导干部的水平如何能体现出来？这不，荆州府学的学生闹事，这起群体性事件，就出了个棘手的问题。地方“一把手”王世贞表了态，就得处理了。处理就要先查清事实吧？工作程序嘛！调查组对这起群体性事件的调查报告，很快就出来了。

似乎不是表面看到的那么简单了。

虽然此事是因为许同学家里的私事引发的，实际上为首的并不是许同学，而是许同学的同学王同学。据调查组的调查，整个事件，都是这个王同学策划并指挥的。

那又怎么样呢？许同学和王同学，不都是府学的学生吗？这有什么复杂的呢？

我也这么想。可是，诸位不知道，这个王同学，摊上了个好姐姐，而他的这个好姐姐，嫁给了一个了不得的人物！谁呀？不说不知道，一说吓人一跳！就是响当当的国家最高实权人物，张居正啊！

明白？就是说，这起群体性事件的主使者、指挥者，是国家最高实权人物张居正的小舅子！

直到这个时候，或许我们才能明白，领导对王同学的同学——许同学的上访为什么那么重视；这帮学生为什么敢如此胆大妄为！这个时候，替王世贞王领导想一想，是不是有点麻烦呢？

其实，这个时候，才是考验一个领导干部政治上是不是成熟、是不是能够把握分寸、是不是具有解决问题的能力、是不是值得信用的好机会。可是，越是这个时候，领导干部的压力也就越大。这是很正常的。

该怎么处理呢？要我说，可以不考虑王同学小舅子的身份。为什么呢？

想想看，张居正是国家高级领导干部，是执政者，他平时连对名义上的最高领导人的要求都很严，这已是众所周知的了；对各级领导干部们就不用说了，大会小会，都要求领导干部尤其要以身作则，遵纪守法，清正廉明。从整个官场对这个大人物的印象来看，张居正对徇私枉法的事情，是很痛恨的，处理起来是不手软的；他自己的小舅子仗势欺官，近乎胡闹，他不至于会袒护吧？说不定他听到这个消息——绝对很快就会知道——会震怒的，一怒之下，会拿自己的小舅子开刀，进一步树立公正廉明、大公无私的高大形象！

还可以告诉诸位一个事实，这个小舅子，地位显然没有国舅那样高，连国舅，张居正也处理过的。所以我们是不是可以不把问题复杂化呢？

何况，张居正教育万历小皇帝的，教育全体干部的，都是要讲大局，要一切以国家利益为重，这起群体性事件，提高了看，也可以说是对“改革”大业的干扰。想必张居正为了推进“改革”，也会要求依法严肃处理这起群体性事件的。

我是这么想的。估计王世贞王巡抚，也是这么想的。

但是，王世贞是那个时代的书生，我是这个时代的书生，我们都是书生。书生的最大毛病，就是凡事儿爱较真儿，认死理儿，对领导的话不能活学活用。就领会领导意图而言，比起游七游“秘书”来，那差别简直如同天壤了！

也可以说，书生看问题，爱钻牛角尖儿。再说直白些，书生考虑问题，不如领导站得高、看得远。如果说书生是在牛角尖里看问题，那领导至少也是坐在牛背上看问题的。所以，书生看问题，难免片面。

管辖张居正家乡荆州府的郧阳“特别行政区”的“一把手”——巡抚王世贞，虽然也算得上高级领导干部了，但是他本质上还是书生，而且自己也从来就是以书生自居。所以，他在考虑学生闹事这起群体性事件的时候，就犯了认死理儿的毛病，钻在牛角尖里看问题。这样一来，就没有坐在牛背上的领导干部看得远了。

那么，从领导干部的角度，该怎么看待这件事呢？

我不敢妄加猜测。只知道作为高级领导干部，一般不会是就事论事，也不会只考虑条条框框，而是考虑得更全面，更长远。如何算全面、如何算长远，实际上我也说不好；但是，从处理结果上看，似乎可以作出些推断。

什么结果？就是郧阳巡抚王世贞，因为不为民——比如王同学——做主，而是要为官——比如李知县——做主，因此被张居正打发回家“卖红薯”去了！

如果说，这次群体性事件以前，王世贞还算得上是国家最高实权人物的“知己”，关系不错，属于重点培养对象的话——至少，王世贞是这么理解的，那么，此次群体性事件的发生，竟然成了张居正和王世贞关系逆转的分水岭；王世贞从此成为张居正眼中的不可信用者，在张居正当国的年代里，他的政治生命就此完结了。

张居正为什么打发王世贞回家“卖红薯”，自然有他分析问题的角度。是真的因为王世贞不为民做主吗？如果谁这样看，甚至提出这样的问题，恕我直言，那真算得上是愚昧可笑的人了！那到底什么原因？有一位研究王世贞的孙专家说，“在张居正看来……将王世贞派往自己家乡为官，王世贞竟不知照顾其亲属”，因此，张居正“积不能堪”，不得不施展权术，把王世贞打发回家。这个说法可谓一针见血。

不过，这从看问题的角度方面说，还稍嫌不够。我的看法是，领导在处理任何问题的时候，首先考虑的是其个人的威信。一件事情发生了，如何处理更有利，那是需要权衡的，有时候还需要反复掂量、慎重拿捏。认死理儿、钻牛角尖是不行的。

要说，如果秉公处理了带头闹事的王同学——也就是张居正的小舅子这样的权贵亲属，那只能有助于树立张居正的威信。可是，领导不这么想。

如果对领导的亲属和对普通老百姓一样看待，那是不是在这些人的眼里，根本就没有领导？处理问题，是不是就可以不考虑领导？那领导的权威何在？再说浅显些，领导的面子，是不是有些过不去？还有，如果任凭下面的干部认死理儿，按照规章制度办事，那领导的意图谁还会去认真领会？

只会照章办事、不认真领会领导意图的干部，还能用吗？结论只能是：绝对不能用。

所以，关键时刻，最能考验一个干部政治上是不是靠得住；面对群体性事件，最能考验一个干部是不是有驾驭复杂局势的能力。都照章办事，哪里还会有什么复杂？如果照章办事就是政治上可靠的表现，那还需要什么考验？

这，就是人治的悲哀。

倘若这样的事件发生在现代国家———注意，现代国家不是时间概念——那越是涉及领导干部亲属的事件，越会被媒体紧追不舍，处理起来就越要可丁可卯。所以，越是高级领导干部，不仅他本人，就是他的亲属，越是要夹着尾巴做人。甚至有人感慨说，难道身为高级干部的亲属，本身就是“原罪”？不管怎么说，你要做高级干部，那对你的监督就越严格，这个是现代法治国家的惯例。

王世贞生而不幸，他是在威权社会、人治官场从政的，所以，他只能满怀不平，又不断自我安慰着，慢慢卷铺盖回家；而张居正的小舅子王同学，可想而知，一定是趾高气扬，不可一世，谁还敢惹他呢？不要说惹他，巴结他，还未必有机会呢！

第9章 铁血打压

体制内外异议者的悲惨结局

张居正是一个文质彬彬、饱读诗书、俊朗儒雅的读书人。那么，他掌握了国家大权，会杀人吗？断然杀害那些手无寸铁、仅仅是提出不同意见、或者表达某种不满的人？会的。实际上，张居正是不吝杀人的。西南少数民族发生骚乱，张居正下令镇压，他给前线指挥官下达指示说，不论向背，一律格杀勿论，务必斩草除根！杀气腾腾，令人不寒而栗啊！不过，对于体制内外的反对派，他就要施展权术，曲线杀人了！就是说，他做得更隐秘、更高明，不像土匪、军阀那样直来直去，声嘶力竭罢了。

一个著名思想家之死

现在，我要给诸位讲述的，是一起骇人听闻的杀人事件。

不说说背景可能不大合适，所以先扯远点说几句。据我的研究——事先声明，我不是历史学家，只是业余研究：在张居正生活的时代，我们中国的文人中，已经开始出现了思想解放的迹象。总的说，在明代，除了朱元璋、张居正掌权的两个时期，朝政相对比较宽大，学术相对比较自由，各种观点、流派纷纷涌现，结社、出版、集会（主要是讲学和研讨会性质），似乎不大受当局的干扰，大家都习以为常。

这么说吧，到了张居正进入官场的时候，官方意识形态——被当权者为我所用阉割后的儒家名教圣训——已受到普遍质疑甚至挑战。其实，就连张居正本人，对儒家意识形态、对孔孟程朱那套说教，也未必心悦诚服。当然，为了做官，不得不死记硬背；为了权力，不得不天天捧为神圣。仅此而已。

但是，张居正当国，形势大变。

张居正这个人，是权力崇拜者，作为一个文官，他是少有的文化专制主义者。对官方意识形态、名教圣训，张居正内心可以不信，行动上可以背离，却不允许别人公开说不信那一套啦，或者自己又创造什么学说，并且按照这样的学说对时政指手画脚。他所要求的，是要用自己所理解的那套意识形态统一思想，不允许有不同声音，更不允许有反对他的声音存在。

这个国家最高实权人物，大权在握，他不光是说说的，是要付诸行动的。比如，他以皇帝的名义下令毁书院、禁讲学，并削减府、县学校的学生数量。总之，未雨绸缪也好、见微知著也罢，反正凡是在张居正看来有可能聚集舆论力量的，有可能议论时政、裁量公卿的，就是他打击的对象。目的是加强对各个层次的知识分子的严厉约束，用高压手段、国家机器的镇压功能，来钳制思想言论，强迫知识分子就范！

可是这种情况下，偏偏就有人不听、不服。何心隐就是一个代表人物。

要我说，何心隐这个人了不得！为什么这么说呢？他公开蔑视官方意识形态，说，什么君君臣臣、父父子子，虚的，假的！要知道，当权者之所以把儒家学说当成官方意识形态，不是喜欢那几个老头子，而是看中了三纲五常这一套，偏偏何心隐公开说君君臣臣父父子子那一套都是假的，这不把意识形态的筋骨给敲断了吗？

何心隐还公开蔑视权贵，不仅自己拒绝考进士、入官场，还不把当权者放在眼里，曾经在家乡组织抗拒县领导乱摊派、增加农民负担的活动，并因此差一点送了性命。更有甚者，何心隐对国家的政治体制也公开表示反对，他认为国家领导人应该由文人选举产生，而不是私相授受。在这个方面，谁要联想到西方的圣哲柏拉图，我看也很自然。

总之，他不仅公开倡导在当权者看来属于异端邪说的东西，还付诸行动，组织团体，结社、讲学，影响非常广，名气非常大。

以我的看法，何心隐有点社会主义思想，还带点无政府主义、民主主义色彩。他反对贫富差距过大、反对大一统的中央集权专制政体、反对控制人的思想言论；要民主（和西方早期的民主思想有相同的地方，比如有限选举权）、要自由。

何心隐不仅公开呼吁，还有实际行动，算得上是狂放不羁的一个名流。显然，他与文坛领袖王世贞，还不属于一类人。应当说，何心隐是名副其实的持不同政见者，是体制外的反对派。

不用说，不仅在当局眼里，就是在长期受到愚民政策愚弄的广大干部群众心目中，何心隐也是个异类。所以，何当时就有“布衣狂禅”的雅号。

前面说过，除张居正当国的十年外，总体说，明朝中后期朝政相对宽大（不然可能也不会出现这样的人物了），何心隐在国中四处活动，在首都聚会讲学，也没有遇到什么特别的麻烦。而且不少热衷学术、喜欢讲学的中央干部，跟他还是朋友。

在何心隐的朋友中，不能不说到张居正的同乡兼朋友耿先生。这个人也是进士出身，因为和张居正的关系比较好，此后也曾经官居要职，地位显赫。要说，耿先生这个人还属于学术上的保守派，可是他居然和当时最有名气的“异端”思想家李贽和何心隐都是好朋友。老耿可能是一个仗义疏财、喜欢交朋友的人吧，要不，何心隐在首都期间，怎么会经常住在耿先生的家里呢？

于是，到耿先生家串门的张居正，就和何心隐见面了。当然，这个时候，还是严嵩当国，张居正还是中层干部，担任着最高学府的副校长——国子监司业。

奇怪的是，张居正和何心隐两个人见面，很不愉快。何心隐对张居正很不客气，说你在太学（汉代的最高学府称太学，所以何心隐有此说法），知道太学之道乎？如果用现在的话说，意思好像是说，你在大学当领导，那你明白该怎样办大学吗？张居正是城府很深、自视甚高的人。他在何心隐面前，摆出当官的架子，显得很威严（也可能正因为如此，何心隐见到他就反感，才那样不客气说话）。听了何心隐的话，张居正以极其严厉的目光紧紧盯住何心隐，即所谓"目摄之"，冷冷地说："听说你时时想着要飞到天上去？我看，你飞不起来！"何心隐何其狂妄的一个人，听到张居正这样说，竟然"舍然若丧"！他很是悲壮地对耿先生说，我看，张居正这个人厉害！他日必当国，当国必杀我！

正史是这么记载的。

难道，何心隐第一次见到张居正，就预见到了杀机？虽然正史记载，言之凿凿，我还是觉得是后来的人为了说明何心隐这个人不简单而编造的，或者说得稍微缓和些，猜测的。不过，何心隐感觉到张居正这个人不一般，挺狠，倒有可能。不管怎么说吧，反正何心隐和张居正第一次见面的十三年后，张居正果然已经当国执政，成为国家最高实权人物。

何心隐呢，还是那样狂放不羁，还是那样到处鼓吹他的"异端邪说"，还是那样喜欢对当政者说三道四。张居正则忙于巩固地位，收拾政敌，打压体制内的反对派；忙于他的新政，只争朝夕，推动已经锈迹斑斑的国家机器正常甚至高速运转起来。

也可以理解为，他暂时还顾不上何心隐？当然，打击的信号一而再再而三地发出，中央的指示发了，领导的讲话强调了，就是禁止讲学；禁止创办书院——其实就是私立大学兼民间"议会"。不知道是何心隐太狂妄了，还是有错觉，反正他不收敛，不屈服，我行我素。

说何心隐狂妄，不难理解；那说有错觉，是怎么回事呢？我分析，关键还是地方和中央有关部门，对禁止讲学、毁坏书院的政策领会不深、不透，执行起来也不那么有力。也是，好多年了，办书院、聚会讲学，大家都认为挺好，当年，连严嵩、徐阶这样的当国者，都是热衷讲学的，也没有看到出什么乱子啊？怎么现在突然间就不允许了呢？所以，有的半心半意应付了事，有的阳奉阴违光说不办，大概有那么一两年，毁书院、禁讲学这个政策，执行得并不理想。这样，会不会给何心隐一个错觉，就是政府或许只是说说罢了，动真格的，不那么容易吧！

可是，张居正做事，是不允许半心半意的，到了万历七年初，更为严厉的政策和相应的处罚措施，终于又出台了。这次，张居正的要求很明确，对书院，必须斩草除根，使其不能死灰复燃；对讲学，必须严格禁止。

这一次，地方不敢稍有迟疑和松懈了，不然，那是要摘帽子的，甚至，还可能遭到严厉打击。

书院，毁了；讲学，禁了；人，不管是山长、教授还是生徒，都赶跑了，就连财产、田地，也都没收了。

何心隐怕了吗？似乎没有。他不是怕了，而是受不了了！哪有这样干的啊？张居正也太过分了吧？你一个读书人出身的领导人，怎么这么恨读书人呢？怎么可以如此跟读书人过不去呢？官场中人不太敢说话，那何心隐不说话不行了。他非要和张居正叫板不可。

于是，何心隐写了一篇相当于大字报性质的文章，论述书院之不当毁，讲学之不能禁。他还宣布，自己要到北京上访，和张居正当面辩论。何心隐不光是说说，批评领导人——用现在的话说——太“左”，太专制，太霸道，太没水平，太没脑子，还以实际行动表示抗议：新创办了一座书院，继续公开聚众讲学。

张居正也是胆大包天的人。他怕什么？谁敢跟他叫板？国家最高领导人——皇帝，在张居正的训导下，乖乖地挺听话，时常还要想方设法讨好他；同僚，都是他的奴隶一般；其他的高级领导干部，无论中央和地方的，都是他精心培养、提拔的。至于反对他的人，杀的杀，关的关，流放的流放，炒鱿鱼的炒鱿鱼，收拾得已经差不多了。

况且，那个时候也不存在国际压力，像当年的索尔仁尼琴啦，曼德拉啦，金大中啦，还有昂山素季啦等等，动辄国际社会就为之呼吁一番，甚至制裁一下，让恨这些人入骨的本国领导人投鼠忌器，不敢造次。那时候也不存在这个因素，独裁的、有魄力的领导人，差不多可以为所欲为的了。

既然别的办法封不住这个狂人的口，那就只好开杀戒了！张居正一定是这么想的。他是不是把自己的想法明确说出来了，我是不敢断定的。

在何心隐预见到——如果真有预见的话——张居正会杀他的二十年以后，也就是万历七年，张居正以皇帝的名义在全国毁书院、禁讲学的命令下达后，持不同政见者何心隐被逮捕了。逮捕何心隐的命令，是张居正下达给湖北巡抚陈先生的。这个时候，何心隐正在湖北孝感聚众讲学。

何心隐当然明白，这个时期是非常时期，张居正毁书院、禁讲学、打击反对派的决心很大，信心很足，风声很紧，形势很严峻。对追求独立自由的人士来说，这个时期完全可以说是风声鹤唳，黑云压城城欲摧。可越是形势严峻，何心隐越是活跃。他从祁门到南安，从南安到湖北，马不停蹄，讲学不止，对当局的文化专制政策的抨击，也越发起劲儿。

到孝感讲学，那显然是故意给张居正示威了。在溜须拍马盛行的年代，何心隐敢这样做，应该说，他绝对是有胆识的人，是难能可贵的，值得敬佩的。

通缉何心隐的布告，到处张贴。罗织的罪名，也挺吓人。按照现在的说法，那些布告的内容估计都是相当于诸如反党反社会主义，还可能有煽动推翻政府之类。

老百姓并不认识何心隐；但是，大家都觉得当局给何心隐罗织的罪名太牵强附会，太不像话。据知情人记载，当列有何心隐的所谓罪状的布告张贴出去以后，大家异口同声，说纯粹是胡说八道，纯粹是诬陷好人！有的甚至捶胸顿足，长吁短叹，不忍再看下去了！

可是，老百姓也只能发发牢骚，如果你气量小因此被气死，那也是活该！反正国家的任何事情，老百姓说了是不算的。所谓人心向背，那也只是说说罢了。权力，只有权力才是值得畏惧的。对当权者来说，他们最怕的，是丢掉权力；只要权力在手，何惧之有？老百姓不是议论纷纷吗？那就是要看看，到底谁说了算！

所以，不仅要逮捕何心隐，还要永远封了他的口。或者说，当权者要逮捕、杀害何心隐的决断，丝毫没有受到影响，或许，是更加坚定了。

恰在这个时候，湖北的领导调整了。为什么调整，我说不好，反正调整了；而新来的一把手王先生，对张居正更加效忠，领会意图更加完整准确。另一方面，既然王先生的后台很硬，那他胆子也就格外大。

于是，这个刚刚上任的领导，就决定赶快把何心隐处理掉。

何心隐是名流，要杀他，总要有点借口，最好能有口供。这样对舆论也好有个交代。于是，王先生就审讯何心隐。与后来我们了解的不少有名的非暴力持不同政见者一样，何心隐也是不会承认自己有罪的。不但不承认有罪，他还要大声说，当局逮捕他，这才是犯罪！

“不动大刑，量你不招！”这句话诸位耳熟能详。估计这话，一定也给何心隐说过。简单说吧，当局严刑拷打，何心隐宁死不屈。最后，湖北的“一把手”王先生可能威胁何心隐说，你要这样的话，那别怪我不客气，我就送你见阎王！

“哈哈！”何心隐大笑，“就你？”他轻蔑地说，“你敢杀我？”王先生被激怒了，“你以为我说了玩儿的吗？”“你不敢杀我！”何心隐坚持说，但是，他话锋一转，说，“杀我者，张居正也！”王先生什么反应，我们无从知晓了。不过他杀何心隐的底气一定更足了。

能够有口供当然更好，真没有口供，也无所谓！无非换个法子罢了。这个特能领会领导意图的王先生，于是交代了那些狱警，让他们完成一项光荣任务——棍棒和沙袋伺候！所谓打压，还真是名副其实。棍棒打，沙袋压，转眼间，何心隐就呜呼哀哉！

死了，也就死了。谁也不敢追究幕后指使者，甚至，提出这个要求也是危险的。然而，颠倒是非，不吝杀人者，即使不受到现实的惩罚，也必然受到历史的审判。杀何心隐，确是张居正的一大失着！

专家韦先生对张居正评价很高，他站在张居正的立场上评论说，对何心隐这样的人，“本不必采取断然杀害的办法来消除其影响”，实际上，“杀害了何心隐，并不可能铲除其思想影响，相反，却使其名声更高，甚至成为一部分人的偶像，博取得很大的同情。”他还说，“（张）居正此举，四百余年来一直受到批评，可说其所得远未偿所失。”

两位热血学生的惨亡

张居正这个衣着考究、满腹诗书的领导人，以儒雅俊朗闻名。可是，实际上，他却是一位心胸狭窄、心狠手辣的阴险政客。如果说，何心隐之死，是因为作为持不同政见者，受到当局的残酷迫害，并不是个别现象——专制政权迫害持不同政见者差不多是常态，还不足以说明这一点的话，那么，两个诸生——相当于我们现在说的学生吧——的死，完全能够让我们看清张居正这个人的真面目了。

本来，这两个学生，都是江南的无名之辈。一个是宛陵的吴同学，一个是芜湖的王同学。在惹祸上身之前，他们互相也不认识，国人更不知道他们是何许人也。我敢断言，这两位学生，是性情中人，也是胸有大志的热血青年。为什么这么说呢？

如果是死气沉沉、碌碌无为之辈，那他们就不会惹来杀身之祸。要我说，一个国家，多一个热血青年，就多一份生机和活力，多一份希望。但是，当权者未必都这么认为。有的当权者，喜欢的是小绵羊类的青年。吴同学和王同学他们摊上的国家领导人，就是一个心胸狭窄的、喜欢小绵羊式人物的独裁者。

按说，他们两个人，远离京师，默默无闻，和国家最高实权人物，不沾边儿的。可是，当年，因为张居正的父亲死了，引发了一场政治风波，在全国造成了很大影响，可说是举国为之震动。吴同学和王同学，这两个学生，就是这场政治风波的余波的牺牲品。

照理说，两个学生，和中央的政治风波也不沾边儿的。可是，他们一定是特别关心政治的年轻人，对中央发生的政治风波比较了解，也有自己的判断。可是议论一下不就得了？学生吗，关心国家大事，指点江山，也很正常的。吴同学和王同学呢，不光议论了，还想把自己的想法表达出来。他们互不相识，表达方式倒颇是相似。

话说有一个后来非常有名的人物，进士及第后，还没有正式分配工作，在刑部实习，当时称为观政进士，名叫邹元标。这个人因为给张居正提不同意见，受到严厉处罚，腿都给打断了，还要发配都匀。

邹元标是一位非常正直、有大局意识的人。后来清算张居正的时候，作为受过张居正残酷迫害的邹元标，却是为数不多的站出来替张居正辩护的人之一，而且正是在他掌握权力的时候，替张居正平反。这应该是他人格的明证。当时，作为一个实习生，邹元标没有什么派啊系的，也没有人指使，更没有什么政治目的和利益驱动，仅仅秉持良知和正义感、责任心，冒着很大的政治风险——因为张居正已经以皇帝的名义明确说了，谁再敢提不同意见就严惩不贷——表达了自己对事情的看法，因此而遭到严厉惩罚。这其实是无论如何也说不过去的。可以想像，当时举国上下，私下里一定是议论纷纷，人心不服。

这个消息被关心国家大事的吴同学知道了。他细细盘算着邹元标的行期，自己日夜兼程赶了数百里，在京口，终于迎到了邹元标。吴同学紧紧握着邹元标的手，表达无限的钦佩之意，感慨正直之士遭受的不公平待遇。瞧瞧，这个吴同学，确实是热血青年吧？想像一下吴同学的行动，他赶数百里路去见一个受到当局迫害的发配罪犯，以及和邹元标见面的场景，确实很感人，甚至可以说，催人泪下啊！

吴同学挥泪和邹元标告别，回到家里，热血沸腾，气愤难平，他不顾长途奔波的辛劳，挥笔写了一封洋洋洒洒上万言的信。因为是寄给国家领导人的信，所以也叫万言书，批评张居正这样做，是很不对的，是很失人心的。

可能那个时候给领导人的上访信还比较少吧，反正张居正还真的看到了这封万言书。

与此同时，还有一个学生，也对张居正的做法看不下去，就假托闲置在家的海瑞的名义，写了一份奏疏，攻击张居正。仅仅是巧合，时间上的巧合而已。实际上吴同学和王同学，根本不是一个地方的人，相互也素不相识的。

按说，两个无名小卒，张居正完全可以一笑置之的。堂堂国家最高实权人物，堂堂中华帝国的掌舵人，犯不着和两个提意见的无名小卒计较的。

张居正不会不知道，臣下（包括他张居正）劝谏皇帝，按照惯例，不能惩罚提意见的干部，不说别的，你惩罚他，他就有了名气啦！当年海瑞痛骂嘉靖皇帝，言词之激烈、用语之尖刻，真是史所罕见。嘉靖皇帝要杀海瑞，张居正的老师徐阶就说，海瑞这样做，就是想出名，你别上了他的当，不理会他，是最好的处理办法。结果海瑞真的保住了一条命。对待干部如此，对待无名小卒，更应该如此。

何况，哪个领导人会没人提意见甚至骂娘呢？古今中外，除个别的领导人，对一般群众提个什么意见，表达下不满，只要是非暴力的方式，谁会当回事呢？可是，张居正就不能容忍。他咬牙切齿，不杀不足以泄愤！

领导的意思，下面明白了，那就赶紧去落实。但是，仅仅给领导人上书提意见，那是很平常的事，怎么够杀头呢？张居正培养使用的干部，确实不简单，他们居然说，这是一起有组织、有预谋的大案！用现在的话说，他们的意思是，这相当于有组织有预谋的反革命或者说反政府的大案！

可是，这两个学生，相距遥远，素不相识，你硬说他们有组织有预谋，他们怎么会招认啊！

当然，招认了，也是死，不招认，也是死。区别仅仅在于死法而已。如果招认，当然可以“名正言顺”处决；如果不招认，就打！打还不招认，就断其食物。

吴同学本来就挺勇敢——不然他会奔波数百里去见邹元标吗？再加上受到邹元标的感人事迹的感染，真就是宁死不屈。他年纪轻轻，胸怀大志，还没有报效国家、报答父母，当然也是不愿意死的。所以，不给食物，就吃自己的棉袄里的棉絮，棉絮吃尽了，又吃粗布……能够吃的一切都吃尽了，还是没有死！

是急于给张居正汇报情况，还是首都那里催得挺紧，我说不清楚，反正办事的人等不及了，就用沙袋压住吴同学的嘴，把他压迫窒息而死；对王同学，他们也采取摧残、折磨的方式，最终将其迫害至死。

提意见的门生被整得家破人亡

当下，我们经常可以看到这样的新闻：这个国家要弹劾总统、那个国家国会通过了对政府的不信任案，又或者有的国家议会要求罢免某个重要人物的重要职务。

其实，这样的情况，在明代的中国，也是很常见的。除了皇帝，任何一个政务官，似乎都难免要经受这样的考验。当然，结局如何，那真要听天由命了。

遇到张居正这样的领导人，弹劾他的“议员”们的日子，就相当不好过了。现在，我就给诸位讲述这样的一个故事。

事情要从隆庆五年，也就是张居正全面执政一年前说起。

这一年，内阁的“二把手”张居正，当了一次会试（即录取进士的考试）的主考官，这一年登第的进士中，有一个叫刘台的江西人。他的试卷，是张居正亲自阅判的，结果，刘台中了二甲第四名。按照当时的规矩，刘台就成了张居正名副其实的门生。

张居正对自己的人，是很关照的。所以门生刘台就被分配到刑部当主事，随后又根据张居正的组织调整方案，转任都察院御史，也就是所谓的“言官”。因为言官的职责更多的是监督政府，与现代法治国家的议员角色更接近，故我称之为“议员”。

刘台当上“议员”后不久，在万历三年，张居正又安排他巡按辽东。

巡按是什么职务呢？说起来很有意思。明朝有一套政治设计的原则，叫强干弱枝、小大相维。所谓强干弱枝，简单说就是中央集权，弱化地方。从权力配置上说，权力集中在中央，地方差不多就是中央的派出机构性质。从干部使用上，中央的干部，比如一个司长，甚至一个六、七品的小官，就可以派到省里当“一把手”，派去巡视地方的七品“议员”，甚至可以凌驾于地方一品大员之上。

所谓小大相维，简单说就是小官和大官相互制约，小官也可以管大官。比如，七品的“议员”，政治地位很高，和部长平起平坐的，没有对口监察六部的“议员”——给事中的签字，部长的命令是无效的。内阁首相也怕七品的“议员”，他们弹劾起首相来，一点也不留情面的。又比如，七品的巡按御史，到地方就可以监督省里的“一把手”，省里的干部都怕他，甚至把他当作上级看待。

巡按，顾名思义是中央派到地方巡视、监察的官。所谓的钦差大臣（严格说是钦差小臣）是也。不仅监察地方干部是不是贪污腐败，还可以检查地方各级政府是不是贯彻中央政令，行政、司法是不是有毛病。简单说吧，巡按级别很低，但权力很大；名虽为监察，实则无所不管。他们或者巡视一番就离开，或者常驻一个地方一两年，非常灵活机动。

巡按的选任，也有一套原则的。当时的说法是：“巡按专用少年新进”。就是专门选用刚刚进入官场的年轻人。为什么选用少年新进呢？少年新进四个字，意味深长。“少年”的性情一定勇于任事，而“新进”之人初入仕途，必无官场瞻徇习气。换言之，他们初生牛犊不怕虎，敢作敢为，干这个最合适。

上述这些原则，就相当于英国的不成文“宪法”，张居正无论是不是喜欢，也不好不遵守的。所以，年轻气盛、踌躇满志的刘台，就被派往辽东当巡按御史。或许，这是张居正故意点名的，因为刘台是他的门生，而辽东的领导张先生，是他的嫡系亲信，甚至比戚继光和张居正的关系，还要亲密。要刘台这个门生去辽东，自己人监察自己人，有事好商量吧！

可是，张居正想错了。或许，按照一般人的理解，是刘台刘“议员”想错了。

也是，派到老师的心腹那里去检查工作，最好的办法，就是“五字方针”：吃、喝、玩、乐、拿。结果一定是你好我好他好，皆大欢喜，何乐不为？当然，前提是这个人学会了昧良心，或者，良知已然泯灭。

如果刘台是个小绵羊式的人物；或者刘台是官场老油条，那他或许会采行那样的“五字方针”。如果刘台真的采行这样的“五字方针”，那他的命运，就会是另外一个样子了。可是，刘台毕竟是少年新进；而少年新进，确实较少官场上的瞻徇之气。

不特如此。我推测，刘台这个人，责任心很强，却不太能够领会领导意图。为什么这么说呢？当然是从刘台的表现上看出来的。或许刘台认为，自己的老师兼监督对象兼国家最高实权人物既然把他派到辽东来巡视，那总不能无所事事吧，总要干出点成绩才好吧？这样也好让别人看看，张居正的学生，就是不一般！或者让自己的老师看看，刘台这个门生，不错！

还有一种可能，刘台对张居正的执政风格、为人处世，不那么认同，社会上对张居正的种种议论——比如说张居正太跋扈太虚伪，边帅们不少给张居正贿赂，他倒是很有同感，至少半信半疑。那他到辽东来，就要认认真真查一查，看看是不是那么回事。

反正，无论上述哪种情形，张居正都不会高兴的。也不管到底是什么原因，总之，刘台到了辽东，很认真，很负责任。到什么程度呢？辽东的“一把手”张先生知道张居正派他的门生来了，挺欣喜，没成想刘台较起真儿来了，搞得这个封疆大吏兼军事首脑、辽东的“一把手”非常紧张，正史记载的说法是“日夜惴惴不安”，不得不偷偷派人暗地里监视刘台行踪。

显然，刘台这样做，就和领导派他来的初衷背道而驰了。张居正一定多多少少知道些情况的，也一定不太高兴。但是，不高兴归不高兴，他总不能说，子畏（刘台的字），你能不能不那么认真，责任感能不能不那么强，能不能吃喝玩乐得了！张居正什么身份？他对干部的要求，摆在桌面上的，就是要认真，要有责任感啊！所以他不好这么说的。那就只能暂时隐忍吧。

终于，刘台工作中出现了一个小小的失误。

辽东是与后来的满清对峙的前线，打仗是家常便饭。可是，帝国的军队很腐败，战斗力很差，打次真正的胜仗不容易（往往捏造，甚至砍当地老百姓的头，冒领军功）。刘台在辽东巡视，国朝的军队打了个小小的胜仗，他就把这个消息先于辽东的“一把手”张先生向中央报告了。

说起来，这不是什么大事。本来，刘台是巡按，监察官；辽东的“一把手”叫巡抚，也是由监察官转变来的，甚至，照例都还兼任都察院的副院长之衔。张居正自己也承认，巡按和巡抚，往往职权划分不清楚，彼此越权的事情，经常发生。刘台先于张先生向中央报捷，出于理解上的不同，至多，也仅仅是手续上小小的失误。

可是，张居正很不高兴。如果联系到刘台到辽东的表现，就很容易知道张居正何以对这样一件小事大动干戈了。既然刘台不能领会领导意图——或许他不认为张居正是领导，就仅仅是他的监督对象？那就不能不给他点教训了。

于是，张居正以皇帝的名义，公开给刘台严旨切责，也叫严旨申斥。什么意思呢？似乎相当于今天的通报批评？或者比通报批评更严厉些。受到这种处分的人，就会颜面尽失、灰头土脸，工作就不好干了。

估计刘台不会服气，也多少有些不解，因为不解，可能更加不服气。或许刘台明察暗访的情况，让他内心充满矛盾和痛苦——原来，整天要求别人廉洁从政的最高实权人物，是这样不堪啊！这些加到一起，年轻气盛的刘“议员”，怎么可能不痛苦呢？而面对关照过并且一定还会继续关照自己的老师，作为学生，该怎么办呢？

恰在这个时候，中央又发生一件不大不小的事。说不大，是因为这样的事情非常普遍，要不是张居正当国，根本就是小事一桩，不值一提；说不小，是因为四位“议员”因此被一举收拾了。一举搞掉四位“议员”，确实是件大事了。

这件事，是有一个叫傅应祯的“议员”惹起的。

说起来，傅“议员”也可以说是张居正的学生，是一个非常正派的人。他年纪轻轻，责任感很强，借给皇帝提意见的名义，含沙射影地批评了张居正。中心思想是皇帝对民间疾苦不闻不问，乃是“失德”；又暗指张居正钳制言路，喜欢吹捧谄媚，为政操切严苛。

张居正擅权已经到了这个地步：干部群众敢公开指责皇帝，但是不敢公开批评张居正。刘台最强烈的感受，恐怕就是这一点了。

这个傅“议员”是刘台的同乡兼同年。事后看，他们的见解和性格都很相通。估计他们的关系也是不错的。傅“议员”提“议案”前是不是知会过远在辽东的刘台，不得而知；但是刘台从报纸上完全可以看到傅“议员”的议案的，估计他会击掌赞同的。

张居正读了弟子兼“议员”的议案，勃然大怒。他还担心，是不是背后有一股反对自己的势力呢？于是，傅“议员”被逮捕入狱，穷治党与，遭受严刑拷打，傅“议员”坚贞不屈，几乎丧命。还有三位“议员”，挺够意思的，到监狱探望同僚。没有想到，这个事情让张居正知道了，怒气冲冲，打发他们回家卖“红薯”去了。

小皇帝还要求给予傅“议员”廷杖——就是在朝会上当着文武百官的面打屁股——的处罚。估计这是张居正的“老大”、太监冯保的意思。但是，傅“议员”毕竟是针对皇帝提意见的，“罪名”是所谓“讪君”，而作为首相，按照惯例，凡是对因为批评皇帝受到处罚的“议员”，就要出面论救。

张居正虽然怒不可遏，也只能言不由衷地说，若论其罪（其实何罪之有），死有余辜，但是作为君主，要行仁政不是吗？廷杖，就免了吧；革职为民、禁锢终生就完了。这样的话，其他的人也得掂量掂量了，估计也不会有人再敢多嘴了。

给皇帝提意见，很常见；因此而抓到监狱里严刑拷打，不多见——后来的万历皇帝所遭受的批评可以说连篇累牍，一般大臣如果不是硬和皇帝过不去，是不会受到任何处分的。去探视一下同僚就被开除，这种事在有明一朝差不多算得上绝无仅有了。当然，人们心知肚明，这一切，不是因为批评了皇帝，而是暗中指责了张居正。

远在辽东的刘台，从报纸上和朋友的信函中，了解到这个情况，真是五内俱焚，痛不欲生！他对自己的老师，从感激到失望，从失望到怨恨。估计这个春节，他是过得很不好的。辽东的天气很寒冷，但是，比不过年轻“议员”刘台的心里更寒！万历四年的春节，刘台是在严寒的辽东度过的。

夜，深了。摇曳的灯光下，年轻“议员”刘台，伏案奋笔疾书。一个人影闪过，伸长脖子偷窥了一眼，就慌慌张张向辽东的“一把手”张先生报告。“看得清楚？”张先生很紧张，追问说。“清清楚楚，”被派去监视刘台的特务肯定地说，“是有一个‘张’字。”张先生浑身冒出冷汗，茫然若失。抓耳挠腮半天，才有气无力地说，快准备，快通报，我要谒见刘御史。

张先生何以如此紧张呢？他自己再清楚不过：他的账上，问题不少，辫子挺多。而刘台又铁面无私，公事公办，他本来一直就惴惴不安，又听说刘台在写参折，参折上有一个“张”字，那他能不紧张吗？

辽东的“一把手”既然要谒见刘台，那他一定思忖好了，放下身段，卑躬屈膝，求情告饶。“哼哼，”刘台见这个省级军政首脑一副奴颜，颇是反感，不禁冷笑，不屑地说：“豺狼当道，安问狐狸？”张先生一愣。“明人不做暗事，”刘台正色道，“刘某要弹劾的，是张居正，岂愿与你论是非？”

张先生听到刘台当面叱责自己是狐狸，牙根恨得痒痒；可是，又听到刘台弹劾的是张居正，不免又暗自庆幸，长出了口气。“这个……”张先生支支吾吾，不知道说什么好。

这位张先生是张居正的心腹，刘台是张居正的门生，如果不说句劝解的话，似乎道义上说不过去。可能他劝了句，学生弹劾老师，这个可是闻所未闻的事啊，是不是慎重考虑考虑啊？“忠臣不私，私臣不忠！”刘台义形于色，“终归不能因为老师对刘某有举荐之恩这样的私情，而忘记了国家大义！”

就这样，刘台写成了长达五千字的参折，指名道姓，弹劾张居正。为了表示开诚布公，他还把参折的副本，寄给了张居正。

真是晴天霹雳！张居正刚说过，严厉惩处傅“议员”，会产生震慑作用的，但仅仅过了一个月，言犹在耳，不怕死的就又冲上来了！定睛一看，这个冲上来的人，竟然是自己的门生！

再看看刘台的指控，不说字字是实，至少不是捕风捉影，除了政见方面的内容或可讨论，其他诸如以权谋私、钳制言路、排斥异己、擅权专断等等，可谓历历有据，一针见血，直捣软肋！比如，刘台指出，张居正上台不几年，他的老家就富甲全楚，府邸就营建得豪华无比，这些钱，哪里来的？他进而揭露说，张居正贪污受贿，不在文臣，而在武将；不在中央，而在边防！刘台是巡视边防的监察官，他这样说，对张居正的威信、名誉，无疑非常具有杀伤力。刘台还感慨系之地说，问题还不仅仅是张居正擅权专断、以权谋私等等，关键还在于，现在，批评皇帝易，批评大臣难！言者之祸益烈，大臣之恶日滋！长此以往，则国将不国矣！

这倒挺符合现代政治学的一个原理：不受监督的权力必然腐败。

闲话打住，请诸位想想看，张居正看到这样的参折，怎么受得了呢？这对他的打击实在太大了。自己的门生，指名道姓，不留情面，公开弹劾，全面揭批，露骨攻击，真是史无前例，绝无仅有！难怪张居正看到刘台的参折，立即面见小皇帝，浑身颤抖，泪如雨下！

“刘台是因为，”张居正想好了措辞，激动地对他的乖学生万历小皇帝说，“是因为他主使傅应祯讪君，现在看到傅应祯被发配，到监狱看傅应祯的三御史也被开除，惊恐不定，怕将来会被发现受到追究，于是就以这样的办法，来掩盖自己，同时博得一个直臣的名声，让朝廷不好轻易动他。这，就是刘台之所以要诽谤我的原因所在。”

张居正的意思是说，他自己没有问题的；那没有问题为什么刘台要攻击他呢？是因为刘台自己有问题，他害怕问题暴露，才先发制人，这样做的。当然，这是张居正为自己找的借口。

“可是，”张居正继续说，“国朝二百余年，并未有门生排陷师长的，而今有之，真令人痛心疾首！我还有何颜面再继续干下去呢？只能辞职以谢门生刘台了！”说着，张居正哽咽起来。可能是越想越觉得难过，张居正索性就伏地痛哭流涕，不肯起身！

小皇帝兼乖学生见状，有点不知所措。他心目中的张老师，一向是威严、冷峻的，如此可怜巴巴、委屈万分的样子，真是出乎意料。估计是张居正的“老大”冯保在小皇帝耳边嘱咐了几句，小皇帝兼乖学生于是走下御座，亲手扶起张居正，安慰说：“先生请起，我为先生逮治刘台，把他关起来，以慰先生。”

其实，张居正不是怕皇帝和皇帝他妈，他说这些话，主要目的是为自己辩白，让舆论不要一边倒。因为，张居正所担忧的是，刘台这小子参折写得太实，历历有据，言人所不敢言，自己面子挂不住，威信受损害，更重要的是，不做应对的话，这会不会引发其他人效尤，群起而攻之呢？

如果这样的弹劾是对徐阶或者高拱的，无论是捕风捉影甚至是纯粹的诬陷，那弹劾也就弹劾了，至多，找机会给这个诬陷自己的“议员”外调。可是，张居正不同，他是绝对不能容忍的。在小皇帝面前做了辩白以后，他连续三次提出书面辞职。说起来，遭到弹劾后提出辞职，是惯例，没有什么值得大惊小怪的。可是连续三次，无论皇帝怎么劝慰，似乎都不能使他回心转意。

大家都看到了，刘“议员”弹劾最高实权人物，人家要撂挑子了！如果加上当面口头向皇帝提出要辞职以谢刘台，一共四次提出辞职，就更有点耐人寻味了。

难道张居正真的不想干了吗？当然不是，绝对不是！他是做给舆论看的，更重要的是，要施加压力，让小皇帝和他妈，以及广大干部群众感到，弹劾张居正，不是那么容易收场的。

正常情况下，“议员”因为弹劾高级领导干部而受到严厉惩罚的，不多。可是，张居正不能容忍。不过，他要想直接下令惩罚刘台，有点不太名正言顺，毕竟，他是当事人，要装装样子。那他就只好摆出这样的架势：不严厉惩罚刘台，这事儿是过不去的。

于是，锦衣卫奉钦命，快马加鞭赶往辽东，将刘台披枷带铐，械解京师，投入锦衣卫诏狱——如果有人不明白诏狱为何，或许联想到现在的秦城监狱，就大概可以明白了，总之是钦定要犯住的地方。

当然，那个时候在诏狱可不仅仅是住着，当年海瑞痛骂皇帝下了诏狱，因为首相徐阶的维护，没有吃多少苦；如今刘台是因为冒犯了首相，没有人敢维护他，谄媚的人还想讨好张居正，那刘“议员”的日子就难过了。严刑拷打，追究幕后主使，搞得风声鹤唳。

其实哪里有幕后主使，无非是找个借口动大刑而已，不然凭什么拷打人家依法履行职责的“议员”呢？可是，刘“议员”大义凛然，不仅不承认自己有错误，对张居正的抨击更加激烈，说我作为“议员”，监督政府首脑是法定的职权，这样对待我，本身就恰恰说明张居正其人太不像话了！有种的话他就和我当面辩论，看看我说的哪件事不属实？如果不属实，我愿意承当诬陷罪，如果属实，那就该治张居正的罪！大约诸如此类吧，表现挺硬气。

管诏狱的领导是谁啊？张居正的“黑老大”、大太监冯保的干儿子——徐爵，可以想像了，刘“议员”的苦头算是吃尽了。当时，朝野上下，议论纷纭，都替刘台捏了把汗。可是一个月前因为到监狱探望傅“议员”的三个同僚，居然遭到开除公职的处分，如果探望刘台，那还不知道要受到怎么样的报复呢，所以广大干部群众也只能默默替刘“议员”担忧、祈祷而已。

倒是刘台，慨然自若，根本就把生死置之度外了。或许刘台根本就没有想到过会死。也是，有明一代，因为弹劾高级领导干部而被杀头的，有过极少的先例，那就是严嵩当国时代的杨继盛和杨炼。不过也费了老劲了，经过好几年，利用一个偶然的机会、运用非常手段，才达到目的。而且，这件事对严嵩父子的伤害很大，最后他们父子下场悲惨，和杀二杨引起的民愤直接相关。也就是说，因为弹劾张居正，就要杀刘台的头，于法无据，于情不通，恐怕不那么容易的。

确实如此。诏狱当局没有办法，最后打报告，提出给予刘台“廷仗遣戍”的处理。报告打上去了，张居正牙根都咬碎了，可是还得出面为刘台“求情”。

为什么呢？道理很简单。

一个月前傅“议员”批评皇帝，张居正作为首相按照惯例请求免于廷杖；现在刘“议员”因为批评首相，如果给他廷杖而张居正不出面“求情”，道理上说不过去的，所以他说，如果给刘台廷杖，那人家就会说我张某人爱君父不如爱已，还是免了吧。

结果，刘台受到的，是削籍为民的处分，也可以理解为近似于现在的开除公职。吃尽苦头的刘台，不是灰头土脸，而是理直气壮地回到了自己的江西老家。

如果事情到此为止，那张居正其人，似乎勉强算得上一个正人君子吧？不幸的是，张居正的心胸实在是很狭窄，报复心实在是太强烈。他是不允许刘台还能“自由”地过平民生活的！于是，一大帮人开始行动了。好好查一查，刘台这个人有没有什么把柄！

刘台，少年新进，耿直无私，实在查不出来有贪污受贿的问题。那也得想办法！不然怎么解领导心头之恨呢？那就只能捏造和诬告了。于是，辽东的“一把手”张先生就给中央举报了，说刘台在辽东，贪污了一万两银子！

刘台在辽东贪污一万两银子？谁会相信呢？他一个巡视工作的监察人员，又不管账，怎么可能贪污呢？所以这个辽东的军政首脑不得不羞羞答答地承认说，他没有证据，听说有这回事。可能考虑到张先生挺会算账吧，张居正立即提拔他到中央当了户部的部长（不要误解，那个时候省里的“一把手”和中央的部长不可同日而语，一个司长甚至处长到省里当“一把手”很常见的）。

辽东军政首脑张先生举报刘台贪污，有点太牵强附会，张居正觉得还不够，他命令江西省的领导，务必要下点功夫，尽快拿出“证据”。江西的“一把手”陈先生，人品似乎不怎么样。但他对张居正的意图领会得挺准。于是，他对下属、一个七品小官陈先生说：“了此狱，政府乃以巡抚处公。”

什么意思呢？显然，这个江西的“一把手”明明白白地知道，张居正的目的是要把刘台关进监狱，苦于没有罪名。只要能够罗织罪名把刘台关起来了，那么必定会有大回报的！所以他对一个还是七品官的工作人员说，只要能够把刘台搞进监狱，张居正就可以提拔你当省里的“一把手”！

张居正的激励机制还挺管用，一大帮人，北京、辽东、江西，忙忙乎乎好长时间，给中央打了报告，说刘台“合门济恶，灭宗害民”！这个江西的“一把手”陈先生也有本事，可以把好人说成坏蛋，张居正就提拔他到都察院（“议会”）当了院长（“议长”）。

其实这些个诬告栽赃，实在太小儿科，情理不顺，逻辑不通，没有人会相信的。可法庭相信就行了！反正法庭是听领导的，领导说有问题，那法庭还能说证据不足，无罪释放吗？

刘台的父亲、兄弟，也都被抓了起来，严刑拷打，然后充军到烟障之地；刘台本人也遭受酷刑，“苦楚万状”，发配广西浔州。

可是，张居正还是念念不忘他的这个有出息的学生，当他病重的时候，又咬牙切齿地说他死不瞑目！因为，连严嵩也没有过的待遇，让他摊上了——门生弹劾老师！

而远在贵州的刘台，突然间就“暴卒”了，衣服、棺材全无，凄凉万分！

有专家悲叹说，“刘台的下场实在太可悲了，身遭诬陷，死得不明不白。”岂止如此，他的父亲兄弟，也受到牵连，家破人亡。

刘台才是死不瞑目啊！

我补充说两句以后的情况：张居正死后仅仅半年，刘台冤案平反昭雪。万历皇帝在清查报告上义正辞严地批示说，这班家伙“挟私枉法，陷害无辜，险狠可恶”！于是，当年参与诬陷刘台的大大小小几十个干部，都受到了处分：有的以杀人罪监候斩；有的判处徒刑；有的革职为民；有的降职降级！其中，江西当年的“一把手”、现任“议长”——都察院院长陈先生被革职发配烟障之地充军。

第10章 真假难辨

官场风向随权势而移

张居正费尽心机，利用职权为子孙谋，结果，带给子孙的，却是一场大灾难！这或许是他始料不及的吧！？岂止如此，还有一点张居正可能也没有想到，他的威信到底有多高？是的，在张居正掌权的时候，“威望”确实很高，颂扬他已经成为惯例，成为公文中的一个不可缺少的组成部分，乃至夫妻行床第之欢，也要歌颂张居正一番，他的威信真是到了无以复加的程度了。张居正生病，南北两京、地方政府各个机关，都斋醮祈祷，为之停止运转！可是，张居正尸骨未寒，立即群情激奋，几乎人人都对张居正口诛笔伐起来！这个时候，从中央到地方，政府机关也差不多停止运转了，只不过，这次是大家都忙于揭发批判他而已！看来，人治官场，领导威信、干部表态，是靠不住的。寄希望那些因当面颂扬他而受到提拔的人来保护自己的子孙，那不是与虎谋皮吗？

独裁者的苦恼

张居正作为国家最高实权人物，掌握最高权力长达十年之久。

在漫长的十年间，张居正从来没有一天放弃过权力。有人或许会说，他不是回家葬父，来来回回三个月吗？不错，是有这么回事。不过，这期间，所有的重大事项，都是请示张居正的，北京的政府中枢基本停止运转。也就是说，这十年间，国家的最高权力，始终掌握在张居正的手里。

可是，他本人也清醒地意识到，他手中的权力，从“宪法”和体制上说，实际上并不是他这个工作岗位所应该拥有的。换句话说，张居正掌握的权力，是已经长大成人、不呆不傻的皇帝的。不少人对此提出过尖锐的批评，都受到了张居正严厉的打压。

皇帝不是不想亲自掌权，他是没有办法。因为他妈很郑重地说过，等到他三十岁以后，张居正再把权力交给他。不管这个不小的“小皇帝”心里怎么想，反正表面上他只能乖乖服从。十年间，不得不以一国君主之尊，处处讨好张居正。

或许有人不信。皇帝怎么没有办法呢？可是大家不能忘记了，不管干什么事情，要靠人。就是说，得有依靠力量才行。想想看，皇帝他妈和张居正的关系不同寻常；干部队伍的首脑是张居正；内里的头头也不是他这个皇帝的铁杆儿，而是张居正的“黑老大”。他依靠谁夺权呢？只能隐忍了。

但是，这是很不正常的。因为，在国朝的“宪法”和体制上说，从来没有摄政的制度，就连垂帘听政的制度也没有的。所以，张居正以摄政自居，在当时来说，是不合法的，也是非常敏感和危险的。

对此，张居正并不是没有意识到。他知道这一点的。他也知道，对他专擅大权，不少人有看法，甚至很反感。他还知道，这些年他结怨天下人，实在不少。所以，他曾经说，破家沉族，我也不怕！恍如殉道者不惜献身的誓言。

不管怎么说，张居正认准一条，只要权力在手，就没有什么可怕的了。

张居正还认为，之所以反对派敢站出来攻击他，就是因为高压还不够！镇压，唯有镇压，才能维持政权，维护稳定。既然什么也不用怕了，那就近乎可以为所欲为了。反正不管我做什么，都只能说对，谁说不对？镇压！

也可以说，张居正掌握最高权力的十年，是独裁的十年。这是很多合法的最高领导人——皇帝也做不到的。

应该说，独裁的十年，张居正干了不少实事，政绩很突出。这也是很不容易的。制度疲劳，体制性腐败，说的和做的两回事，功过是非不分，推诿扯皮，社会贫富分化，这种社会现实刺激干部队伍争相追求奢华，沉湎于享乐，如此等等，差不多到了令人束手无策的地步了。推动一副锈迹斑斑的国家机器高速运转起来，谈何容易！而张居正几乎做到了。所以说张居正为国家呕心沥血，一点也不过分。

当然，他也做了不少坏事。享受特权，不受监督，七情六欲的人，在那个腐化的氛围里，谁能够把持住啊？

不难推测，白天和晚上，张居正都挺忙的。长此以往，他的身体支不住了。

到了万历十年的春天，张居正已经病得不能起床了，只能在床上办公。他不得不考虑，是不是应该退休了。他也确实提出了好几次，希望退休。话说得也很真诚，用催人泪下来形容张居正的辞职报告所使用的语言，也不过分。到了他缠绵病榻四个月之久的时候，距他去世只有几天了，他还在提这个问题。

但是，事实是，他没有退休，直到弥留，也没有放弃权力。

表面上看，皇帝不同意他退休。不错，皇帝是不同意。张居正提出一次，皇帝挽留一次。这也是事实。但我认为，问题的根源不在皇帝。关键是张居正的“黑老大”冯保坚决不同意，他的秘密情人李太后也不太同意，而张居正则是犹犹豫豫，内心矛盾重重。

说冯保坚决不同意，很好理解。十年了，他们处得不错。张居正对他很尊重，可以说，冯保是张居正唯一一个需要讨好的人，冯保有什么要求，不管该办不该办，张居正都很爽快地办了。说李太后不太同意，也是有根据的。十年了，他们关系也不错。一个二十出头守寡的乡下女人，十年间有这样一个俊朗儒雅的男人陪伴，是何等地幸运？她舍不得他走的。但是，她应该知道，张居正的身体不行了；何况，皇帝毕竟是自己的亲儿子，这么大了，还不让他管事儿，也说不过去。所以，她只能是不太同意。

张居正犹犹豫豫。要说张居正三番五次提出退休都是作秀，似乎也武断了；但是说他态度坚决不留余地，好像是天真了。

张居正确实是有退休的愿望的。所谓功成身退，这是古训。张居正应该说功成名就了，无论是地位、荣誉、成就，都已经到了顶峰了。这个时候考虑退休，是很自然的。

可能他也进行过风险评估。皇帝，是他的乖学生，对他推崇敬重无以复加，好像不会翻脸不认人；主要领导干部，从中央到地方，都是自己一手提拔的，似乎不会反噬。最关键的是，他身体不行了，实在支撑不了了。坐不能坐、躺不能躺，只能趴在床上；茶饭不思，夜不能寐，确实是力不从心、萎靡不振、疲惫不堪了！所以，张居正想退休，也是真实的想法。

应该说，主导权掌握在张居正自己手里。如果张居正坚持退休，那是没有问题的。即使是皇帝表面上不批准，那他完全可以以生病为由，不再批阅文件、处理公务。但是，事实上，张居正直到陷入昏迷前，还在工作着。可以说，张居正瞻前顾后，又极不想退休，所以他死在了工作岗位上。

有人说是因为他难以割舍自己的"改革大业"，我不这样认为。正像张居正决定冒天下之大不韪而不丁忧，主要不是出于所谓"改革大业"的考虑一样，实际上他行将就木之前还舍不得放弃权力，最重要的是对失去权力的恐惧。

权力崇拜者对失去权力，本身就必然有严重的失落乃至恐惧感；倘若再考虑到自己曾经滥用权力，伤害了不少人，那恐惧感就会格外明显。可以这样说，到了最后，张居正陷入了求退不得、欲罢不能的痛苦境地。

这是人治社会擅权人物，或者说独裁者的共同悲剧。

清算的信号

张居正以五十七岁的年龄去世了，他再也不能掌握权力了，再也阻止不了他不高兴的事情发生了。

对独裁者来说，失去权力，就失去了保护力量。历史证明，所有嗜权如命的独裁者，可能干过不少好事，但是都必然干过很多坏事，手上都难免血迹斑斑。最后遭到清算，只是时间问题。实际上，张居正对身后遭到清算，思想上是有所准备的，为了避免遭到清算，在临终前，他也曾经做过相应布局。

就在张居正去世的前一天，大太监冯保秘密来到张居正的病榻前，研究张居正身后的人事布局。他们都说了些什么，已经无从考证了。但是，有一点很快就为人所知：第二天，张居正刚刚咽气，冯保就把他的“遗疏”呈到了御前，这个所谓的“遗疏”，关节点就是推荐一个叫潘晟的人，作为张居正的接班人。

说起来，这个叫潘晟的人，实在不怎么样。论资格、资历，潘先生是完全够格的。他也是中进士、点翰林的人，曾经两度担任礼部尚书。论关系就更不用说了。有人说，潘晟是冯保的老师，也有的说他是张居正中进士时的座主。到底是他们两个谁的老师，也不必考证了，不管怎么说，他和冯保、张居正这两个人的关系，非同一般。

有这样铁的关系，按说潘先生早就该身居要职了。可是，事实上，潘晟基本上大部分时间是在家里赋闲。为什么呢？就因为潘先生这个人很不争气，一身的毛病。

我简单归纳了一下，主要有三点：一是这个人很贪婪，在位的时候，大钱小钱都捞，到了无以复加的地步，连张居正和冯保也难以替他打掩护了；二是这个人很无能，猥猥琐琐的，啥事也干不成，连张居正和冯保都替他着急；三是这个人很奸猾，人品很差。所以当年还是隆庆皇帝在位的时候，担任礼部尚书的潘晟，就遭到“议员”们的连篇弹劾，被罢职归乡。后来张居正当国，又把他复职了。可是，干不多久，表现更差，又遭到“议员”们的弹劾，冯保和张居正没有办法，只得再次把他免职，要他回家养老。

那张居正为什么还推荐他呢？就是因为可靠。

张居正一死，内阁里就是张四维和申时行了。前面说过，张居正对张四维已经不太信任；而申时行虽然挺讨张居正欢心，可是资历各方面还不够，而且冯保和申时行关系太一般，把班交给这两个人，张居正和冯保不放心。

选来选去，就觉得潘晟最合适。张居正虽然死了，但是冯保还在。于是，当即就发表了任命潘晟的诏书。

听到这个消息，张四维和申时行心里当然很不高兴，“议员”们也很惊诧。舆论更是一片哗然。这个时候，“议员”们不再担心受到张居正的打击了，而且他们也很清楚内阁的想法，所以，行动很迅速，马上就有人拍案而起了。

在张居正死后的三天内，就有六位“议员”上疏反对对潘先生的任命。“议员”们义正辞严，话说得很尖锐，把潘晟的老底都一一揭了出来。什么少廉寡耻啦，什么谄媚小人啦，什么劣迹斑斑啦，都用上了，最后的结论是，像这样的鄙夫小人，舆论深恶痛绝，让他在老家优哉游哉已经是法外开恩了，怎么能够委以重任呢?

潘晟兴冲冲从老家出发，赴京上任，刚到杭州，就听到了六位“议员”弹劾他的消息。按照惯例，他只能提出辞职，然后眼巴巴盼着挽留的谕旨。谁知道，盼到的是“放归去”三个字，于是他又不得不灰溜溜折回老家去了。

这是一个信号：张居正显赫的权威和影响力，正在急剧消失。同时，也预示着新旧当权势力已经开始交锋。

张居正临终前精心策划的人事布局，就这样被轻易地打破了。张居正已经不可能稍有表示了，活着的冯保就不干了。他怒不可遏，说我就是感冒了（可能是热伤风，史料上只说是小恙)，在家里休息两天，就这样目中无我吗?那不行!

冯保是说谁的呢?他没有明说，应该是说内阁，尤其是张四维这个新任首相的。可能对皇帝也有点不满意，但是他不好直截了当表达，只能对着内阁开火。

这个时候，突然间、无形中，中央的干部队伍分化了。张居正的嫡系心腹、铁杆儿们，都聚集在冯保的门下，形成一派既得利益集团。而另外的势力，则团结在了张居正亲自挑选的副手、现在的掌权势力的代表——张四维和申时行的周围。

张居正亲自挑选的副手，一个他后来不喜欢了，一个他一直都很喜欢；但是，现在，他们两个人亲密无间，观点、行动完全一致。吏部的王部长，本来也是张居正夹袋中人物——不然怎么可能让他当“组织部长”呢?可是，不知道是因为对张居正早就不满还是看风使舵，反正他站在了张四维和申时行一边了。

冯保要显示一下自己的存在，让干部们知道，张居正虽然死了，可是天变不了。于是，他指示“议员”中的铁杆儿，弹劾王部长和“总理”张四维（我说张四维是“总理”而不说张居正是“总理”，是因为张居正的角色不是“总理”一职所能表示的)。

自己人揭发自己人，那十有八九能够打准。所以，王部长私下里收钱的事情，就被揭了出来。还别说，这一次，冯保真胜利了。王部长被撤职，换上了张居正的门生梁先生到吏部当了部长。

这个时候，恰巧皇帝当了父亲，有了皇长子了。按照惯例，要大赦天下。有一个和我同姓的“议员”不错，上疏建议把当年张居正打压下去的吴中行等“五君子”也列入大赦名单。这又一次令冯保怒火万丈，最后，还真把和我同姓的郭“议员”给贬到浙江一个县去打杂了。

冯保咄咄逼人，似乎张居正的替身。“事迫矣!”内阁的“二把手”、张居正生前很喜欢的副手申时行感慨道，“要采取行动了。”张四维张“总理”也有同感。他最敬佩的人是高拱，他最耿耿于怀的事就是当年张居正勾结冯保驱逐高拱。不能让历史重演！

不仅不能重演，已经到了秋后，是该算账的时候了。

外围战悄然打响

张居正和冯保，一个在内，一个在外，里应外合，牢牢掌握国家最高权力长达十年。

现在，张居正死了，冯保还幻想着能够维持一手遮天的局面，连连对内阁发起进攻，企图把跃跃欲试的反对势力遏制在萌芽状态。

中央的干部们早就忍无可忍了。岂止干部们，就连皇帝也早就忍不下去了。

但是，万历皇帝投鼠忌器，不敢贸然行动。皇帝怕什么呢？有人说，皇帝是担心，张居正和冯保在中央经营这么多年，培植的势力盘根错节，轻易下手，会引起不稳定？或许有这样的考量。但是几乎可以忽略不计。皇帝最担心的是，冯保掌握着张居正和皇帝他妈通奸的秘密，逼迫太甚，会不会鱼死网破？

所以，这位最高领导人虽然对冯保恨之入骨，也还是乖乖地按照他的要求，调整了吏部尚书，贬谪了引起冯保勃然大怒的郭“议员”。可是，皇帝的心里很不高兴，很窝火，免不了对身边的贴身太监念叨几句。毕竟，他还是二十来岁的年轻人，不是什么事都沉得住气的。

消息传到了内阁。张四维和申时行现在是集体领导，正筹划着该如何对付冯保这个大太监呢！一得到消息，就立即做出了反应。阁老们都有门生做“议员”，对冯保的反击，就由“议员”打头阵了。

这是一场不轻松的战斗，战略战术很重要。关键是选准突破口。最有理有利有力的突破口，是冯保的心腹徐爵。

徐爵这个人可谓猖狂之极，罪恶累累！张居正和冯保干的许多见不得人的事，都是他和游七充当马前卒的。于是，根据内阁的授意，江“议员”首先发难，弹劾徐爵。

徐爵罪行累累，罄竹难书，所以，参折并不难写。难就难在，名义上弹劾徐爵，实际上矛头对准的是冯保。江“议员”做到了。万历皇帝接到这个参折，提笔批示说，徐爵这厮，罪犯深重，打问来说。

张四维和申时行一看，火力侦察收到效果，于是，就进一步跟进了。由李“议员”随后指名弹劾冯保“十二大罪”。

冯保确实也太过分了。不说别的，张居正死后这几天，他还在操纵中央主要干部的任免，搞掉吏部王部长以后，张居正的门生梁先生接任，还给了冯保三万两银子呢！这件事一并都被揭露出来了。刚刚上任的梁部长还没有来得及把本钱捞回来，就被革职下狱了。

万历皇帝看到弹劾冯保的参折，禁不住大笑，他长出了口气，惬意地说：“我等这样的参折等的好苦啊！”可是，笑过之后，他又害怕了。

“拿了这个坏蛋吧！”皇帝身边的太监鼓励说。“那、那，大伴来了怎么办？”这位最高领导人战战兢兢地说，“反正要是他来了，我不管了，你们想办法！”“皇爷处理他，他还敢来找皇爷算账？”贴身太监为这位国家最高领导人壮胆说。

既然正中下怀，批示查办不就得了？为什么如此战战兢兢呢？是啊，要说是很简单，收拾一个太监，那还不是小菜一碟吗？但是，我们也得体谅这个最高领导人的苦衷。他妈和张居正办的那个事，太那个了，冯保都掌握，不能逼迫太急的。

在身边太监的鼓励下，万历皇帝终于下定了决心，提笔在李“议员”的参折上批示说，冯保罪恶深重，本当显戮……赏银一千两，衣服两箱，发南京闲住。有意思吧？这样的批示，说得上空前绝后。

冯保积怨太多了！他就是一个太监啊，可是因为他和张居正相互勾结，里应外合，钳制皇帝，管束干部，呼风唤雨，现在就给这样一个处理，说得过去吗？大家一听，都不干啦！纷纷要求把冯保处以极刑。

万历皇帝挺坚决，不管多少人呼吁，他都不为所动，始终没有改变赏银子、赐衣服，送到南京养老的决定。后来，谁再说对冯保处理得轻，皇帝就下令处分谁，还真有两个“议员”因此受到外调和停职反省的处分。

实际上，冯保去南京的时候，金银财宝带了几十车，浩浩荡荡南下了。万历皇帝能不知道吗？一定知道的。但是他没有下令追回，睁一只眼闭一只眼吧，只要不把秘密说出来就行了！

到了这个时候，外围基本扫清了，现在，该轮到张居正了。

实际上，在议员弹劾冯保的参折上，已经在字里行间捎带上张居正了，只是，还没有那么直截了当罢了。

更奇怪的是，当皇帝他妈得知冯保被赶出京城的消息，急忙问万历皇帝怎么回事，万历皇帝的答复，耐人寻味！他说，冯保这个老奴才，受到张居正的蛊惑，干了太多的坏事，干部群众意见很大，先让他避避风头，等合适的机会，再请他回来。

这个时候，还没有人指名道姓说张居正的不是，万历皇帝居然说出这样的话，可见，在他的心目中，张居正才是真正的罪魁祸首！

清算，在最高领导人的制止声中不断升级

冯保只是个太监。在人们的心目中，太监都不是什么好东西。所以，驱逐冯保，并不是什么大不了的事。最为关键的是，不少人会得出这样的结论的：当年如果不是张居正和冯保勾结，以高拱为首的正义力量，早就把冯保拿下了，哪里会有冯保为非作歹的十年啊？所以，万方有罪，罪在张某！

那好了，该清算张居正了。

张居正活着的时候，经过安插亲信和轮番的清洗、打压，“议员”们都老老实实，不敢乱说乱动了。但是，不说话并不代表他们心里没有想法甚至仇恨！既然现在那个令人不寒而栗的铁腕人物已经死了，他的“黑老大”冯保也被驱逐出首都了，那就不需要再怕什么了。

于是，“议员”们一窝蜂似的冲了出来，纷纷论劾张居正。第一个站出来的是杨“议员”。

这个时候，离张居正去世，还不到半年。

杨“议员”很不客气，上来就追论张居正“十四大罪”。听听，十四桩大罪啊！真是惊天动地！杨“议员”具体说些什么，都不细讲了，反正张居正的把柄确实不少，只要放开舆论，谁不能说上几条啊！什么贪污受贿啦，什么结党营私啦，什么任人唯亲啦，什么欺君忘亲啦，说得头头是道，历历有据。

第一个直截了当追论张居正的参折摆在了万历皇帝的面前。

十年了，这个名义上的国家最高领导人，一直受到张居正的严厉管束，对张居正，他从内心里怕啊！怕到什么程度呢？

据张居正自己在正式公文里的记载，皇帝他妈也就是李太后对皇帝不满意

的时候常常会说，“使张先生闻，奈何！”用今天的话说，就是，“这事（话）让张先生知道了，看你怎么办！”就仿佛家长对小孩子说，再哭，大灰狼听到就来啦！差不多是这么个意思了。诸位可以想像一下了。

但是，皇帝并不是小孩子！他二十岁的人啦！按照惯例，皇帝是十四、五岁就亲政的。自己的权力要别人来行使，对那个人还要恭恭敬敬，作为一国之君，合法的最高领导人，他心里能不委屈、能不窝火吗？况且，这个人和他妈……他忍耐得实在太久了！

现在，张居正死了，冯保到南京养老了，权力完完全全掌握在万历皇帝的手里了。负有监督政府之责的“议员”言之凿凿地说，张居正是伪君子，是大坏蛋，应该追究他的责任！怎么办？总要有个态度吧？国家的领导人，遇事要三思而行啊！这样大的事情，轻易表态、或者表态失当，后果是严重的。

我们先看看这位国家最高领导人是什么态度。“我虚心委任张居正，待他不薄，”万历皇帝批示说，“可是，他却如此以权谋私，辜负了对他的期望。但是，考虑到他是先帝托孤的顾命大臣，又有十年辅佐之功，而且人也已经死了，就不再追究了吧。”

至于杨“议员”在参折里提到的张居正的“生活秘书”游七等人，万历皇帝下令依法逮捕，严刑审讯。似乎是担心还会有人要求追究张居正，万历皇帝也没有忘记嘱咐广大干部特别是“议员”们，要向前看，不要再翻历史旧账了。

平心而论，这位国家最高领导人的表态，没有意气用事的激烈，没有耿耿于怀的报复，是比较有水平的。毫不讳言，张居正确实有很多毛病，积怨太多，官愤很大，就是这位最高领导人这些年也被他钳制得受不了。现在把他的问题揭出来，剥去华裹，还原真相，同时又肯定他的苦劳，以向前看的姿态，既往不咎，共赴时艰；当此政局转换、权力交接的关键时刻，这样的表态，对于保持稳定，安定人心，是很有益的。

但是，最高领导人的这个表态，却让大多数干部不满意。

那些对张居正感恩戴德的人，看到的是最高领导人实际上认可了张居正是伪君子、大坏蛋的说法！有点暗自悲伤。堂堂的一国之君，脸变得也太快了吧？张居正生前，你是怎么说的？现在又是怎么说的？过去是捧到天上，现在一下子就摔到地上啦！他们接受不了。当然，这些人是少数，而且即使有想法，也不会表达出来的。现在，他们巴不得赶紧撇清与张居正的瓜葛呢，就像他们当年曾经想方设法千方百计和张居正套近乎时的心态一样。

更多的人，对这位最高领导人不允许再翻历史旧账的指示不以为然。为什么不让翻呢？张居正的罪行，不清算，行吗？贪污就贪污了？任人唯亲提拔的那些个小人还照干不误？被他铁血打压的干部也不平反昭雪？民脂民膏还让他的子孙享用？正直之士的血和泪都白流？不行！绝对不行！

何况，既然最高领导人对追论张居正已经认可，缺口已经打开，那积郁已久的愤恨，能不发泄吗？于是，就在杨“议员”参劾张居正的第四天，孙“议员”又上了一道参折，对张居正的所作所为进行了全面否定，同时要求为遭到张居正迫害的干部平反昭雪。陈“议员”和向“议员”也不约而同，提出了同样的建议。

这下，刚刚尝到权力滋味的国家最高领导人难办了！

采纳这些“议员”的意见，就等于默认了官员们违背自己的指示、可以继续翻历史旧账；对这些意见置若罔闻，似乎又说不过去，那些遭受张居正迫害的干部，大多数毕竟都是忠君爱国的正直之士啊！他们遭受的痛苦已经够多了，难道让他们永不见天日吗？快过年了，就赶在春节前给那些遭受迫害的人一个说法吧！

于是，国家最高领导人又表态了。他说，都怪我一时糊涂，误信了小人的话，以至于伤害了这些正直的人。“议员”们提到的那些人，都复职吧！其余还有没有漏掉的，吏部查明，一一报上来。

张居正的这个乖学生，要说还是有水平的。他首先承担了责任，并顺势给受到张居正和冯保迫害的人平反昭雪。其实当时他哪里做得了主啊？但是他又不能说那个时候我说了不算，只好说是误信小人，也就是误信了张居正和冯保这些坏人的话，伤害了好人。不管怎么说，他能够承担责任，也敢于给受到迫害的人平反，这个表态还是很不错的。

恰好，这个时候，对游七等人的审讯也告一段落了，这些狗仗人势的小人，风光了十年，一朝失势，吓得屁滚尿流的，啥都招了。国家最高领导人一看司法机关的审讯记录，不禁怒火中烧！虽然过去也不可能不有所耳闻，可是，现在得到实实在在的证实，这位最高领导人还是大吃一惊！

我的妈呀！这个张居正太不像话了，他压着我省吃俭用，自己却花天酒地！我身为一国之君，动辄得咎；他却肆意妄为，潇洒之极！“伪君子！大骗子！”或许，万历皇帝这样骂过，至少，他心里会这样想的。既然这样，那就不能不把张居正头上的光环给灭掉了。于是，万历皇帝下令，剥夺亲赐给张居正的所有政治荣誉，比如生前的“太师”、死后的“文忠”，一概剥夺！然而，既然说了不要翻历史旧账，别人偏偏要翻，你又认可了，行动也在不断跟进，那就等于鼓励干部们大翻旧账。

一时间，首都政坛乱了套啦！参劾张居正的，弹劾张居正的亲信的，你弹劾他，他弹劾你，领导弹劾部下，部下弹劾领导，参折像雪片似的，乱纷纷地飞到御前。

亲信和子弟的败落

清算张居正的口子一开，中央乱了套。站出来追论张居正的"议员"越来越多，顺带的，你说他是张居正的亲信，他说你是张居正走狗，相互的参劾一波强似一波。

一个姓魏的"议员"水平高，打得准，他上了一道参折，对从张居正选用的"组织部长"张瀚到冯保选用的"组织部长"、张居正的门生梁梦龙，一揽子进行参劾。说他们当吏部尚书，纯粹就是张居正的"马仔"，张居正让用谁就用谁；而且他们玩弄干部任用制度，凡是要"走群众路线"——也就是依法需要会推的，都是先定好人选，再走程序，整个就是要弄参加推荐的广大干部。结果，把官场风气搞得很坏，吏部选拔的干部，十有八九不是靠德才兼备而是靠讨好张居正或者花钱买到的位置！

另一个姓张的"议员"与魏"议员"一唱一和，点名参劾中央刑部的部长殷正茂和两广总督陈先生，说他们之所以能够爬上这个位置，就是贿赂的张居正和张居正的"生活秘书"游七。

黄"议员"则点名参劾张居正家乡的最高领导——湖广巡抚陈先生，说他为了讨好张居正，不仅送了好多钱，而且派兵数百人护卫张居正的老家，每年要花纳税人数千两银子。

这三份参折，万历皇帝看了，很生气。

首先，他生张居正的气。你张居正天天在我面前说如何如何选贤任能，你就是这样选贤任能的吗？于是，他批示说，殷正茂和陈总督，回家抱孙子吧！至于张居正老家的领导，一撸到底，革职为民！因为张瀚早就被张居正打发回家了，其他几位吏部尚书也都已经不在位了，所以，对这些人，没有再作出处理。顺便说说，因为给刘台刘"议员"和另一位因为查办案件没有贯彻好张居正的意图而遭到迫害的洪副部长平反昭雪，又把张居正的亲信查办了一大批。比如江西、福建的“一把手”等等。

万历皇帝生气还不仅如此。

“议员”们也让他很不满。于是，他又批示说，张居正活着的时候，他们结党营私的时候，你们这些“议员”干什么去了？那个时候怎么不说话啊？现在又如此纷纷攻击不已，实在有伤国体！

作为国家最高领导人，他还担心这样相互攻击下去，没完没了，活儿还干不干了？国家还怎么治理啊？所以，他再一次明确指示说，张居正劣迹昭彰的主要党羽已经处理了，不能再株连、攻击下去了，到此为止，不允许再继续翻旧账了，政局该稳定下来啦！

可是，刹车就是踩不住。

积累的矛盾太多了，压抑的时间太久了。高压能够掩盖问题于一时，但是早晚还是要暴露出来的。越是高压，积累的矛盾越多，一旦要爆发，就很难控制了。所以，最高领导人一而再再而三的要求，就是不管用，皇皇圣旨，如同一纸空文！

如果是张居正在，别人敢如此，那就等于找死！现在不同了，总体上说，万历皇帝是宽大的君主，内阁的两位领导更是奉行“阳春”政策，说经历了张居正严酷统治，咱们要宽大、宽容、温和。如此一来，恐怖气氛没有了，大家都敢说话了，不让说也得说。关键是，凡是涉及到追论张居正的，说了不白说。

留都南京的阮“议员”不顾最高领导人的三令五申，又上了一道参折，弹劾张居正的三个儿子和张居正的亲家、门客、已经被革职的前吏部王副部长的两个儿子。说他们是靠关系、靠舞弊中的进士，应该拿下！

前面提到过，张居正的三个儿子得中高魁，确实是不完全靠的实力，张居正从中做了不少手脚。顺带的，他的亲家和心腹王副部长的两个儿子也一起办了。这样的科场弊案，当年就引起舆论哗然，以至于远在海南老家的海瑞还为此专门写信提出过警告。此前，类似的问题甚至会引发对政府的改组。但是，张居正高压得太严酷了，当时没有人敢公开提出抗议，只能背后发发传单，戳戳脊梁骨而已。

现在，终于还是揭出来了。最高领导人看怎么办吧！

内阁倒是拿了个主意，说把张居正两个在翰林院任职的儿子，调到其他部门任职；另一个在有关部门工作的儿子照旧供职；王副部长的两个儿子水平如何，不妨重新测试一下。复试过了的话，说明没有问题，复试过不了，就追究责任。

最高领导人否决了这个建议。他恨恨地说，张居正勾结冯保，干了不少坏事，冯保的弟弟和侄子已经处理了，张居正的三个儿子和王某的两个儿子，不管当年是靠关系还是凭本事中的进士，都一律革职回家！张居正利用职权，为子孙谋，结果给子孙带来的不是荣华富贵，而是灾难！

是的，张居正的子孙的厄运，还刚刚开始！

祸遗子孙

张居正费尽心机，利用职权为子孙谋，结果，带给子孙的，却是一场大灾难！

按说，经过了一年的清算，张居正的荣誉已经被剥夺，种种劣迹也暴露于光天化日之下，可以说，这个为国家掌舵十年之久的独裁者，威信、名誉已经彻底扫地！他的三个儿子也被革职为民，心腹亲信也差不多都被清洗殆尽！连同他十年新政的赫赫政绩，也都付之东流。另一方面，受到张居正、冯保迫害的干部，除了高拱和像何心隐这样的持不同政见者以外，都已平反昭雪，纷纷回到了工作岗位，有的还受到提拔重用。这个时候，对张居正的清算，应该告一段落了。

国家最高领导人也是这么说的。他下令，谁要是再翻历史旧账，严惩不贷！可是，偏偏还是有人不解恨！那就必须另辟蹊径。于是，一桩公案，又被旧事重提。什么事呢？就是废辽王一案。

具体经过，我不准备细说了。我们只要知道，这个辽王和张居正同岁，封地在荆州，后来张居正找个理由把辽王废了，他的府邸和坟地，最后都归了张居正家。其实，在刚刚清算张居正时，就有一位孙“议员”正式提出过这件事，说是张居正一手操纵，才导致辽王被废。不过，国家最高领导人似乎没有深究下去的意思。现在，到了张居正死了一年多后，这件事，又被提起了。不仅左副“议长”提出要求，羊“议员”又指名参劾，而且，与此事有牵连的受害人，也纷纷站出来，要求伸冤。

原来，当年负责查办辽王的刑部洪副部长，因为没有完全按照张居正的意图查办，致使辽王没有被立即处死，张居正颇不满意。于是，就像授意江西的领导想方设法置刘台刘“议员”于死地一样，洪副部长的家乡——福建的领导也遵照张居正的授意，想方设法给洪副部长罗织罪名，将其残酷迫害致死。刚刚被平反的左副“议长”和羊“议员”抓住这件事不放，洪副部长的儿子一看有人出面替冤死的父亲讲话，也壮大了胆，要求惩办元凶。

这时另一个受害人、已废辽王的妃子王氏也出面伸冤了。估计有人给王妃出主意，在给国家最高领导人的上书中，有这样一句话：辽王的“金银财宝数以万计”，都归了张居正家！

据专家研究，万历皇帝是农民工的外孙，爱财贪利，看到这样的文字，心里痒痒的。于是，刚刚下令不允许再翻历史旧账的他，对羊“议员”的参折和王妃的申诉信，迅速作出了一个批示，大意是说：张居正侵盗王府金银财宝，其父又葬在亲王的坟地，掘毁人家的坟墓，实在是罪孽深重！“议员”、内阁，有关部门，你们怎么不追究呢？现在，命令某等，查抄张居正家！

此令一出，朝野为之震惊！

绝大多数干部都没有想到，事态竟然发展到抄家的地步。当年曾经受到张居正迫害而刚刚平反的赵“议员”和邹元标等人，出面为张居正求情；首相申时行（这个时候，张居正去世后的继任首相张四维丁忧回籍了）也极力缓颊。但是，一切都无济于事了。

当年，张居正回乡葬父，家乡的干部趋之若鹜，争相讨好；如今，抄家籍产的命令一下，这些人一个个摩拳擦掌，干劲十足，唯恐被说成不积极！抄没具体经过、查抄的数据，都不说了。反正张居正的长子自杀，还有一个儿子自杀未遂，据说，张居正的家属，还被饿死好几口。

一再声称不准翻历史旧账的国家最高领导人，突然之间不依不饶起来，不管别人怎么劝阻，他就是抓住不放，主动指挥深挖猛究起来。“议员”们和中央、地方的高级干部，也纷纷加入到痛批张居正的行列，一时间，张居正这个名字，简直就是天下最令人厌恶的符号了！到最后，万历皇帝这样给他的老师张居正盖棺定论：“张居正诬蔑亲藩，侵夺王坟府第，钳制言官，蔽塞朕聪。私占废辽地亩，假以丈量，庶希骚动海内。专权乱政，罔上负恩，谋国不忠。本当断棺戮尸，念效劳有年，姑免尽法追论。伊属张居易、张嗣修……都永戍烟瘴地面，永远充军。你都察院还将张居正罪状，榜示各省直（隶）地方知道。”听听，那意思是，张居正罪大恶极，本该焚尸扬灰！现在宽大他了，把他活着的家属（男丁）都永远充军！把他的罪状印成布告，广为张贴，让大家都看清这个伪君子、大坏蛋的真面目！

这真是悲剧啊！可是，谁导演了这场大悲剧呢？不得不说，这个问题值得深思。

人治官场无是非

张居正生前，威权熏天，一言九鼎。当是时，反对张居正就是反对朝廷。用现在的话说，反对张居正就是反对中央。张居正的话就是真理。他说这个人好，不管多坏，就是好人；他说这个人坏，不管多好，就是坏人。他要干的事，不管对错，都是对的，谁要说不对，马上就有小鞋穿；他不想干的事，哪怕"宪法"和法律明确规定必须要干的，照样可以不干，谁要说他应该干，那就立即叫他滚蛋！可是，张居正死后仅仅半年，风向就变了。张居正认为的好人，立即就成了坏人；张居正恨之入骨的"坏人"，摇身一变就成了好人。

是非标准在哪里啊？

就是一个权字而已！

权力，只有权力，才是标准，才是力量，才是真理！

清算张居正的浪潮，以抄家为标志，达到高潮。至此，在当时的政权和舆论看来，张居正成为了千古罪人！可是，仅仅在万历皇帝死后不到三年，他的孙子就给张居正平反了。

张居正当权的时候所作所为是不是都对？清算张居正到底应不应该？是不是应该给张居正平反？所有这些，都不是根据什么是非标准，而是以彼时的权力、利益来考量的。

实际上，直到现在，对张居正的评价，也还是没有是非标准的。我甚至怀疑，在我中华的文化里，对人对事的评价，只有利益、功利的标准，而没有是非标准。这些，都不可能展开讨论了。但是，有一点不能不坚持，那就是：这个人在当权的时候，为了小团体乃至个人的私利，杀害无辜，欠人血债。所以，清算张居正，是无可厚非的。

可悲的是，清算张居正，并不主要是出于这样的考量，更多的是因为他对上对下的专断跋扈，而真正应该清算的杀人血债，基本上被忽略不计了。清算张居正者，同样是出于对权力、威信、利益的考量。因此，这样的清算，是用一个错误，掩盖另一个错误。永远走不出历史的误区。

现在，人类文明进步了，先贤们设计出一套制度出来，搞政治的人，可以公开搞阳谋。不过，这样的官场，领导人整天都会有人骂，公开的丑化、诋毁是家常便饭；弹劾、不信任也屡见不鲜。领导要说该向东，必然有一批人说该向西！领导要说去打狗，必然有一批人说去打鸡！

这样的情形，像张居正这样的领导人，是绝对理解不了的。是啊，哪像人治官场，当领导，很有派头，很过瘾。不说别的，如果领导说："这头鹿怎么我让它变马它真的就变成马了呢？"那大大小小的干部一定会争先恐后地说："唉呀，好马！好马！真是匹好马啊！"或许会有一些个书呆子，嘀嘀咕咕说："好像……好像是鹿吧？"有善心的领导或许会提醒一句："再仔细看看，到底是鹿还是马？"顺便说说，遇到这样的领导，真是三生有幸了！感谢祖宗修来的善缘吧！这个时候，书呆子里还没有呆到傻×程度的那些人，就会恍然大悟地说："嗯……好像是马耶！"个别的呆到傻×程度的书呆子，还是不明白，很认真，还有点自认为聪明的得意劲儿，说："就是鹿啊？是鹿！"仿佛别人都是傻×笨蛋，就他聪明，眼睛亮！那好了，傻×程度的书呆子们的结局，就不用我交代了。

人治官场的情形，大体如此。

也可以认为，人治官场，领导的威信比较高；遇到什么情况，干部队伍表态比较一致。也是，人治嘛，全靠"人"来治；这个"人"，可不是一般人，是当领导的人。领导要是没有威信，说东你向西；说要打狗你去打鸡，那不乱了套了吗？

可是，问题也就随之而来了。到底下属的表态是不是出于真心，谁说得准呢？领导人的威信是真是假，谁敢打保票呢？可是，领导是根据表态来判断忠诚度的；又是根据忠诚度来使用干部的。难道表态越积极就越有操守和能力？未见得吧？说恰恰相反，或许还差不多。于是，许多小人，溜须拍马得以高升，官场风气什么样子就可想而知了。官场风气一坏，谁还真抓实干啊？连官场都没有诚信，没有公平正义，社会上哪里会有呢？

说了这么多，就想引出这样一个结论：人治官场，下属表态也好，领导威信也罢，十有八九，靠不住的。

看看张居正这个人的经历就知道了。

别的时候不说了，诸位都知道张居正威望很高，颂扬他已经成为惯例，成为公文中的一个不可缺少的组成部分，乃至夫妻在床上行床笫之欢，也要歌颂张居正，可以说他的威信权势在生前已达到无以复加的程度了。

就说张居正生命的最后时光吧。顺便说说，那个时候，干部群众还不知道张居正得的是什么病，只知道他患的是痔疮而已，如果知道他已病入膏肓不久于人世，还会不会出现以下的情形，存疑。

张居正因病请假，在家办公。不知道是谁先带的头，反正首都各个机关，都斋醮祈祷，后来，地方政府、留都南京的干部们，也纷纷效仿。一时间，中央、地方政府为之停止运转，干部们都忙于为张居正焚香、磕头、吃斋、祷告，政府机关成了香烟缭绕的庙宇寺观了！当然，这个时候的道观庙宇，更是香客激增，香火之旺盛，可谓空前绝后！

有个朱"议员"表现最突出了。大热天的，他骑着马，头上顶着香盒，口中念念有词，招摇过市，为张居正祈祷！刚好有公差外出，郊区的领导请朱"议员"吃饭，朱"议员"看到餐桌上有酒肉，大惊失色，骂道："搞什么搞？你们难道不知道相爷生病了吗？难道不知道我正为相爷祈祷，吃斋了吗？为什么要我吃肉啊？安的什么心哪？！"

可是，张居正尸骨未寒，立即群情激奋，几乎人人都对张居正口诛笔伐起来。这个时候，从中央到地方，政府机关也差不多停止运转了，这也和张居正有关，只不过，这次是大家都忙于揭发批判他而已！

可见，人治官场，假假真真、真真假假，太难搞懂了！

一句话，专制权力很可怕！

专制权力，对下属来说，是可怕的；对老百姓来说，更是可怕的；实际上，对掌握权力的人来说，同样也是可怕的，只不过，他被权力的光环所笼罩，昏昏然不自知罢了。不暇自哀而人哀之，此之谓也！这句话，用在张居正这类领导的身上，很恰当的。

专制制度下，发生过太多的人间悲剧，受到张居正迫害的人，遭到清算的张居正，只是在众多的悲剧中的一个折子里，充当了一次主角而已！

后　记

当我动笔写下“后记”两个字的时候，心情很不平静。因为，能够完成这本书的写作，对我这个整天坐班、工作繁忙的人来说，实在太不容易了。

严格说，我着手写这本书，前后经历了整整八年！

我是一个闲不住的人，喜欢把所有的空闲时间，都以写作来充实；我也是一个喜欢沉思默想的人，书本上的、现实中耳闻目睹、亲身经历的种种，都会引起我的思考。加之多年来徘徊廊署、沉于下僚，我对官场中的人和事，多了几分感悟。

于是，当我看到自己的老师韦先生写的关于张居正的皇皇学术巨著后，反复研读，爱不释手。一次，退休后移居家乡的韦先生自穗来京，与我们几个学生相聚。席间，年过七旬的韦先生感慨道：“历史方面的论文、专著，就只能写给圈子里的人看，与那些戏说历史的影视剧、通俗读物相比，社会影响实在有限。你们谁要是能够把历史写成小说，最好不过。”同时他还表示，他已经下决心，自己以后不再写论文和学术专著，而要改写有关明代的历史小说（最近，果然出版了一本厚厚的历史小说）。

听了韦先生的话，我有了写历史小说的冲动。我大学本科是历史学学士，研究生是学的政治学（大法学范围，授法学硕士学位），而且少年时代就喜欢文学，现在又在机关也就是广义的官场工作，思考和写作已经成为自己的生活习惯，那么写历史尤其是官场的历史小说，显然还是有优势的。

唯一的不足是，工作太繁忙，不可能有大块的时间用来写作。

但是，我还是下了决心，哪怕是为了获得精神上的安慰，给自己一个交代，也要干！

记得非常清楚，2001 年的“五 · 一”长假，家人约好外出的，我请了假，一个人在家里，开始了以张居正为主人公的历史小说《人治》的写作。在以后的六年间，所有的业余时间，都花在了这上面。一切的兴趣点，也集中在了这上面。几易其稿，定稿后还有 45 万字之多。收集的书籍资料，也堆满了书架。

可是，在写了《人治》的前半部以后，我突然觉得，自己想表达的，还是不能充分表达。而且因为工作过于繁忙，实在已经难以按照以前的写法，继续写《人治》的下半部了。当时，我欲罢不甘、欲写不能，尴尬而痛苦。

恰在这个时候，朋友帮我开了一个博客，让我可以充分利用一切零零碎碎的时间，在博客上写点东西，而且还是挖掘的过去积累的资源，感觉很轻松，效果也不错。这样一来，一是不需要大块时间，想到什么写什么，真可谓得心应手；二是读者似乎更有兴趣，不少人留言说认为我的文风有百家讲坛的风格。

于是，就有了这本书。

《人治》虽然没有按照原计划写完，但是仍然可以独立成书，不影响阅读效果，加之这本书可以与之相衔接，相互参照，总算有了个交代。

我非常敬仰和感谢老师韦庆远先生，他的研究成果给我提供了丰沛的营养。韦先生所著《张居正和和明代中后期政局》，七十多万字，厚厚的精装书，我看了无数遍，已经翻烂。

为了写作，自己付出了心血、代价，经历了辛苦、挫折；但是，所谓乐在其中，从写作过程中，我也获得了慰藉，体验了欢乐，于愿足矣！夫复何求？！

2009 年夏 · 北京大慧寺

编者注：

文中多处提到的“专家韦先生”，指我国著名历史学家韦庆远先生。韦庆远（1928~2009.5），广东顺德人，中国人民大学档案学院教授。他的主要著作有：《中国档案史稿》《明代黄册制度》《档案论史文编》《明清史新析》《明清史续析》《隆庆皇帝大传》《张居正和明代中后期政局》《澳门史论稿》等。